解读 MACD 指标

短线操盘技术与分析实战

刘文杰◎著

中国铁道出版社有限公司
CHINA RAILWAY PUBLISHING HOUSE CO., LTD.

图书在版编目（CIP）数据

解读MACD指标：短线操盘技术与分析实战/刘文杰
著.—北京：中国铁道出版社有限公司，2023.3
ISBN 978-7-113-29740-4

Ⅰ.①解… Ⅱ.①刘… Ⅲ.①股票投资-基本知识
Ⅳ.①F830.91

中国版本图书馆CIP数据核字（2022）第193793号

书　　名：**解读 MACD 指标——短线操盘技术与分析实战**
　　　　　JIEDU MACD ZHIBIAO:DUANXIAN CAOPAN JISHU YU FENXI SHIZHAN
作　　者：刘文杰

责任编辑：张亚慧　　编辑部电话：（010）51873035　　电子邮箱：lampard@vip. 163. com
封面设计：宿　萌
责任校对：安海燕
责任印制：赵星辰

出版发行：中国铁道出版社有限公司（100054，北京市西城区右安门西街 8 号）
印　　刷：北京联兴盛业印刷股份有限公司
版　　次：2023 年 3 月第 1 版　　2023 年 3 月第 1 次印刷
开　　本：710 mm×1 000 mm 1/16　印张：13.25　字数：184 千
书　　号：ISBN 978-7-113-29740-4
定　　价：69.00 元

在股市投资中，必要的知识储备能够为投资获利提供保障。在所有的知识储备中，至少掌握一门炒股技术是对投资者的最低要求。在众多炒股技术中，被誉为"指标之王"的 MACD 指标，是普通散户投资者最容易上手的技术之一。

另外，通过长期的实践证明，MACD 指标作为趋势性指标，在研判股市行情趋势上也有其可靠的一面；而且在波段操作中，可以与其他各种技术进行配合使用，从而提高行情走势和买卖点判断的准确性。

为了让更多有切实需求的投资者了解 MACD 指标，并掌握该指标在短线操盘过程中的具体应用，为短线操盘提供可靠的指导，笔者编写了此书。

全书共六章，可划分为三部分：

◆ 第一部分为第 1 章，主要是对 MACD 指标的基础内容进行讲解，包括 MACD 指标的由来、设计原理、构成、计算及相关设置操作等。通过对这部分内容的学习，可以帮助读者对 MACD 指标形成基本的认知，为后面进一步学习奠定基础。

◆ 第二部分为第 2～4 章，主要是对 MACD 指标的实战用法进行讲解，其内容包括 MACD 指标三大构成的用法、MACD 指标的基本应用实战及 MACD 指标的组合形态应用。通过对这部分内容的学习，可以让读者深入了解并掌握 MACD 指标的实战应用技法。

◆ 第三部分为第 5～6 章，主要是对 MACD 指标的综合应用进行介绍，内容包括 MACD 与 K 线的组合使用、MACD 与成交量的配合使用、MACD 与移动平均线的结合使用。通过对这部分内容的学习，读者可以有效提升 MACD 指标的综合应用能力，从而更好地使用 MACD 指标进行实战操作。

为了方便读者快速上手，轻松掌握与 MACD 指标相关的投资实战技法，书中添加了大量的实例分析，并基于真实的行情走势、细致的分析，让读者感受到各种实战技法在实际操盘中的具体应用。

最后，希望所有读者都能从书中学到想学的知识，并将知识灵活运用于投资实战，最终获得投资收益。但这里仍然要提醒大家：任何投资都存在风险，入市一定要谨慎。

编 者

2022 年 12 月

目录

第 1 章　MACD 指标基础掌握

第 2 章　MACD 三大构成用法详解

第 3 章　MACD 指标基本应用实战

第 4 章　MACD 组合形态应用

第 5 章　MACD 与 K 线的组合使用

第 6 章　MACD 与其他指标结合实战

MACD指标基础掌握

在股市的技术分析中，MACD指标是一个比较常见的分析技术，由于其用法简单，能够清晰地反映出市场的变化趋势，因此被投资者广泛使用，素有"指标之王"之称。但是，要想用好这个指标，首先要对该指标进行具体了解。本章将从MACD指标的由来、设计原理、构成、基本形态、实战用途等方面来认识该指标，为后面的深入学习奠定基础。

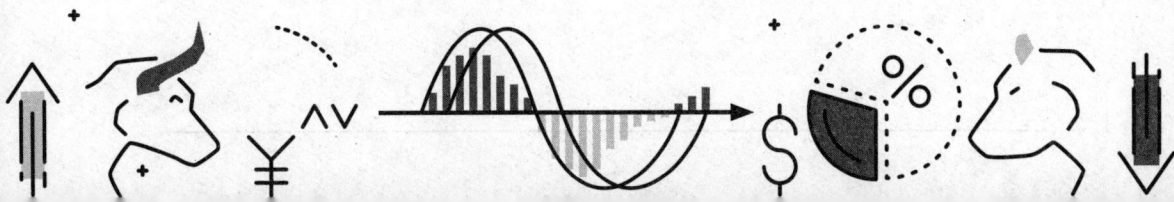

1.1 初次接触 MACD 指标

　　MACD 是 Moving Average Convergence Divergence 的缩写，该指标的全称为指数平滑异同移动平均线，是众多股票投资者在投资分析中使用频率较高的技术指标之一。本节将对 MACD 指标的一些基础知识进行介绍，让初学者能够对该指标有基本的认识。

1.1.1 MACD 指标的由来

　　MACD 指标是在移动平均线的基础之上发明的，是根据指数平滑移动平均线（EMA）计算得来。MACD 中的"MA"是指 Moving Average（移动平均），"CD"是指 Convergence（收敛）和 Divergence（发散），简称为"异同"二字。

　　之后在该指标中加入了柱状线，形成了如今的 MACD 指标。一般的行情软件默认情况下会在副图中显示 MACD 指标，如图 1-1 所示。

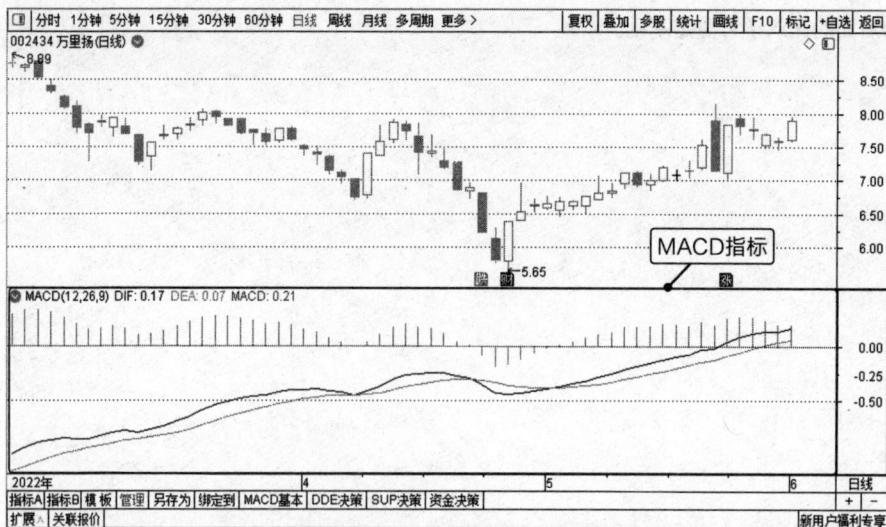

图 1-1　副图中的 MACD 指标

从定义可以看出，MACD 指标与 MA 指标有很大的联系。

当不同时间周期下的市场成本趋于一致时，均线便会出现收敛，在图中显示为多条均线逐渐靠拢。但市场成本不会始终趋于一致，在均线收敛运行到一定阶段后，市场行情将出现变盘（即改变原来的运行趋势），不同周期的均线再次拉开距离呈现发散状态。

虽然投资者都知道均线收敛到一定程度后将会发生变盘，但是行情将会向哪个方向变化却难以判断。

经过长期经验总结发现，在分析变盘走向时应遵循均线服从原理和均线扭转原理。

◆ **均线服从原理**：指短期均线服从长期均线的走势，变盘的方向将会与长期均线的方向一致。这是变盘方向的最大可能。比如长期上涨行情中均线方向都在向上发展，某天开始出现一小波回调行情，5 日均线拐头向下，但在回落至 20 日均线处时，股价获得支撑，继续按 20 日均线的方向向上发展。

◆ **均线扭转原理**：指当市场出现与长期均线相反的走势时，表明股价见底或见顶，即将出现反转行情，此时就要看扭转的力度。

然而，一轮大的行情总是会出现多次不同周期的均线靠拢（即盘整）和发散。投资者无法仅仅通过移动平均线来判断哪一次的聚拢后会发生反方向变盘，也无法判断什么时候会变盘，因而无法在有利的时机及时进入市场，此时就可以通过 MACD 指标来解决这一问题（有关 MA 指标的详细内容将在本书的第 6 章详细介绍）。

1.1.2 MACD 的设计原理

通过前面的学习已经知道，MACD 指标的设计是建立在 EMA 的基础之上的。所以下面先来简单了解一下 EMA。

EMA 是 Exponential Moving Average 的缩写，也翻译为 EXPMA，即

指数平滑移动平均线。它的出现是因为移动平均线存在迟滞性，一旦价格脱离均线且差值扩大，而均线未能及时反应，这样就不利于投资行为，而 EMA 则可以减少类似情况的发生。

MACD 的意义与 EMA 基本相同，但 MACD 使用起来更为方便，内涵更为丰富，有更多的变化，更加可靠，所以受到更多投资者的青睐。其设计原理是首先计算出快速移动平均线（即 EMA1，一般取 12 日）和慢速移动平均线（即 EMA2，一般取 26 日），以这两个数值作为测量两者（快慢速线）间的离差值（DIF）的依据，两者的离差值即为 DIF 值，然后再求 DIF 的 N 周期的平滑移动平均线 DEA 线。最后用前面计算得出的 DIF 减去 DEA，得到 MACD 柱状线的值。

上述 DIF、DEA 和 MACD 柱状线等参数都会在行情软件中直接显示出来，投资者可以根据需要对其参数进行设置。

1.1.3 MACD 指标构成介绍

MACD 指标的构成主要包括 3 个方面，分别为 DIF、DEA 和 MACD 柱状线，如图 1-2 所示。这两线一柱在不同时期形成不同的走势，从而反映出不同的投资信号。

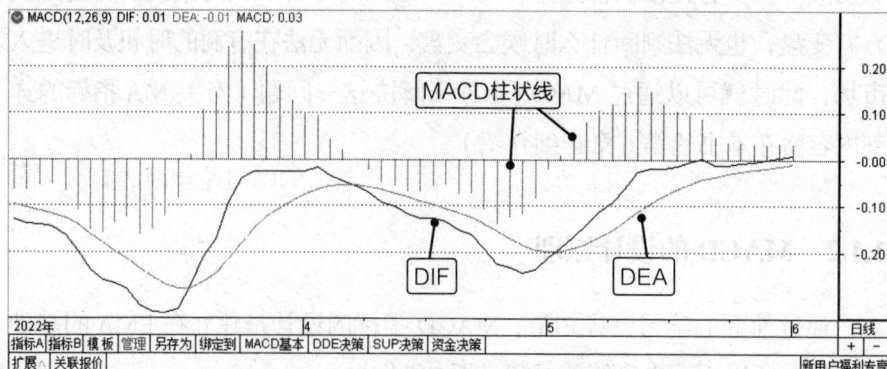

图 1-2 MACD 指标构成示意图

下面对各构成部分进行具体介绍。

（1）快线 DIF

DIF 是指短期指数移动平均线与长期指数移动平均线之间的差，用于反映指数移动平均线的聚合程度。在早期股市中，一周有 6 个交易日，两周为 12 个交易日，一个月即为 26 个交易日，所以 DIF 也指 12 日指数平均数与 26 日指数平均数的差值。因 DIF 取值间隔时间较短，图形波动比较迅速，所以又称为快线。

DIF 是 MACD 指标计算中最早得出的一条线，也是最具有指示意义的一条线。在实战中，DIF 经常与股价走势呈现出高度的一致性，DIF 与 0 轴的相对关系更是判断买卖点的准确信号。当 DIF 向上穿越 0 轴，预示后市行情将转好；当 DIF 向下跌破 0 轴，预示后市行情看空。

（2）慢线 DEA

DEA 也叫差离值移动平均数，是 DIF 的 M 日移动平均数，将差离值进行平滑处理，即在 DIF 的基础上运用 EMA 的算法得到的结果。因其取值的间隔时间稍长，图形波动较为平缓，所以称为慢线。

DEA 是 DIF 经过平滑计算处理后得出的，所以在使用 MACD 时，通常以 DIF 为主，DEA 为辅。当 DIF 在低位向上突破 DEA 时，为买入信号；当 DIF 在高位向下跌破 DEA 时，为卖出信号。

（3）MACD 柱状线

MACD 柱状线是用差离值减去异同平均数值的两倍绘制而成的，可表示未来发展趋势的强弱程度。

MACD 柱状线能很好地表达出多空双方力量的强弱变化，当柱状线从红色转变为绿色时，即表明多方开始乏力，空方势力增加，此时应卖出。当柱状线从绿色转变为红色时，表明多方力量战胜空方，占据主动，此时应买入。

1.1.4 MACD 指标中各参数的计算

通过 MACD 指标的设计原理和指标的构成，我们对 MACD 指标有了一个初步了解。但是，为了便于投资者理解 MACD 指标，从而更好地在实战中运用 MACD 指标，下面具体来了解一下 MACD 指标中各参数的计算过程。

◆ 第一步，计算 EMA12 和 EMA26

首先，想要计算 MACD 指标，必须先分别计算出 EMA12 和 EMA26。

12 日 EMA 的计算公式如下：

EMA12 =（当日收盘价 – 上一日 EMA）×2÷（12+1）+ 上一日 EMA

26 日 EMA 的计算公式如下：

EMA26 =（当日收盘价 – 上一日 EMA）×2÷（26+1）+ 上一日 EMA

◆ 第二步，计算 DIF

经过上述计算，即可得到 EMA12 与 EMA26 两个数值。利用这两个数值可以计算得到 DIF，其计算公式如下：

DIF=EMA12–EMA26

DIF 的取值正负皆可，行情处于持续上涨时即为（+DIF），且取值也越来越大。当行情处于持续下跌时即为（–DIF），取值也会越来越小。

◆ 第三步，计算 DEA

根据 DIF 的值计算出 9 日 EMA 的值，则为 DEA。其计算公式如下：

当日 DEA =（当日 DIF – 上一日 DEA）×2÷（9+1）+ 上一日 DEA

从计算公式可以看出，DEA 是将 DIF 进行了平滑化的计算处理，使其更为平稳。因为 DIF 可能为正也可能为负，所以 DEA 的取值也是正负皆可。

◆　第四步，计算 MACD 柱状线

将所求得的 DIF 减去 DEA，再乘以 2 得到 MACD，显示在图中即为柱状线，其计算公式如下：

MACD=2 ×（DIF−DEA）

因为 DIF 与 DEA 的数值变动都异常灵活，正负皆可，所以柱状线也呈现出取值差异。这种差异显示在图中更为形象，处于 0 轴上方的红色柱状线表明 MACD 为正，处于 0 轴下方的绿色柱状线表明 MACD 为负。

运用 MACD 指标的计算公式运算得到的数据与行情软件提供的数据是一致的。通过这些计算，不仅有利于理解 DIF 和 DEA 的含义，也有利于投资者更好地将 MACD 指标运用到实战中。

单个公式不利于读者深入理解 DIF 与 DEA 线的计算过程，下面我们通过实例来进行具体讲解。

实例分析
MACD 参数值计算过程演示

图 1-3 所示为嘉环科技（603206）2022 年 5 月 6 日至 6 月 2 日的 K 线图。

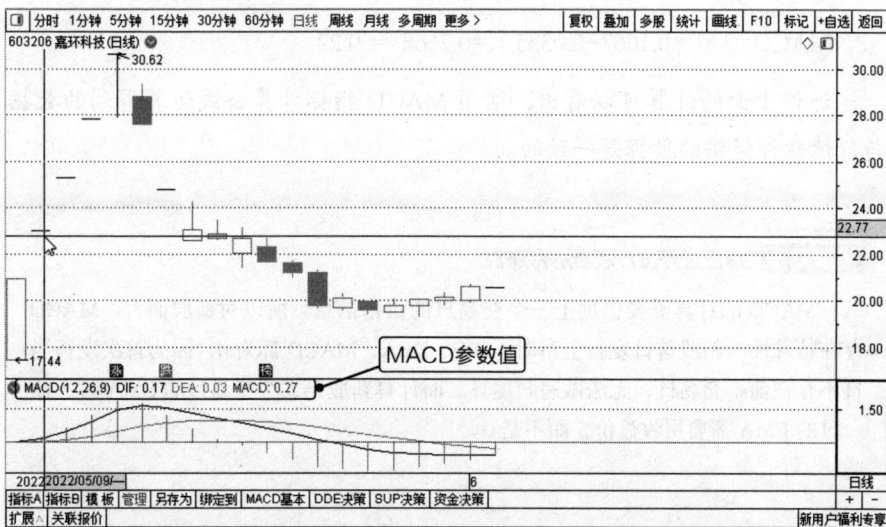

图 1-3　嘉环科技 2022 年 5 月 6 日至 6 月 2 日的 K 线图

从图中可以看到，嘉环科技在 2022 年 5 月 6 日上市当日以最高 20.92 元的价格大阳线报收，次日该股以 23.01 元的价格跳空高开即封涨停板。

下面以这两个交易日的收盘价等数据为基础，通过运用前面介绍的公式进行计算，看看得到的结果是否和行情软件提供的数据相同。

从图中可清晰地查看到 5 月 9 日当天的 MACD 指标的各参数数值，具体为：

DIF=0.17，DEA=0.03，MACD=0.27

通过整理得到参与计算的已知数据如下：

2022 年 5 月 6 日收盘价为 20.92 元；

DIF=0，DEA=0，MACD=0；

2022 年 5 月 9 日收盘价为 23.01 元。

计算过程如下：

EMA12=20.92+（23.01−20.92）×2÷13 ≈ 21.2415

EMA26=20.92+（23.01−20.92）×2÷27 ≈ 21.0748

DIF=EMA12−EMA26=21.2415−21.0748=0.1667 ≈ 0.17

DEA=0+0.1667×2÷10 ≈ 0.0333 ≈ 0.03

MACD=2×（0.1667−0.0333）=0.2668 ≈ 0.27

通过上面的计算可以看出，运用 MACD 指标计算公式运算得到的数据与行情软件提供的数据是一致的。

拓展贴士 *首日公开发行股票的特殊性*

MACD 的计算需要借助上一个交易日的价格信息，所以对新股而言，MACD 存在特殊性。新股首日发行上市时，DIF、DEA、MACD 都为 0，因为首次发行当日不存在前一交易日，无法做递归运算。而计算新股第二个交易日的 EMA 时，前一日的 EMA 需要用收盘价，而不是 0。

1.2 在软件中操作 MACD 指标

默认情况下，在炒股软件中显示的并不是 MACD 指标。因此，投资者要想使用 MACD 指标，需要掌握炒股软件中有关 MACD 指标的各种操作方法。

需要特别说明的是，市面上的炒股软件类型比较多，但是各类型之间的操作差别不是特别大，本书均以通达信金融终端软件平台为例讲解相关操作。

1.2.1 K 线图中的主图与副图指标

当在通达信软件中打开某只股票时，上半部分会默认显示该股的 K 线图和几条不同周期的移动平均线，这称为主图；除主图外，显示其他指标的窗格统称为副图，如图 1-4 所示。副图窗格中显示了成交量指标窗格与 MACD 指标窗格；右侧为当前股价或指数的盘中买卖即时信息。

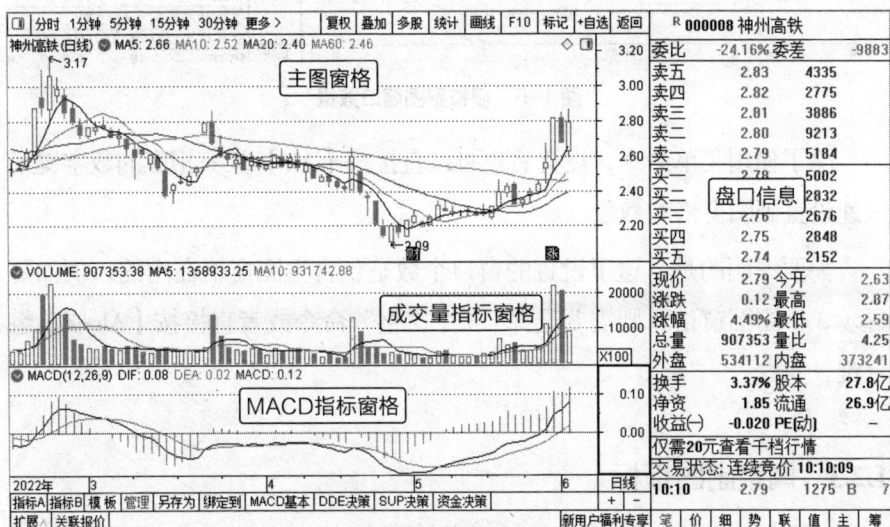

图 1-4 主图与副图

1.2.2　显示多个副图指标窗口

通达信的副图窗格数量是可以更改的，例如想要同时显示更多的指标，此时就需要增加副图窗格的数量，具体方法如下：

在任意副图窗格中右击，在弹出的快捷菜单中选择"指标窗口个数"命令下的所需个数即可，如图 1-5 所示。

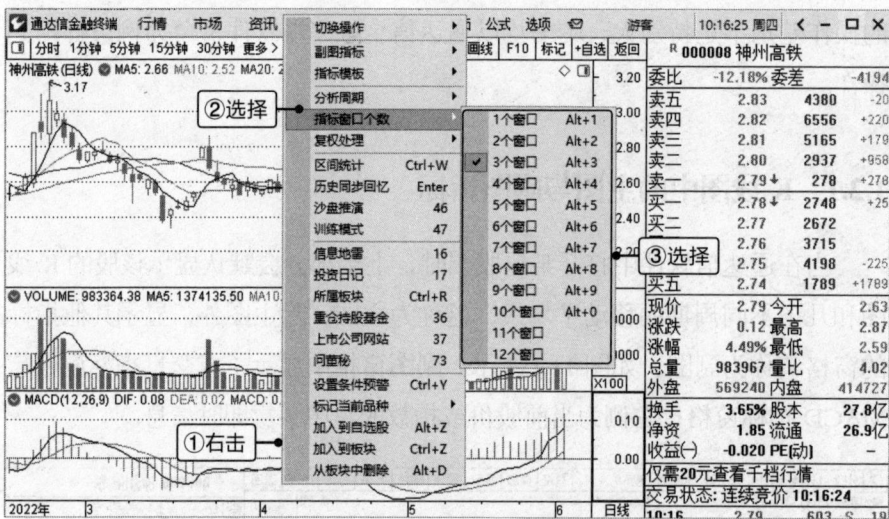

图 1-5　调整副图窗口数量

除了使用菜单命令，投资者也可以直接按【Alt】键 + 相应的数字键来快速设置副图窗格的数量。

需要说明的是，这里设置的窗口个数是包含主图窗格在内的，例如要显示 3 个副图窗格，则需要选择"4 个窗格"命令或者直接按【Alt+4】组合键。

1.2.3　调整副图指标

如果副图窗口中显示的指标不是自己想要的指标，可以对其进行更换。在需要更换显示的指标窗格中任意空白位置右击，在弹出的快捷菜单中选

择 "副图指标 / 选择副图指标" 命令, 如图 1-6 所示。

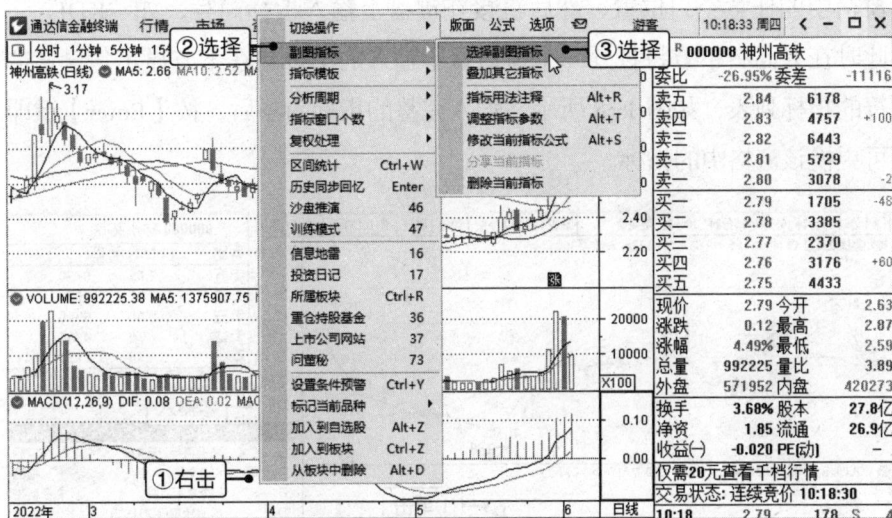

图 1-6　选择 "选择副图指标" 命令

在打开的对话框中左侧展开所需技术指标的类型, 选择所需的技术指标, 然后单击 "确定" 按钮即可, 如图 1-7 所示。

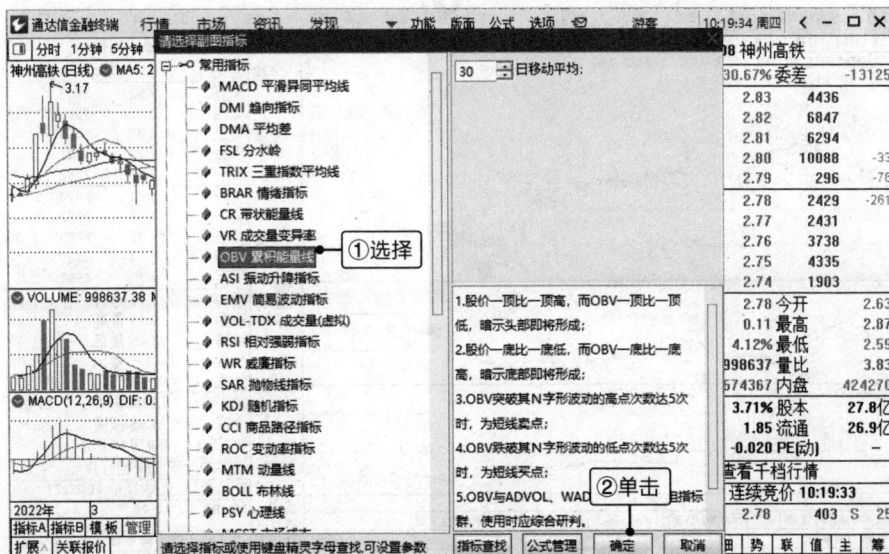

图 1-7　选择所需的技术指标

如果明确知道想要使用的指标字母简称，则可以先单击需要更换指标窗格中的任意空白位置，然后直接在键盘上输入指标简写，如"KDJ"，此时在界面右下方将打开一个窗口显示输入的字符并在下方显示包含该字符的指标列表，如图1-8所示。输入完整的指标简写后，按【Enter】键即可更换该窗格中的指标。

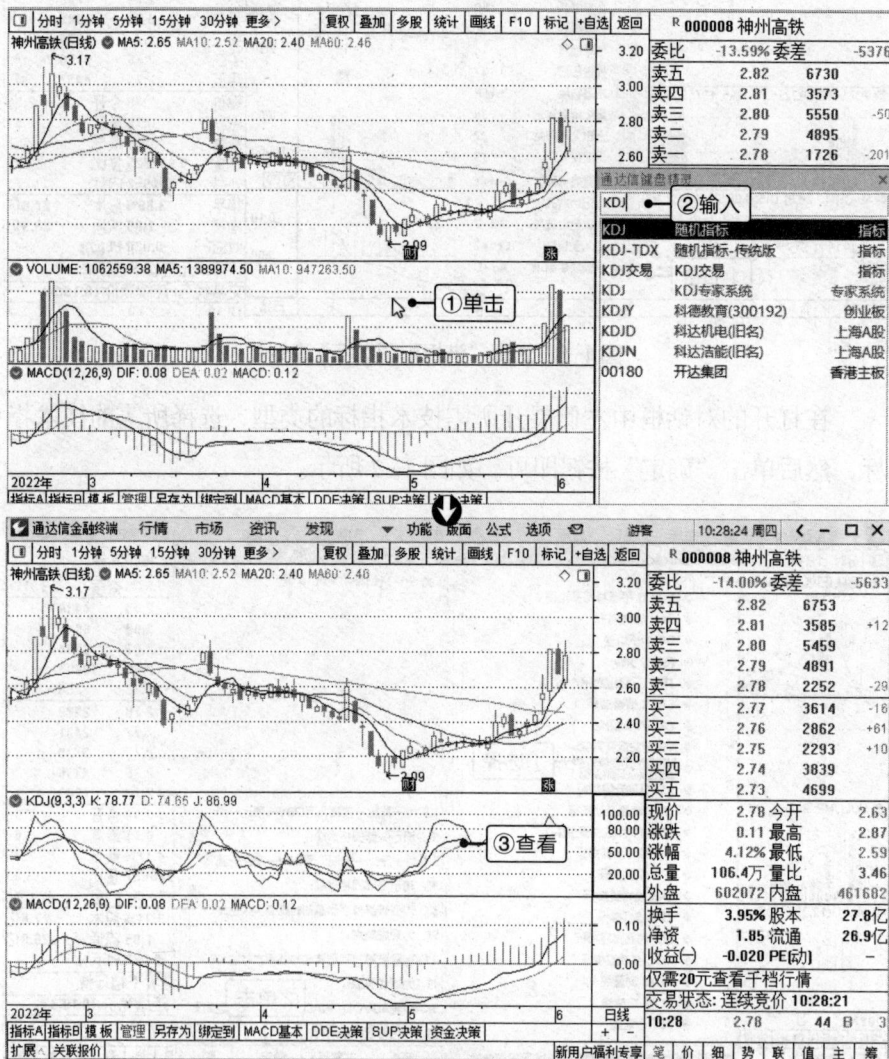

图1-8　利用键盘输入要更换的指标

1.2.4　修改 MACD 指标参数

在一般的行情软件中，MACD 指标的默认参数为 12、26、9，对于一般投资者来说，采用默认的数值分析查看即可。但有些投资者喜欢短线投资，那么默认的参数设置对股价的变动反应则显得比较滞后，此时可根据需要对其进行修改。

修改方法如下：单击 MACD 指标的任何指标线（一定要在 MACD 指标的曲线上单击，使其呈选中状态，不能只单击窗格空白处），右击，在弹出的快捷菜单中选择"调整指标参数"命令，打开如图 1-9 所示的"[MACD] 指标参数调整"窗口，将各项指标的参数更改为所需的数值后，单击"关闭"按钮即可。

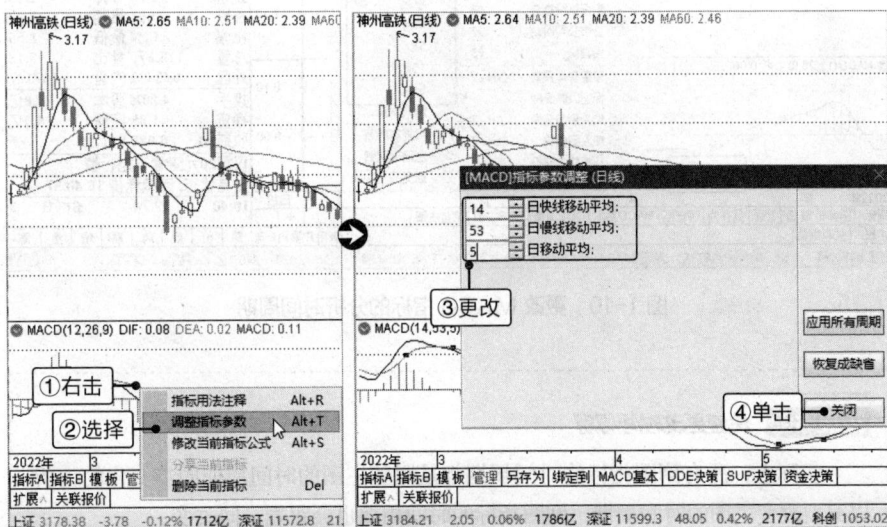

图 1-9　更改 MACD 指标参数

拓展贴士　*修改所有周期的 MACD 参数*

在单个周期上修改的 MACD 参数，默认只应用于该周期的 MACD 指标中，若在上图中单击"应用所有周期"按钮，则可将该设置应用于其他所有的时间周期。

1.2.5 切换 MACD 的时间周期

如何切换 MACD 的时间周期呢？在 MACD 指标窗格的任意空白位置右击，在弹出的快捷菜单中选择"分析周期"命令下的所需时间周期即可，如图 1-10 所示。

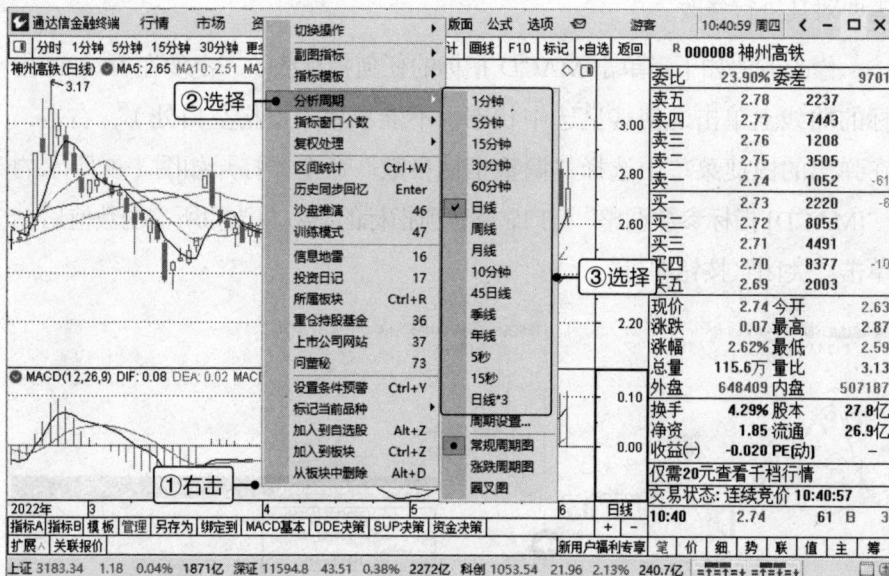

图 1-10 更改 MACD 指标的分析时间周期

拓展贴士 *快速更改时间周期*

实际上，所有副图指标的时间周期都是跟随主图的时间周期同步变化的，所以只要改变主图的时间周期，副图指标的时间周期也会跟着一同改变。

改变主图时间周期的方法和副图类似，除了可以用快捷菜单来改变外，还可以直接在键盘上输入快捷键来改变，输入数字 91 ~ 98，分别代表的时间周期为 1 分钟、5 分钟、15 分钟、30 分钟、60 分钟、日线、周线和月线。

另外，在通达信软件中，在 K 线图的上方有一行周期标签，可以通过单击相应的标签来切换周期，或者单击周期标签右侧的"更多"按钮，在弹出的下拉菜单中选择更换周期，如图 1-11 所示。

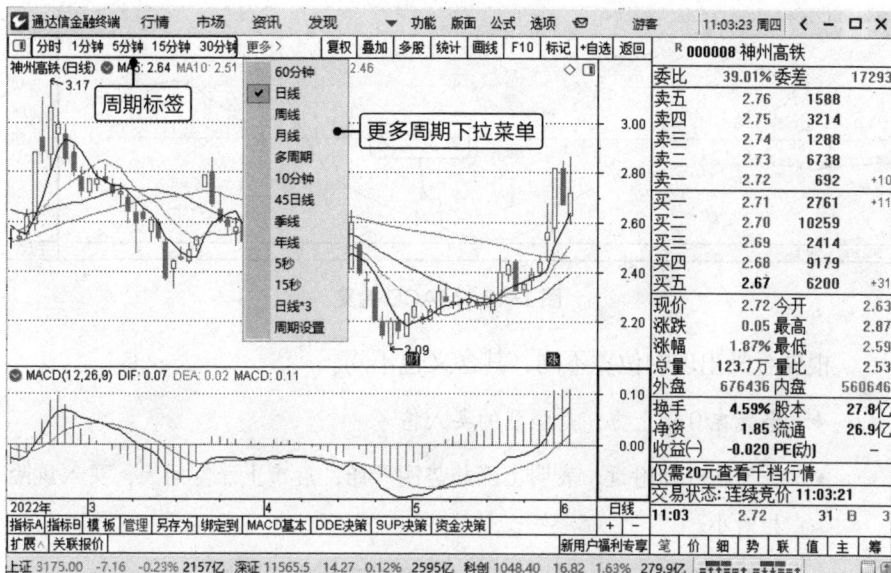

图 1-11　快速更改主图时间周期同步更改副图指标的分析周期

1.3　MACD 指标的应用要点

在实战应用过程中，MACD 指标的交叉、背离和突 / 跌破是该指标的应用要点，下面针对这几个要点进行具体介绍。

1.3.1　黄金交叉与死亡交叉

MACD 中的交叉分为黄金交叉和死亡交叉两种，下面分别进行介绍。

（1）黄金交叉

MACD 指标中的黄金交叉是指 DIF 线从下向上突破向上运行的 DEA 线形成的交叉，也称金叉，如图 1-12 所示。

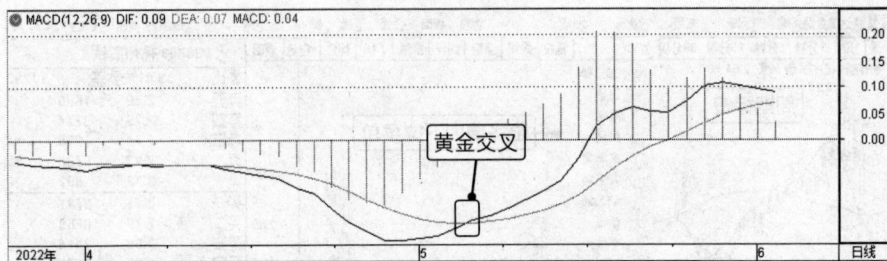

图 1-12　MACD 金叉

根据金叉出现的位置不同，其含义也不同。

◆ 金叉在 0 轴上方，是强烈的买入信号。

◆ 金叉在 0 轴附近，表明上涨趋势刚开始，后市上涨空间大，买入风险相对小。

◆ 金叉在 0 轴下方，表明市场中多方刚开始占据优势，上涨行情还未确立，此时买入回报高，风险也大。

（2）死亡交叉

MACD 指标中的死亡交叉是指 DIF 线从上向下跌破向下运行的 DEA 线形成的交叉，也称死叉，如图 1-13 所示。

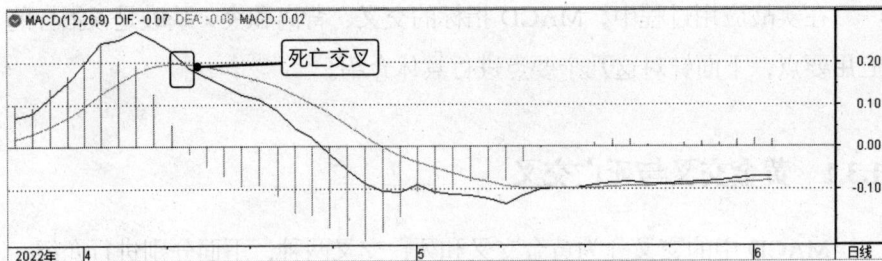

图 1-13　MACD 死叉

根据死叉出现的位置不同，其含义也不同。

◆ 低位死叉，即出现在 0 轴下方的死叉，通常出现在下跌行情反弹阶段，意味着反弹行情结束，应卖出股票。

◆ 0 轴附近的死叉，表明在 0 轴附近下跌动能开始聚集，又将迎来新一轮下跌行情，为卖出信号。

◆ 高位死叉，即出现在 0 轴上方的死叉，与其他死叉不同的是，高位死叉通常出现在上涨行情回调阶段，表明回调的结束，后市行情将继续上涨，投资者此时应持股观望。

这里对金叉、死叉及不同位置的交叉进行初步介绍，有关这两种交叉的具体应用，将在本书第 3 章进行更具体的实战讲解。

1.3.2　MACD 指标背离

MACD 指标背离是指技术指标与股价走势相反，背离形态有顶背离和底背离两种，具体介绍如下。

◆ 股价处于上涨趋势中，而 MACD 指标的整体运行趋势却相反，即向下运动，称为顶背离，是卖出信号，如图 1-14 所示。

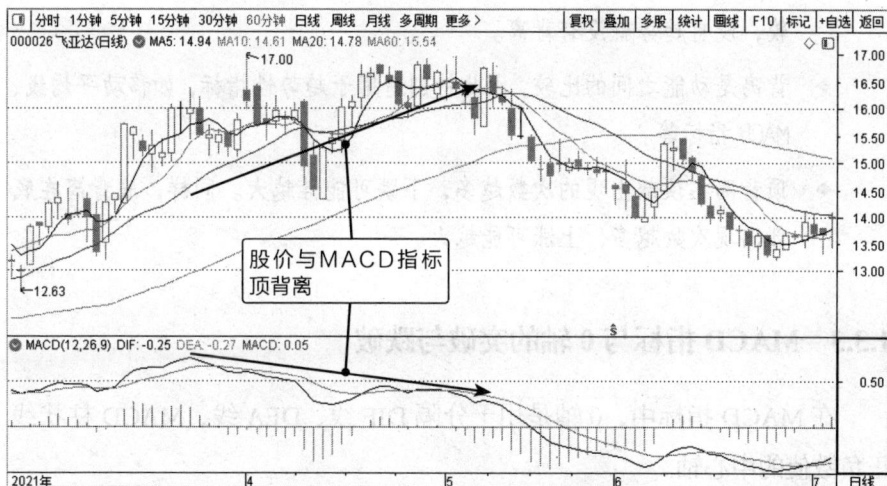

图 1-14　MACD 指标与股价顶背离

◆ 股价处于下跌趋势中，而 MACD 指标的整体运行趋势却相反，即向上运动，称为底背离，是买入信号，如图 1-15 所示。

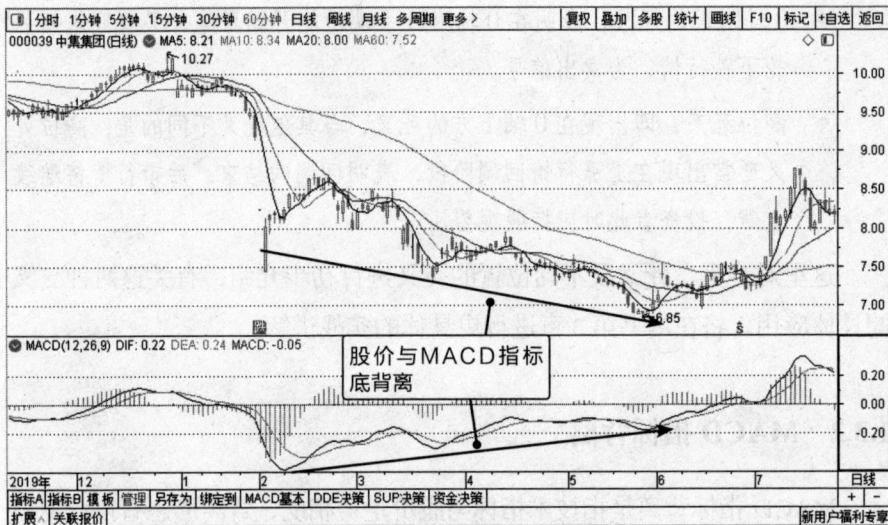

图 1-15　MACD 指标与股价底背离

在实战中使用背离时应注意以下 3 个方面。

◆ 背离始终与趋势紧密相连，背离实际上是两个完整趋势之间的动能比较，没有趋势就没有背离。

◆ 背离是动能之间的比较，因此特别适用于趋势性指标，如移动平均线、MACD 指标等。

◆ 顶背离在顶部出现的次数越多，下跌可能性越大。同样，底背离在底部出现次数越多，上涨可能越大。

1.3.3　MACD 指标与 0 轴的突破与跌破

在 MACD 指标中，0 轴是用于分隔 DIF 线、DEA 线、MACD 柱状线正负数值的中心轴。

当 MACD 指标突破或跌破 0 轴这个关键的点位，说明未来走势朝某一方向发展得到初步确认，表明市场中多空双方的较量逐渐分出胜负，后市将在某一方的主导下沿趋势运行，此时投资者只需要顺势操作即可。

下面来看具体的实例。

中兴通讯（000063）MACD 指标突破 0 轴分析

图 1-16 所示为中兴通讯 2021 年 2 月至 6 月的 K 线图。

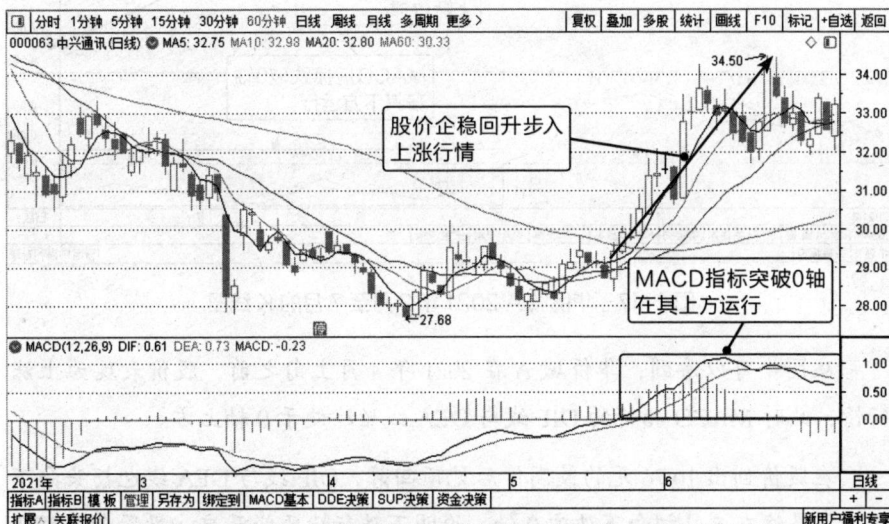

图 1-16　中兴通讯 2021 年 2 月至 6 月的 K 线图

从图中可以看到，中兴通讯在 2021 年 4 月之前，股价大幅下跌。在 4 月中旬左右，该股创出 27.68 元的最低价后在 28.00 元至 30.00 元的价格区间横盘调整，但 MACD 指标的 DIF 线与 DEA 线始终处于 0 轴下方。

在 2021 年 5 月中下旬，该股企稳回升，DIF 线与 DEA 线也向上突破 0 轴在其上方运行，行情进入上涨阶段，投资者可顺势买入。

华侨城 A（000069）MACD 跌破 0 轴分析

图 1-17 所示为华侨城 A 在 2021 年 2 月至 7 月的 K 线图。

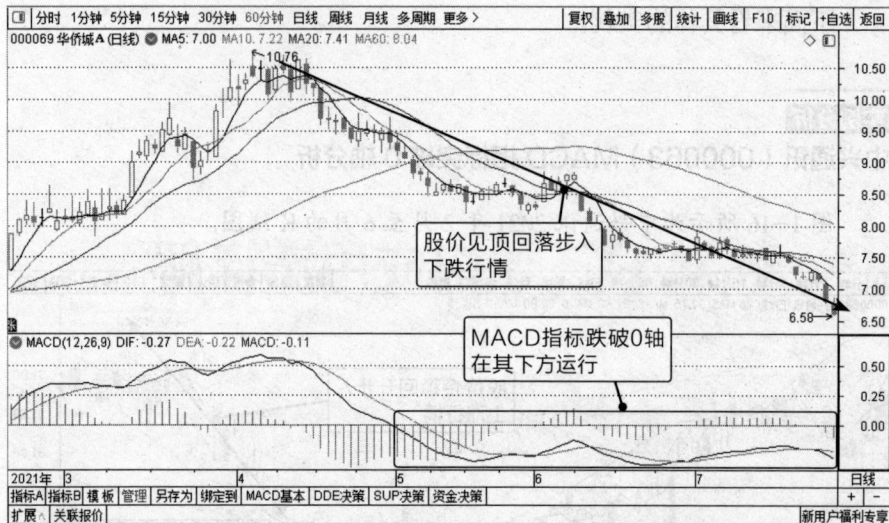

图 1-17　华侨城 A 2021 年 2 月至 7 月的 K 线图

从图中可以看到，华侨城 A 在 2021 年 4 月上旬之前，股价表现为上涨行情，此时 MACD 指标的 DIF 线与 DEA 线始终处于 0 轴上方。

在股价创出 10.76 元的最高价后见顶回落，DIF 线与 DEA 线也拐头向下运行，最终在 5 月初向下跌破 0 轴，说明下跌行情已经开启，投资者可顺势卖出，避免后市遭受更多损失。

第2章

MACD三大构成用法详解

　　在MACD指标中，DIF线、DEA线和MACD柱状线是其基本构成，通过第1章的学习，我们对这三大构成的基本含义有了一定的认识。在本章，将具体对这三大构成的实战用法进行详细讲解，让投资者对MACD指标有更进一步的掌握。

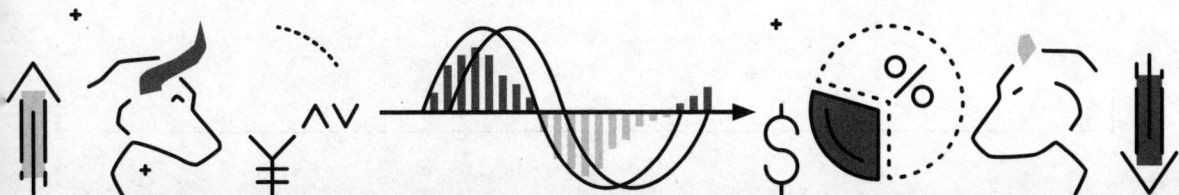

2.1 DIF 快线用法详解

在 MACD 指标中，DIF 快线相对来说是比较重要的，掌握该线的实战用法，可以帮助投资者更好地把握股价走势。下面从 DIF 线的形态及其相对于 0 轴的位置来进行具体讲解。

2.1.1 DIF 线拐头

在 MACD 指标中，DIF 线会沿着向上或者向下趋势一直运行，当 DIF 线出现拐头，即到达某个阶段性的顶部或者底部后，DIF 线的趋势被改变，也说明了此时多空力量发生改变。

◆ DIF 线由上而下拐头

当 DIF 线在保持一段向上运行的趋势后出现由上而下的拐头走势时，此时说明多方力量不足，不能继续为 DIF 线的向上运行护航，相对而言，此时的空方力量开始逐步走强。

如果此时的拐头出现在 0 轴上方，说明市场中仍然以多头为主，但是投资者可以抛售部分筹码，警惕高位风险。

如果此时的拐头出现在 0 轴下方，则说明市场中多头已逐步被空头替代，市场转为空头占据主导地位，此时的拐头是行情见顶的信号，投资者应该清仓出局，落袋为安。

◆ DIF 线由下而上拐头

当 DIF 线在保持一段向下运行的趋势后出现由下而上的拐头走势时，此时说明空方力量有所不足，不能继续助力 DIF 线向下运行，相对而言，此时的多方力量开始逐步走强。

如果此时的拐头出现在 0 轴下方，说明市场中仍然以空头为主，但是投资者可以开始布局，在底部少量建仓。

　　如果此时的拐头出现在 0 轴上方，则说明市场中空头已逐步被多头替代，市场转为多头占据主导地位，此时的拐头是行情见底回升的信号，投资者应考虑加仓，积极做多。

　　下面来看一个具体的实例。

实例分析

粤水电（002060）DIF 线拐头的买卖分析

　　图 2-1 所示为粤水电 2021 年 1 月至 6 月的 K 线图。

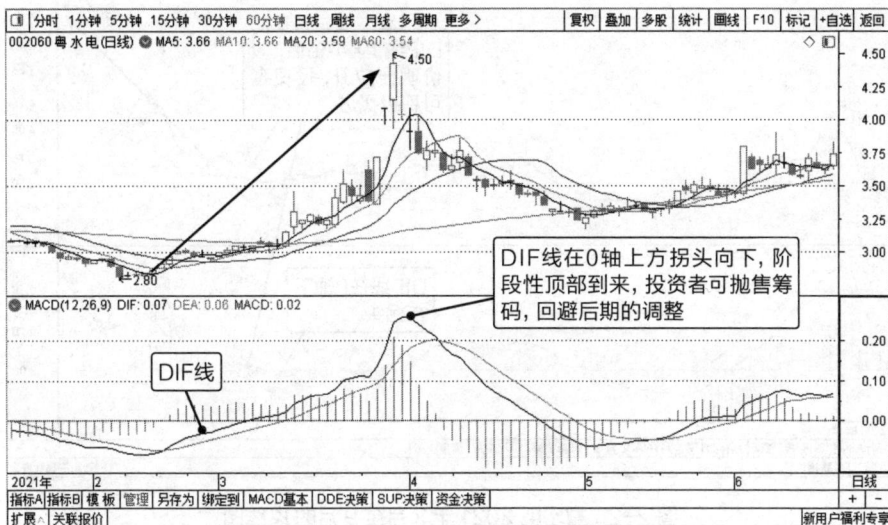

图 2-1　粤水电 2021 年 1 月至 6 月的 K 线图

　　从图中可以看到，该股在 2021 年 2 月初创出 2.80 元的新低后，股价开启了一波走势良好的上涨行情，此时对应的 MACD 指标的 DIF 线也随之走出向右上方倾斜的上升趋势形态，并在 3 月上旬左右从 0 轴下方上穿到 0 轴上方后仍然保持向上运行的趋势。

　　在 2021 年 3 月底，股价上涨创出 4.50 元的价格后快速回落，DIF 出现拐头的现象，说明此时市场中存在大量的抛压，做多动能不足，后市将进入回调整理阶段。

此时观察 DIF 线的位置，发现其仍然处于 0 轴上方，说明市场仍然是多头占据主导地位，此时的回调只是主力为了清理浮筹而采取的操作，后市可期。

但是由于此时处于上涨的初期，调整时期可长可短，为了提高资金利用率，此时投资者可以抛售筹码，回避回调，但是要密切关注该股，一旦回调结束，可立即买回。

图 2-2 所示为粤水电 2021 年 3 月至 9 月的 K 线图。

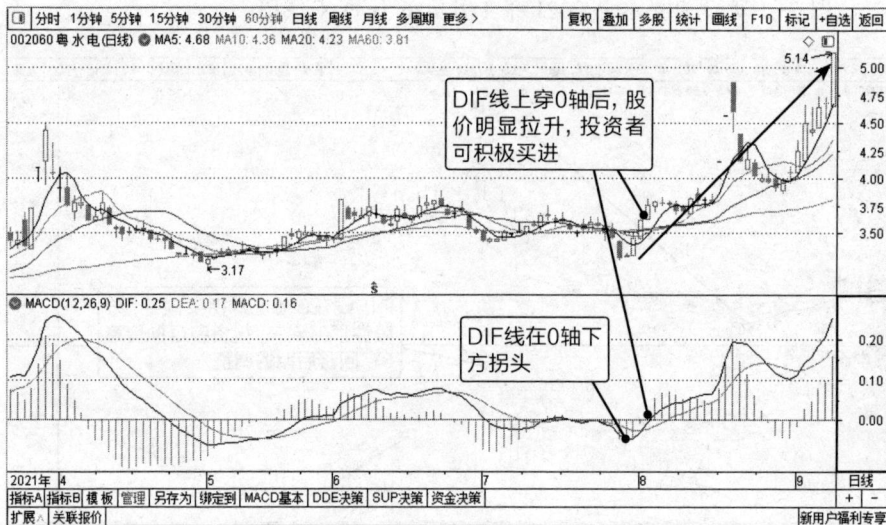

图 2-2　粤水电 2021 年 3 月至 9 月的 K 线图

从图中可以看到，该股后市经历了长达 3 个月左右的调整期，在整个调整过程中，股价始终受到 3.80 元价位线的压制，DIF 线拐头向下运行靠近 0 轴后，始终在 0 轴附近波动变化。

在 2021 年 7 月底，虽然股价与中长期均线交错在一起，但是 60 日均线有明显上升的趋势，股价有望回调结束，继续上涨趋势。

此时观察 MACD 指标，DIF 线出现了明显的由下而上的拐头趋势，虽然此时的拐头出现在 0 轴下方，但是经过长时间的回调整理后，做空势能被充分释放，股价受中长期均线的支撑作用比较明显，此时投资者可以少量买回该股。

随后，DIF 线穿破 0 轴向上，股价也明显拉升，说明 DIF 线拐头后，市场已被多头占据，此时投资者可以积极买入，持股待涨。

拓展贴士 *DIF 拐头变化过程说明*

以上案例是从 DIF 线拐头后，市场中的多空力量消长变化进行的分析。在实战中，对于 DIF 线的拐头，有时候不会在瞬间就完成，都会有一个趋势变缓后逐步走平再拐头的过程，这个过程出现时，往往表明股价处于筑顶或筑底的过程中，对于投资者出逃或者建仓，都是最佳位置。

2.1.2　DIF 线穿越 0 轴

在 MACD 指标中，如果 DIF 线在 0 轴上方，则 DIF 为正值，表明当前市场由多头掌控；如果 DIF 线在 0 轴下方，则 DIF 为负值，表明当前市场由空头掌控。

由此可见，0 轴就是划分多空力量的分界线，当 DIF 线穿越 0 轴时，表明多空力量发生了变化。

（1）DIF 线由上而下穿越 0 轴

当 DIF 线由上而下穿越 0 轴，表明越来越多人看跌行情，市场由多头转为空头，后市看跌，投资者要择机离场。

如果前期 DIF 线长期在 0 轴上方运行，一旦出现下穿 0 轴的情况，则发出的看跌信号更强烈，此时投资者应果断考虑清仓出局。

下面来看一个具体的实例。

实例分析
特发信息（000070）DIF 线在 0 轴上方长期运行后下穿 0 轴

图 2-3 所示为特发信息 2018 年 10 月至 2019 年 5 月的 K 线图。

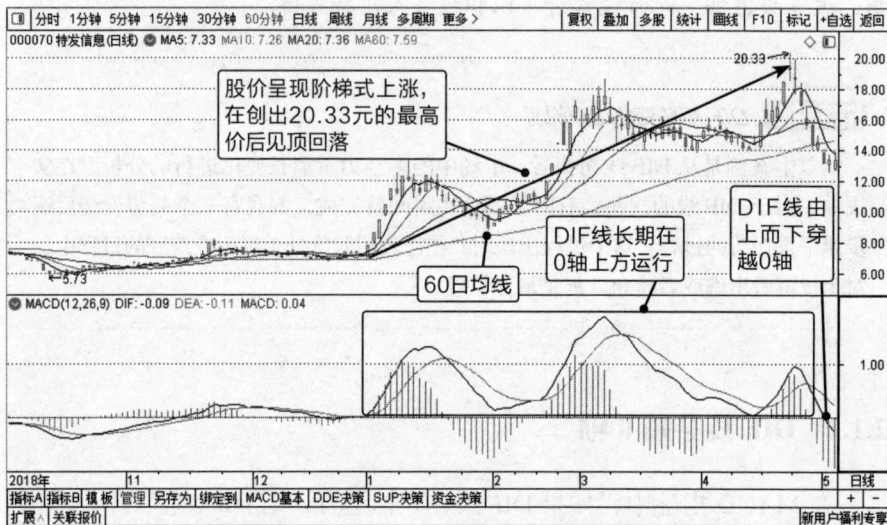

图 2-3　特发信息 2018 年 10 月至 2019 年 5 月的 K 线图

从图中可以看到，该股在 2018 年 10 月中旬创出 5.73 元的最低价后企稳回升，MACD 指标的 DIF 线也随着股价的上涨从 0 轴下方上穿到 0 轴上方。

但是小幅拉升 1 个月左右的时间后在 8.00 元价位线附近滞涨，之后股价进入了一段横盘整理阶段，DIF 线也在 0 轴上方拐头向下运行，但是最终未能有效跌破 0 轴。

2019 年 1 月初，股价被强势拉升，上涨行情正式进入拉升阶段，之后股价呈现阶梯式拉升上涨，在经过 4 个月左右的时间，股价从 7.00 元附近快速拉高创出 20.33 元的最高价后快速回落并跌破 60 日均线。

观察同时期的 MACD 指标可以发现，在股价上涨的 4 个月左右的时间内，DIF 线也对应在 0 轴上方运行了 4 个月左右的时间。

但是随着股价创出最高价回落跌破 60 日均线后，DIF 线也由上而下快速下穿 0 轴，此时更加坚定了行情见顶的走势判断，投资者要果断出局。

图 2-4 所示为特发信息 2019 年 4 月至 8 月的 K 线图。

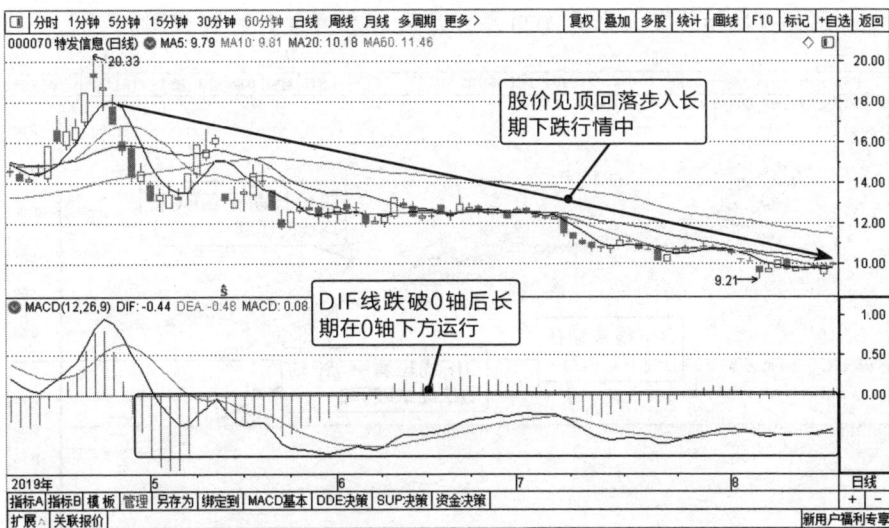

图 2-4 特发信息 2019 年 4 月至 8 月的 K 线图

从图中可以看到，该股在 20.33 元见顶后，行情反转向下步入了长时间的下跌过程中。在整个下跌过程中，DIF 线在 0 轴下方长期运行，说明了市场中以空方势力为主导。

股价从最高的 20.33 元下跌到 9.21 元，跌幅约 55%。如果投资者在 DIF 线跌破 0 轴时未及时出局，将被严重套牢，损失惨重。

（2）DIF 线由下而上穿越 0 轴

当 DIF 线由下而上穿越 0 轴，表明越来越多人看好行情，市场由空头转为多头，后市看涨，投资者要择机入场。

如果前期 DIF 线长期在 0 轴下方运行，一旦出现上穿 0 轴的情况，则发出的看涨信号更加强烈，此时投资者就应该积极做多，逢低吸纳，买入该股。持有者则应坚定持股。

下面来看一个具体的实例。

实例分析

常山北明（000158）DIF 线在 0 轴下方长期运行后上穿 0 轴

图 2-5 所示为常山北明 2020 年 8 月至 2021 年 4 月的 K 线图。

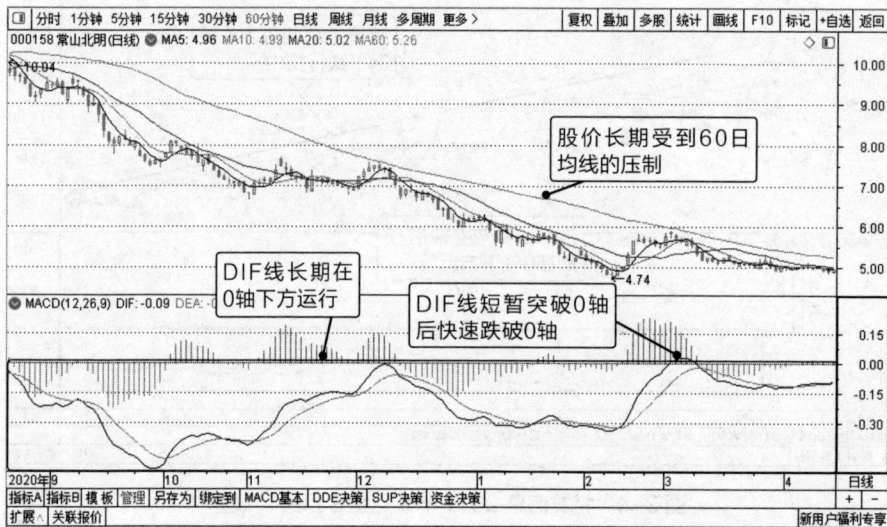

图 2-5　常山北明 2020 年 8 月至 2021 年 4 月的 K 线图

从图中可以看到，该股在这段时间内始终受到向下运行的 60 日均线的压制从而走出一波深幅下跌走势。观察 MACD 指标的 DIF 线，大部分时间都在 0 轴下方运行。

虽然在 2021 年 2 月下旬，DIF 线随着股价的反弹出现了向上运行的上涨趋势，并且在 3 月初上穿 0 轴，但是很快就拐头向下运行，并下穿 0 轴，随后 DIF 线继续在 0 轴下方运行了 1 个多月的时间。这充分说明了市场中的做空势能强劲，市场中投资者普遍看跌。

但是在这一轮下跌中，DIF 线长期在 0 轴下方运行了 8 个月左右的时间，此时投资者也要密切关注该股的走势，因为在长时间的大幅下跌后，股价止跌企稳随时会到来。

图 2-6 所示为常山北明 2021 年 2 月至 6 月的 K 线图。

从图中可以看到，该股在 2021 年 4 月中旬，在 0 轴下方长期运行的 DIF 线再次上穿 0 轴，并且股价也逐步拉升，说明了在长期的下跌过程中，空头势能被大部分释放，此时市场已由空头转为多头，后市看涨。此时投资者要积极做多，抓住上升行情。

从后市的走势来看，该股随后经历了一波快速拉升的行情，股价从 5.00 元附近最高上涨到 13.27 元，短短 2 个多月的时间，股价上涨了 8.27 元，涨幅超过 165%。

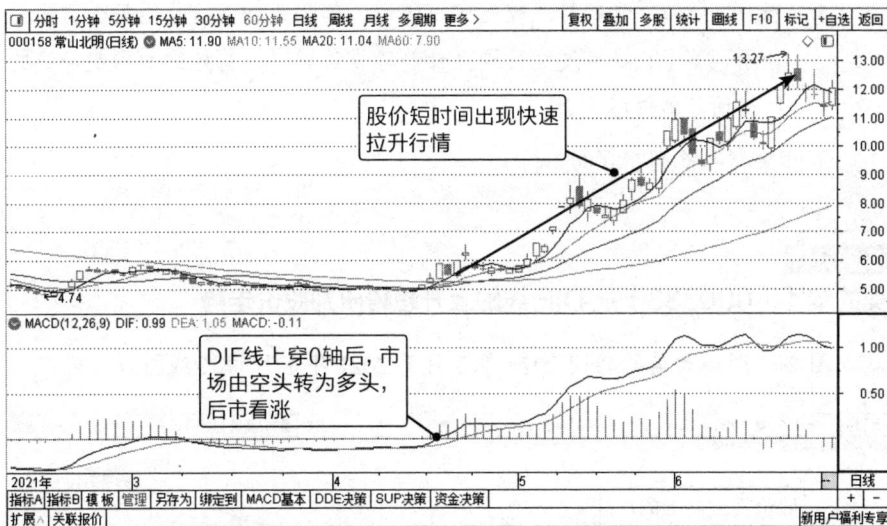

图 2-6　常山北明 2021 年 2 月至 6 月的 K 线图

2.1.3　DIF 线向上或向下运行

在 MACD 指标中，DIF 线相对于股价而言，无论是上升趋势还是下降趋势，都具有趋势领先作用。因此，通过判断 DIF 线的向上或向下运行，可以有效判断股价的趋势变化，下面就来看看具体内容。

（1）DIF 线的上升趋势对股价的指导

在 DIF 线的运行过程中，如果 DIF 线的波峰和波谷一波比一波高，说明 DIF 线为向上的上升趋势，连接对应的波谷就形成了 DIF 线的上升趋势线。

DIF 线的上升趋势线具有以下作用。

◆ 当 DIF 线回落到趋势线位置时，会受到趋势线的支撑止跌再度上升。趋势线经过的波峰和波谷越多，周期越长，趋势线的支撑作用越有效。

◆ 当 DIF 线有效跌破上升趋势线时，此时表明趋势线的支撑作用失效，DIF 线的趋势将改变，同时也意味着股价的运行趋势将改变。

◆ 当 DIF 线的上升趋势线被有效跌破后，趋势线的支撑作用将变为阻力作用，当 DIF 线再度运行到上升趋势线位置时，将始终受到趋势线的阻碍而不能继续上升。

下面来看一个具体的实例。

实例分析

美的集团（000333）从 DIF 线的上升趋势研判股价走势

图 2-7 所示为美的集团 2020 年 3 月至 2021 年 1 月的 K 线图。

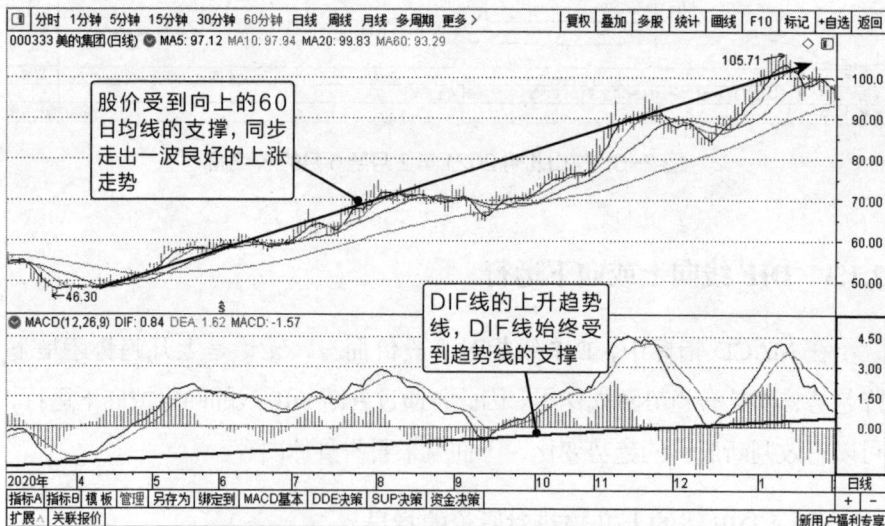

图 2-7　美的集团 2020 年 3 月至 2021 年 1 月的 K 线图

从图中可以看到，该股在 2020 年 3 月下旬创出 46.30 元的新低后止跌回升步入上涨行情，股价始终受到向上运行的 60 日均线的支撑。

观察对应的 DIF 线，发现 DIF 线在股价创出最低价后也拐头向上并快速上穿到 0 轴上方，虽然之后 DIF 线又拐头向下，甚至短暂跌破 0 轴的走势，但是整体重心在逐渐向上偏移，对应绘制出 DIF 线的上升趋势线。

在整个变化过程中，DIF 线始终受到上升趋势线的支撑作用。对应的股价在这一时间段也与 DIF 线保持相应的向上变化的上升趋势。

图 2-8 所示为美的集团 2020 年 12 月至 2021 年 8 月的 K 线图。

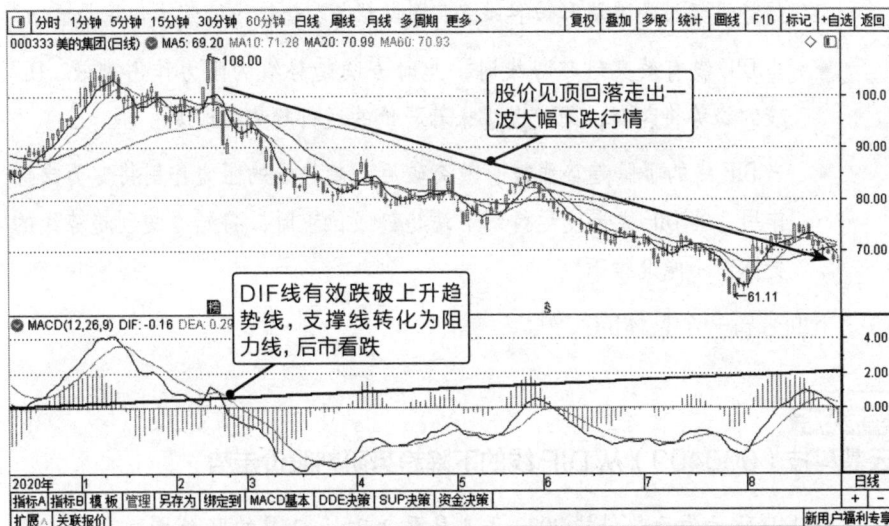

图 2-8　美的集团 2020 年 12 月至 2021 年 8 月的 K 线图

从图中可以看到，该股在上涨到 108.00 元的高位后出现回落，此时观察 DIF 线的走势，发现其已拐头向下运行，并且向下跌破了之前绘制的 DIF 线的上升趋势线，此时投资者可以考虑抛售一部分股票，锁定利润。

之后 DIF 线快速运行到 0 轴下方，说明市场中的做空动能强大，市场普遍看空，此时投资者要果断卖出股票，规避股价下跌风险。

后市虽然出现过反弹走势，但是每次反弹力度都非常小，对应的 DIF 线向上运行也在还未触及上升趋势线就拐头向下运行，说明此时依据 DIF 线绘制的上升趋势线的支撑作用失效，支撑作用已经转化为阻力作用，并且后市 DIF 线也将受到该趋势线的压制。如果投资者没有及时清仓出局，后市将遭受巨大的损失。

（2）DIF 线的下降趋势对股价的指导

在 DIF 线的运行过程中，如果 DIF 线的波峰和波谷一波比一波低，说明 DIF 线为向下的下降趋势，连接对应的波峰就形成了 DIF 线的下降趋势线。DIF 线的下降趋势线具有以下作用。

◆ 当 DIF 线上行到趋势线位置时，会受到趋势线的阻碍止跌再度下行。趋势线经过的波峰和波谷越多，周期越长，趋势线的阻力作用越有效。

◆ 当 DIF 线有效突破趋势线时，此时表明趋势线的阻力作用失效，DIF 线的趋势将改变，同时也意味着股价的运行趋势将改变。

◆ 当 DIF 线的下降趋势线被有效突破后，趋势线的阻力作用将变为支撑作用，当 DIF 线再度运行到下跌趋势线位置时，将始终受到趋势线的支撑而不能继续下跌。

下面来看一个具体的实例。

实例分析

云鼎科技（000409）从 DIF 线的下降趋势研判股价走势

图 2-9 所示为云鼎科技 2020 年 4 月至 2021 年 2 月的 K 线图。

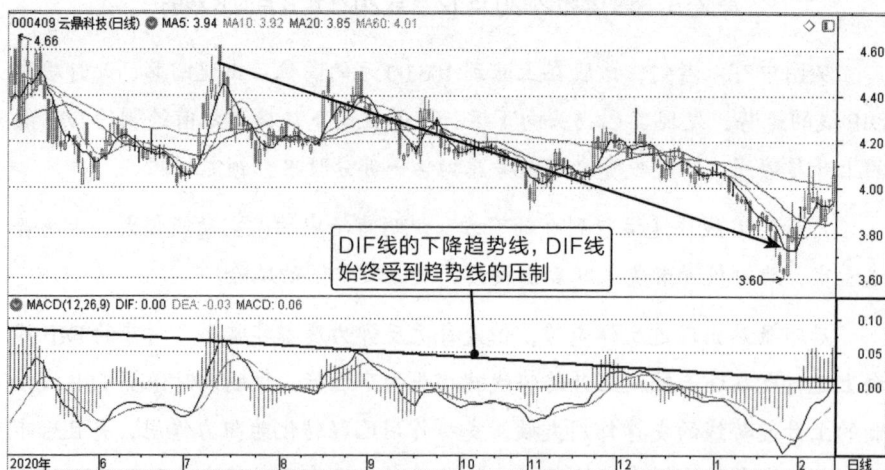

图 2-9 云鼎科技 2020 年 4 月至 2021 年 2 月的 K 线图

从图中可以看到，该股下跌到 2020 年 6 月后跌势减缓，股价在 4.00 元的价位线处出现明显的支撑作用。观察此时的 DIF 线，发现其在 0 轴附近波动变化，波谷的重心逐步下移，波峰也出现明显的一波比一波低，连接波峰即可绘制出 DIF 线的下降趋势线。

在整个变化过程中，DIF 线始终受到趋势线的阻力作用。对应的股价在这一时间段也与 DIF 线整体重心保持相应的向下变化的下跌趋势。

图 2-10 所示为云鼎科技 2020 年 12 月至 2021 年 7 月的 K 线图。

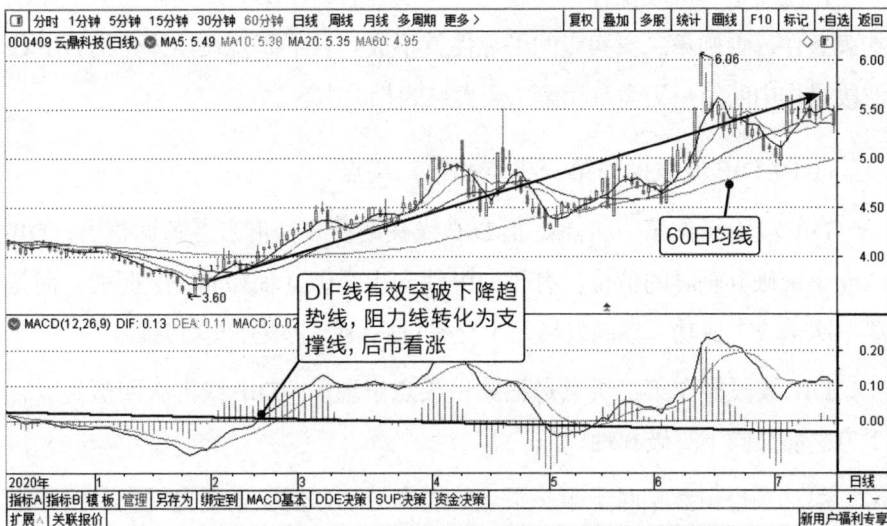

图 2-10 云鼎科技 2020 年 12 月至 2021 年 7 月的 K 线图

从图中可以看到，该股在 2021 年 1 月底创出 3.60 元的最低价后企稳回升，DIF 线也拐头向上，并从下向上穿破 0 轴，同时也穿破下降趋势线，说明此时市场的多方势力大于空方势力，下降趋势线被有效突破，趋势线的阻力作用失效，同时阻力作用转为支撑作用，后市看好，此时投资者可以积极买入。

从后市的走势来看，该股在 60 日均线的支撑下走出一波良好的上升行情，如果投资者在 DIF 线有效突破下降趋势线后布局该股，持股一段时间后，在随后的上升行情的任何位置卖出，都将获利。

2.1.4 DIF 线波段操作

股价的波动造成 DIF 线的波动，在复杂的波动中隐藏着股票的买卖点。这些买卖点可分为第一买点、第二买点、第一卖点和第二卖点。

在上述的买卖点中，第一买点比第二买点的成本低，可给投资者带来更大收益；第一卖点比第二卖点卖出价格高，同样给投资者带来更大的收益。在 DIF 线拐头或者穿越 0 轴时，就会出现第一买卖点。

但是要进行波段操作，发现第二买卖点，对于第一买卖点还有更多的约束条件，否则第二买卖点的可靠性就不成立。下面就来具体介绍 DIF 线波段操作中的第一买卖点和第二买卖点的相关内容。

（1）DIF 波段操作第一买点和第二买点

DIF 波段操作第一买点是指 DIF 线长期在 0 轴下方震荡调整后，DIF 线向上突破 0 轴时的价位。有时 DIF 线向上突破 0 轴并非一蹴而就，而是第一次上攻未成功，横向发展几个交易日后继续上攻并成功突破。

DIF 波段操作第二买点是指第一买点出现后，DIF 线再次回落到 0 轴下方之后又向上突破 0 轴。

第二买点虽然相对于第一买点的成本更高，但安全度也更高，因为在第二买点之后往往是上涨行情的第三浪，即主升浪。

在实战中，当市场的上涨动能极为强劲时，DIF 线不会回落到 0 轴下方，而是靠近 DEA 线或 0 轴之后便再次掉头上攻，股价在后市的上涨走势将会更为凶猛。

下面来看一个具体的实例。

<hr>

实例分析

贤丰控股（002141）DIF 波段操作买点分析

图 2-11 所示为贤丰控股 2020 年 9 月至 2021 年 3 月的 K 线图。

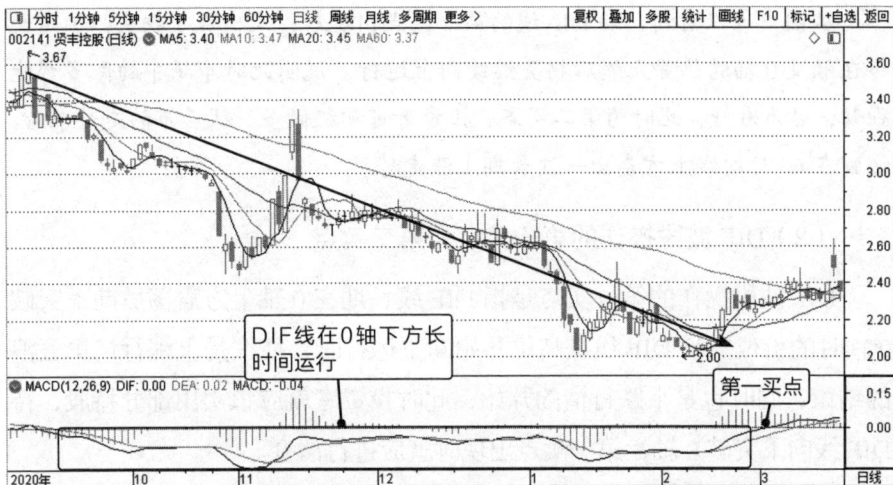

图 2-11　贤丰控股 2020 年 9 月至 2021 年 3 月的 K 线图

从图中可以看到，该股大幅下跌的过程中，DIF 线在 0 轴下方运行了近 6 个月的时间。在 2021 年 2 月初，股价创出 2.00 元的新低后出现止跌，此时 DIF 线已经拐头向上运行，并在 3 月初左右一度突破 0 轴并在 0 轴上方运行，出现第一买点。对于激进的投资者，可以在此时逢低吸纳，买入该股。

图 2-12 所示为贤丰控股 2021 年 2 月至 6 月的 K 线图。

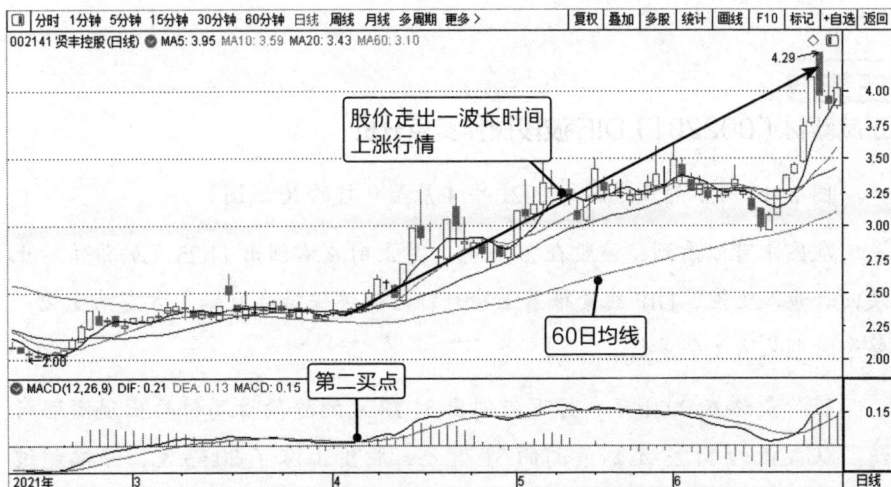

图 2-12　贤丰控股 2021 年 2 月至 6 月的 K 线图

从图中可以看到，在 DIF 线的第一买点出现后，又出现了拐头，但是最终在触及 0 轴的位置止跌后拐头继续向上运行，说明此时市场中的做多势能强劲，后市看好，此时为第二买点，投资者可积极做多。从后市的走势来看，该股在 60 日均线上方走出一波长期上涨走势。

（2）DIF 波段操作的第一卖点和第二卖点

DIF 波段操作的第一卖点是指 DIF 线长期在 0 轴上方震荡后向下突破 0 轴时的价位。当 DIF 线从高位开始向下运行时，往往是上涨行情第五浪的结束，同时也是下跌行情的开始，此时投资者就应该卖出部分持股，待 DIF 线向下突破 0 轴，第一卖点出现时就应进行清仓。

DIF 波段操作的第二卖点是指在第一卖点出现后，DIF 线反弹回 0 轴上方后再次向下跌破 0 轴时的价位。如果市场中的下跌动能极为强劲，DIF 线不会反弹到 0 轴上方，而是靠近 DEA 线或 0 轴之后便再次拐头下行，股价在后市的下跌走势将会更为凶猛。

第二卖点比第一卖点更为可靠，因为在第二卖点之后是主跌浪的开始，所以投资者在第二卖点出现时应果断清仓。

下面来看一个具体的实例。

实例分析

正威新材（002201）DIF 波段操作卖点分析

图 2-13 所示为正威新材 2021 年 4 月至 9 月的 K 线图。

从图中可以看到，该股在 2021 年 4 月上旬左右创出 11.25 元的价格后止跌回升步入上涨，DIF 线紧跟着上穿 0 轴后始终保持在 0 轴上方震荡变化，整个时期长达 4 个多月。

股价最终在 2021 年 8 月下旬创出 31.78 元的阶段性高位后出现滞涨行情。从最低的 11.25 元到最高的 31.78 元，股价上涨了 20.53 元，涨幅超过 182%。在出现翻倍上涨行情后，DIF 线也出现拐头的趋势，说明市场中做多力量在逐步向做空力量转化，行情有望见顶回落。

在9月下旬，DIF线从上向下穿破0轴继续向下运行，此时为第一卖点，稳健的投资者此时就应该抛售筹码，锁定利润。

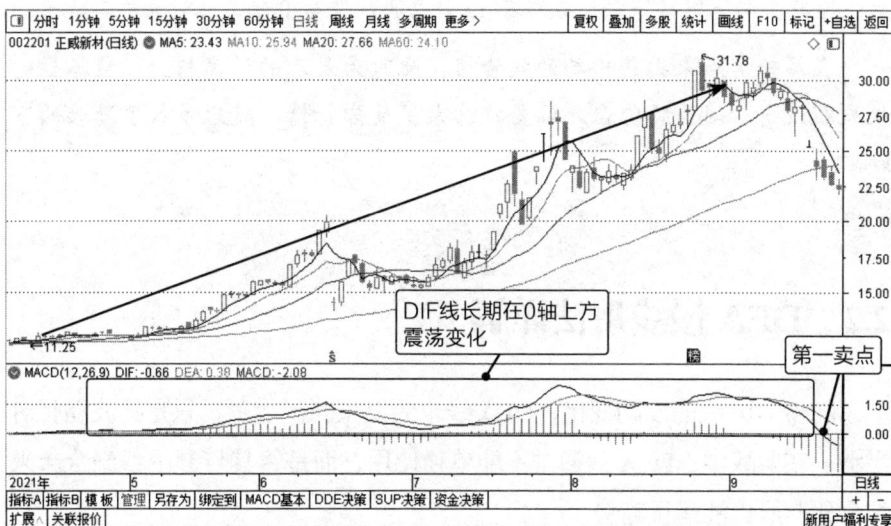

图2-13　正威新材2021年4月至9月的K线图

图2-14所示为正威新材2021年8月至2022年2月的K线图。

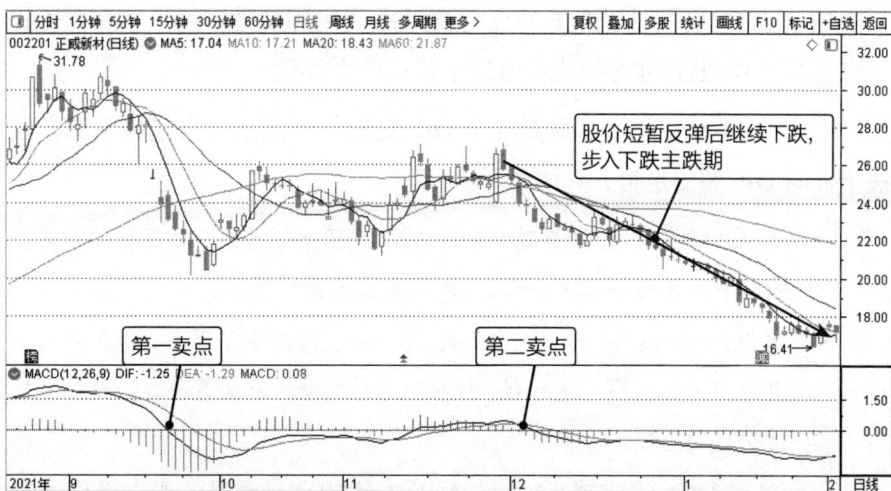

图2-14　正威新材2021年8月至2022年2月的K线图

从图中可以看到，在 DIF 线的第一卖点出现后，股价在 20.00 元价位线附近止跌，随后股价开始震荡反弹，DIF 线也出现了拐头向上运行的趋势。

但是由于市场中的做空势能强劲，DIF 线在 11 月中旬上冲到 0 轴上方后快速拐头向下继续下跌，最终在 12 月初再次跌破 0 轴，此时为第二卖点。

在第一卖点未抛售出局的投资者，此时为最后的逃离机会，应抓住时机果断清仓，因为股价在此位置就结束了反弹行情，随后步入了漫长的下跌期。

2.2 DEA 慢线用法详解

随着 DIF 线的波动变化，DEA 线也会发生同步震荡，只是其波动相对平滑。在实战中，DEA 线通常不能单独使用，而是将其与 DIF 线结合起来综合研判股价的运行趋势。

2.2.1 DEA 线跟随 DIF 线穿越 0 轴

由于 DEA 线相对于 DIF 线而言有滞后变化的特性，所以常常是 DIF 线在穿越了 0 轴后 DEA 线才会出现穿越 0 轴的情况。

对于 DEA 线穿越 0 轴后是加强 DIF 交易信号还是后市走势不明，取决于此时 DIF 线的走势，具体如下。

- ◆ 当 DEA 线跟随 DIF 线穿越 0 轴后，DIF 线仍然保持原来的速度和方向，则 DEA 线穿越 0 轴就加强了 DIF 线发出的交易信号。
- ◆ 当 DEA 线跟随 DIF 线穿越 0 轴后，DIF 线已经改变了原来的运行方向，其后市走势不明，此时 DEA 线穿越 0 轴的操作意义就不大，投资者最好持观望态度。

下面针对 DEA 线穿越 0 轴后加强 DIF 线的交易信号的买卖操作进行

具体讲解。

（1）DEA 线跟随 DIF 线由下而上穿越 0 轴，加强买入信号

当 DIF 线从 0 轴的下方上穿 0 轴后，说明市场中的空方势力逐步被多方势力取代，如果 DEA 线随即也由下而上穿越 0 轴，且 DIF 线仍然继续保持上升运行趋势，此时则更加确认市场逐步变为多头市场，后市看涨，投资者可以考虑加大仓位介入。

下面来看一个具体的实例。

实例分析

华侨城 A（000069）DEA 线跟随 DIF 线上穿 0 轴买入

图 2-15 所示为华侨城 A 2018 年 2 月至 10 月的 K 线图。

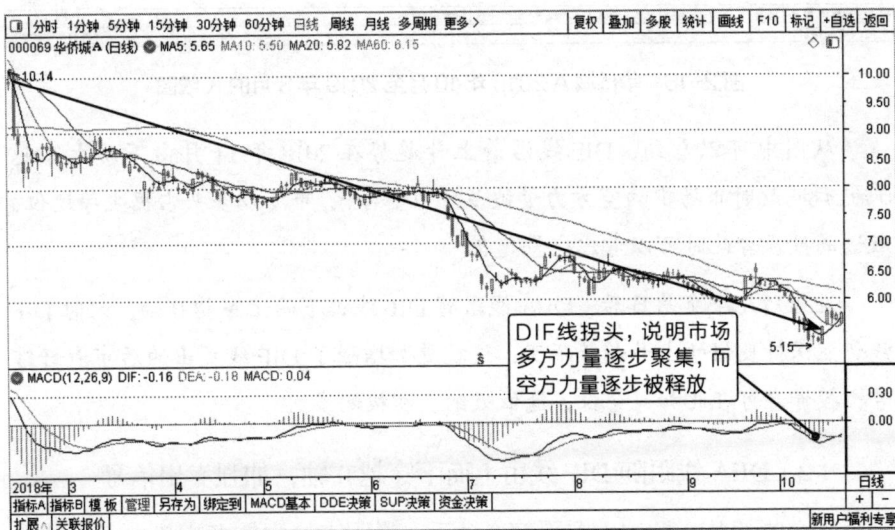

图 2-15　华侨城 A 2018 年 2 月至 10 月的 K 线图

从图中可以看到，该股在这段时间中经历了一波深幅下跌的行情，DIF 线始终在 0 轴下方运行。

在 2018 年 10 月中旬创出 5.15 元的新低后 DIF 线出现拐头向上运行的趋

势，说明此时市场中的多空势能正在转换，并且多方力量明显大于空方力量。

图 2-16 所示为华侨城 A 2018 年 10 月至 2019 年 3 月的 K 线图。

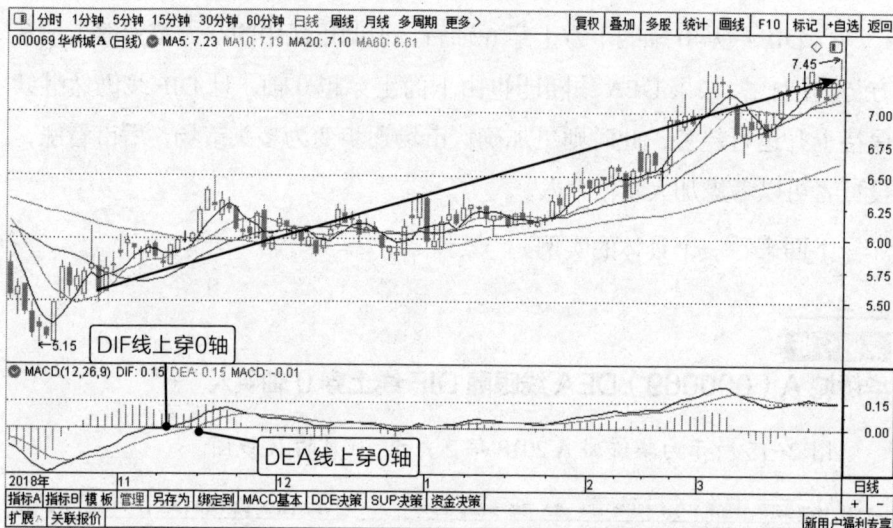

图 2-16　华侨城 A 2018 年 10 月至 2019 年 3 月的 K 线图

从图中可以看到，DIF 线沿着上升趋势在 2018 年 11 月由下而上穿越 0 轴，说明此时市场中的空方力量被多方力量替代，市场以多头占据主导地位，激进的投资者此时可以考虑少量建仓。

在短短几个交易日后，DEA 线跟随 DIF 线由下而上穿越 0 轴，此时 DIF 线仍然保持良好的上升趋势不变，这就更加增强了 DIF 线发出的后市看好信号，投资者可在此加大仓位，逢低吸纳，积极做多。

（2）DEA 线跟随 DIF 线由上而下穿越 0 轴，加强卖出信号

当 DIF 线从 0 轴的上方下穿 0 轴后，说明市场中的多方势力逐步被空方势力取代。

如果 DEA 线随即也由上而下穿越 0 轴，且 DIF 线仍然继续保持下降运行趋势，此时则更加确认市场逐步变为空头市场，后市看跌，投资者可以考虑清仓，落袋为安。

下面来看一个具体的实例。

国新健康（000503）DEA 线跟随 DIF 线下穿 0 轴卖出

图 2-17 所示为国新健康 2021 年 10 月至 2022 年 1 月的 K 线图。

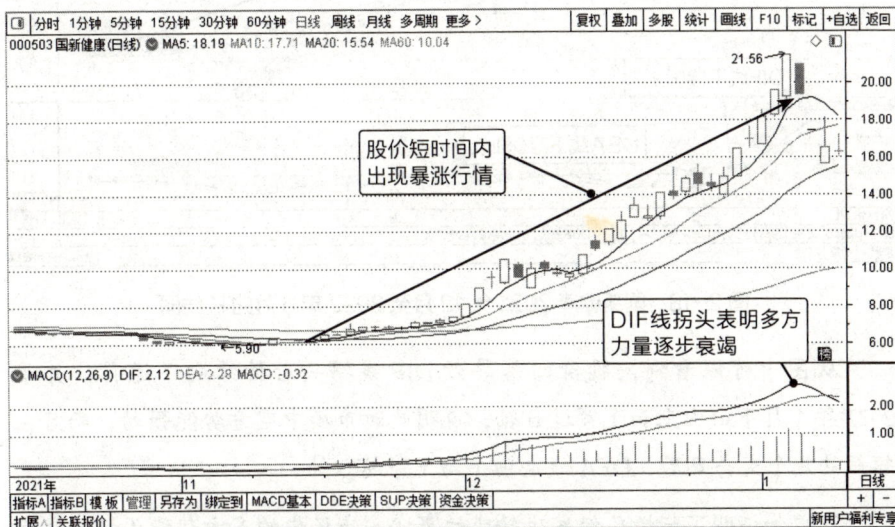

图 2-17　国新健康 2021 年 10 月至 2022 年 1 月的 K 线图

从图中可以看到，该股在 2021 年 11 月上旬创出 5.90 元的新低后开启一波快速上涨行情，观察同步的 MACD 指标可以发现，DIF 线和 DEA 线也快速从 0 轴下方上穿到 0 轴上方，并保持在 0 轴上方运行。

在短短 2 个月的时间内，股价一度上涨到 21.56 元的新高，相对于前期 5.90 元的低点，此时股价已经上涨到 15.66 元，涨幅已经超过 265%，投资者此时就要警惕股价高位见顶的风险。

尤其在创出新高后，DIF 线出现拐头向下的变化趋势，对于稳健的投资者而言，此时可考虑部分卖出，锁定利润。

图 2-18 所示为国新健康 2021 年 12 月至 2022 年 6 月的 K 线图。

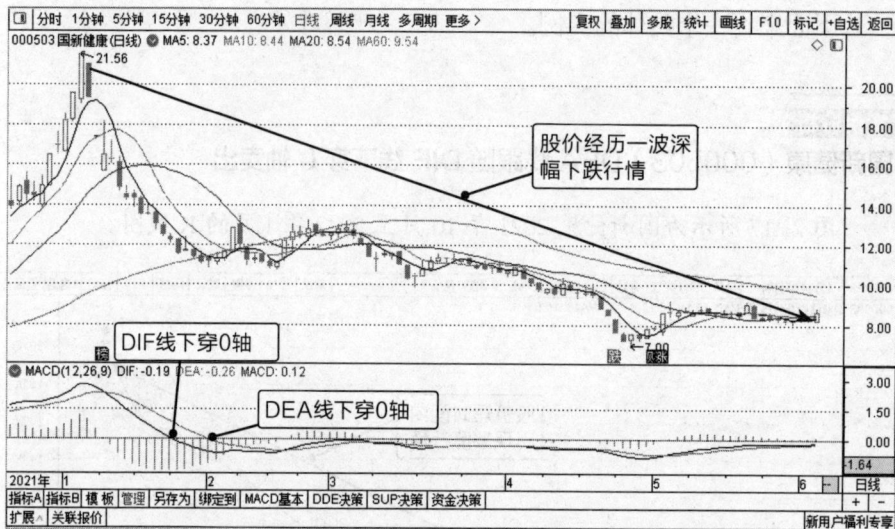

图 2-18　国新健康 2021 年 12 月至 2022 年 6 月的 K 线图

从图中可以看到，股价回落导致 DIF 线拐头后持续向下运行，并于 2022 年 1 月下旬由上而下穿过 0 轴，说明此时市场中空方势能强劲，而且在短短的几个交易日后，DEA 线也由上而下穿越 0 轴。

这更加证明了行情已经发生转变的事实，市场中的多方势能已经转变为空方势能，后市强烈看空，投资者在此时应果断清仓出局，否则在后市的深幅下跌行情中将被深度套牢。

2.2.2　DEA 线与 DIF 线相互缠绕

在 MACD 指标中，通常都是 DIF 线先于 DEA 线变化，如果两条曲线在某一段时间内出现相互缠绕的情况，说明此时买卖双方力量均衡，股价将保持当前的趋势继续运行。

◆ 如果股价处于上涨行情，则股价还将继续上涨。图 2-19 所示为国际医学（000516）2021 年 1 月至 7 月的 K 线图，从图中可以看到，DEA 线和 DIF 线在 4 月上旬至 6 月初这段时间内相互缠绕，而股价则保持前期的上涨行情继续上涨。

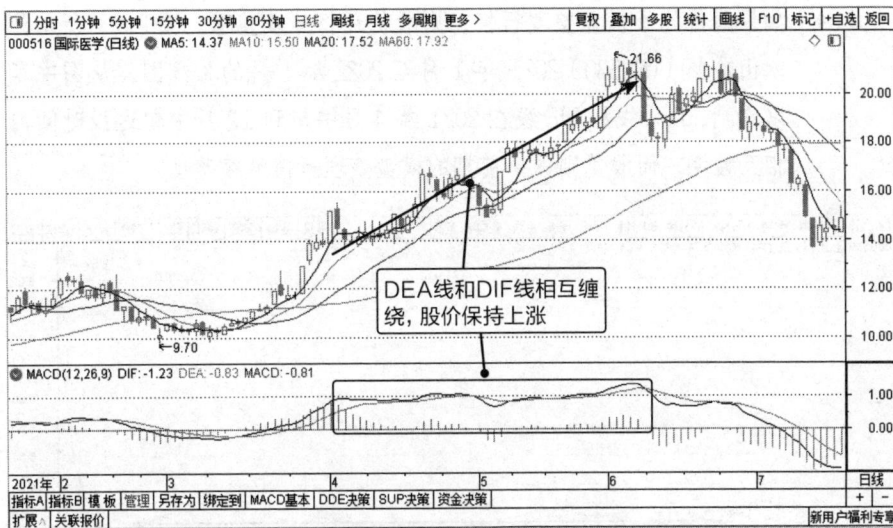

图 2-19 国际医学 2021 年 1 月至 7 月的 K 线图

◆ 如果股价处于下跌行情，则股价还将继续下跌。图 2-20 所示为广弘
控股（000529）2021 年 4 月至 9 月的 K 线图，从图中可以看到，DEA
线和 DIF 线在 5 月中旬至 7 月中旬这段时间内相互缠绕，而股价则保
持前期的下跌行情继续下跌。

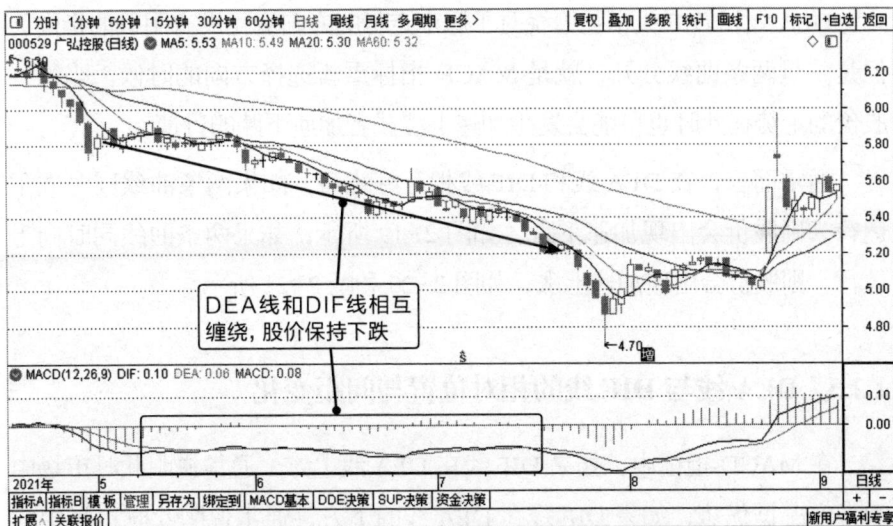

图 2-20 广弘控股 2021 年 4 月至 9 月的 K 线图

◆ 如果股价处于横盘整理行情，则股价还将继续整理。图 2-21 所示为冰山冷热（000530）2021 年 1 月至 2022 年 1 月的 K 线图，从图中可以看到，DEA 线和 DIF 线在 2021 年 4 月中旬到 12 月中旬这段时间内相互缠绕，而股价则保持前期的横盘整理行情继续整理。

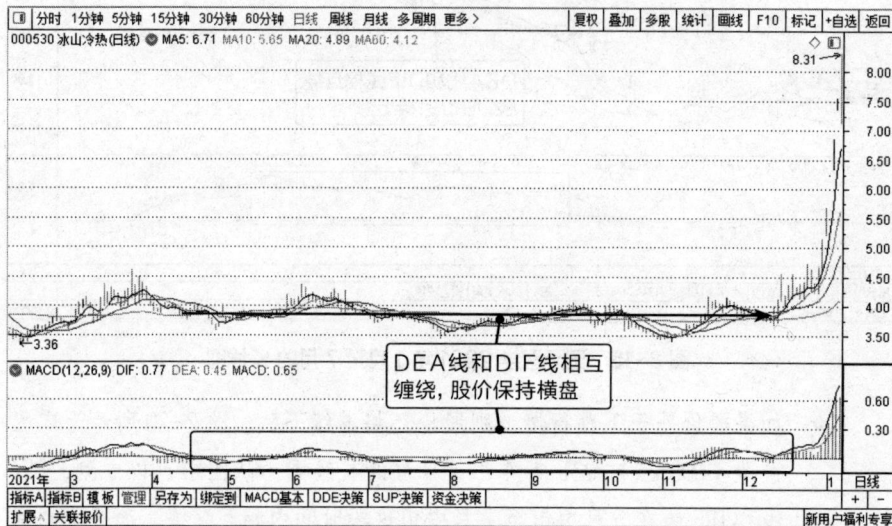

图 2-21　冰山冷热 2021 年 1 月至 2022 年 1 月的 K 线图

DEA 线和 DIF 线相互缠绕对于后市走势的方向变化没有明确的指向，但是一旦两条曲线分开，就是 MACD 指标重新选择方向的时候。当然，股价的走势在此时也可能会发生加速上涨或者加速下跌的行情。

通常而言，在 DEA 线和 DIF 线相互缠绕后，如果两条曲线同时向下运行，则股价会出现加速下跌，如图 2-19 所示；如果两条曲线同时向上运行，则股价会出现加速上涨，如图 2-20 和图 2-21 所示。

2.2.3　DEA 线与 DIF 线的相对位置与间距变化

在 MACD 指标中，如果 DIF 线在 DEA 线上方，通常说明此时市场中的多方占据优势；如果 DIF 线在 DEA 线的下方，通常说明此时市场中的空方占据优势。

但是这也不是铁定的规律，在实战分析中，还应结合 DEA 线与 DIF 线之间的间距变化来综合判断，才能提高研判的准确性。

（1）DIF 线在 DEA 线上方

当 DIF 线在 DEA 线上方，且 DIF 线远离 DEA 线拉大二者之间的间距时，可以更加确信多方势能逐步加强，是后市强烈看涨的信号，而且上涨速度也会随着距离的拉大而加快，投资者可以积极做多。

当 DIF 线在 DEA 线上方，且 DIF 线逐步向 DEA 线靠拢从而缩小二者之间的间距时，说明虽然多方暂时占据主导，但是多方的势能随着间距的缩小而逐步衰竭，股价上涨的速度将减缓。投资者可卖出一部分筹码，锁定利润。

如果此时股价处于大幅上涨的高价位区域，那么股价甚至会出现下跌的可能，此时投资者应出局观望，落袋为安。

下面来看一个具体的实例。

实例分析

佐力药业（300181）DIF 线在 DEA 线上方的聚散分析

图 2-22 所示为佐力药业 2018 年 10 月至 2019 年 2 月的 K 线图。

从图中可以看到，该股在 2018 年 10 月创出 3.33 元的低价后止跌，随后股价企稳回升步入上涨，DIF 线从 DEA 线下方上穿运行到 DEA 线的上方，说明此时市场中的多方力量逐步加强。

并且随着上涨趋势的继续，DIF 线快速变化远离 DEA 线，二者之间的间距越来越大，标志着此时多方发力，股价将快速上涨，此时投资者可以逢低吸纳，积极买入做多。

股价在 11 月中旬上涨到 6.50 元的价位线后出现滞涨。观察此时的 MACD 指标，发现 DIF 线有拐头迹象，并逐步向 DEA 线靠拢，二者间距越来越小，说明此时的多方势力不足，盘中的抛压沉重，后市将进入一波回调整理，投资者可卖出一部分，规避调整导致资金利用率降低的风险。

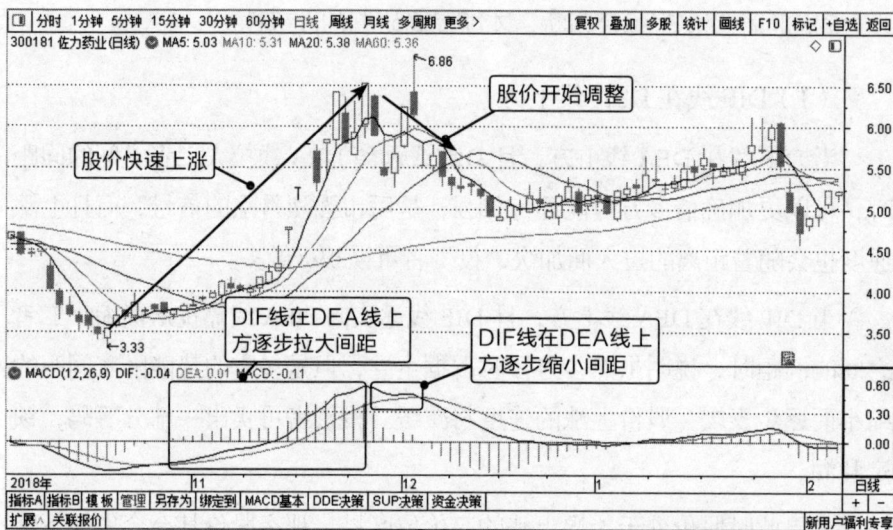

图2-22　佐力药业 2018 年 10 月至 2019 年 2 月的 K 线图

图2-23 所示为佐力药业 2018 年 12 月至 2019 年 5 月的 K 线图。

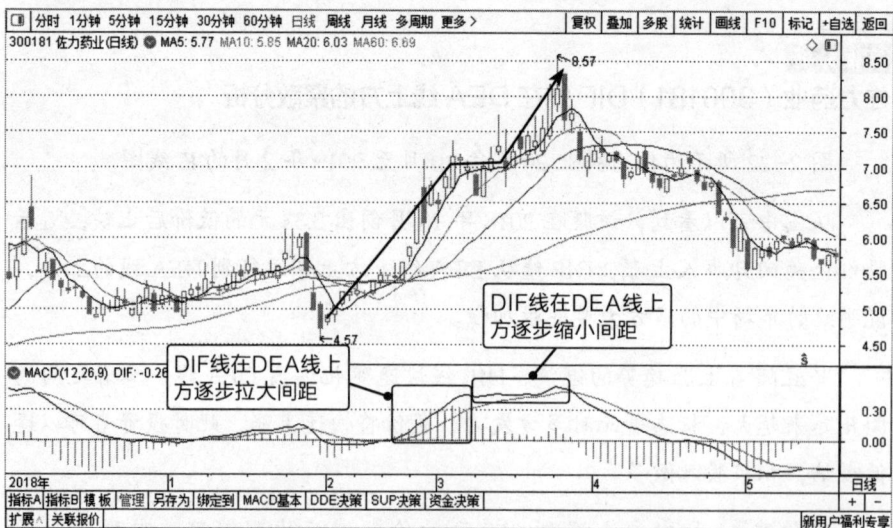

图2-23　佐力药业 2018 年 12 月至 2019 年 5 月的 K 线图

从图中可以看到，该股在 2019 年 1 月底创出 4.57 元的低价后止跌企稳，随后股价步入上涨，DIF 线也从 0 轴下方上穿到 0 轴上方，并继续向上运行穿过 DEA 线，运行到其上方。

随着股价的继续上涨，DIF 线远离 DEA 线拉大二者的间距，说明后市将有一波快速拉升行情，此时投资者可以逢低吸纳，但是切忌重仓，因为股价从最低的 3.33 元上涨到此位置，涨幅已较大，投资者要警惕股价见顶回落的风险。

在这轮上涨中，股价上涨到 3 月时出现短暂的整理，但是 DIF 线却明显向 DEA 线靠拢，说明此时市场中的上涨动力开始衰减，尤其在大幅上涨的后期，更要提高警惕。

最终该股上涨到 8.57 元的价位后开始出现回落，此时 DIF 线已经十分靠近 DEA 线了，并且 DIF 线已经开始拐头向下运行，股价随时可能转势，因此，投资者此时最好清仓出局，落袋为安。

图 2-24 所示为佐力药业 2019 年 2 月至 8 月的 K 线图。

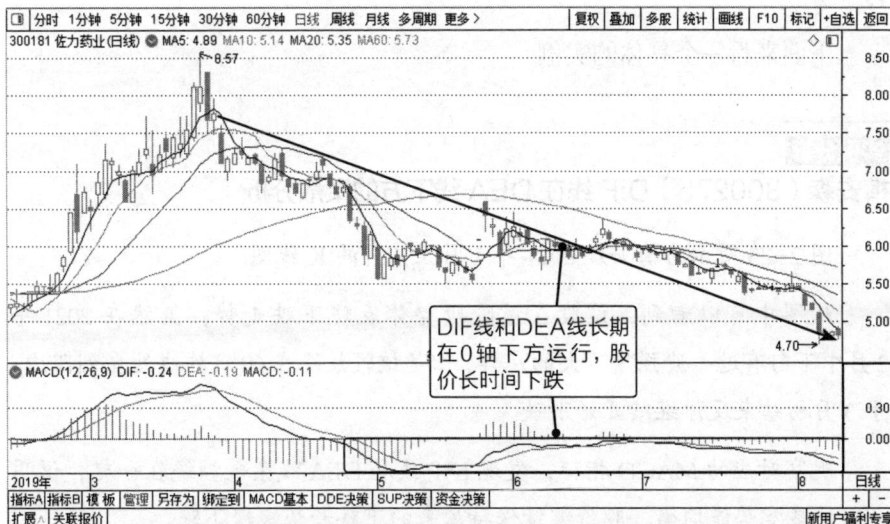

图 2-24　佐力药业 2019 年 2 月至 8 月的 K 线图

从图中可以看到，该股随后步入一波深幅下跌行情，DIF 线和 DEA 线在 4 月底相继下穿 0 轴后始终在 0 轴下方运行，说明市场已经由多头转为空头。

如果投资者在 DIF 线靠拢 DEA 线发出卖出信号时没有清仓，将在后市漫长的下跌行情中被长时间深度套牢。

（2）DIF 线在 DEA 线下方

当 DIF 线在 DEA 线下方且 DIF 线远离 DEA 线拉大二者之间的间距时，可以更加确信空方势能逐步加强，这是后市强烈看跌的信号，而且下跌速度也会随着距离的拉大而加快，投资者应继续看空。

当 DIF 线在 DEA 线下方且 DIF 线逐步向 DEA 线靠拢从而缩小二者之间的间距时，说明虽然空方暂时占据主导地位，但是空方的势能随着间距的缩小而逐步衰竭，股价下跌的速度将减缓，投资者此时应继续持币观望。

但如果股价在大幅下跌的低价位区域出现这种形态，投资者就要密切关注该股，因为此时可能是股价筑底，行情随时都可能出现企稳回升的反转走势。

下面来看一个具体的实例。

实例分析

梅安森（300275）DIF 线在 DEA 线下方的聚散分析

图 2-25 所示为梅安森 2021 年 1 月至 4 月的 K 线图。

从图中可以看到，该股在该阶段整体表现下跌走势，虽然在 2021 年 2 月中下旬有过一波强度不大的反弹，但是该股最终在 60 日均线处受到阻力，于 3 月初结束反弹继续开始下跌。

观察对应的 MACD 指标，发现 DIF 线和 DEA 线杂乱缠绕在一起，说明此时的多空势能均衡，股价继续保持原来的下跌趋势缓慢下跌。

在 4 月下旬，DIF 线拐头下穿 DEA 线运行到其下方，随后 DEA 线也向下运行，此时 DIF 线仍然保持向下运行，并逐渐拉大二者之间的距离，股价经历了一波快速下跌的行情。

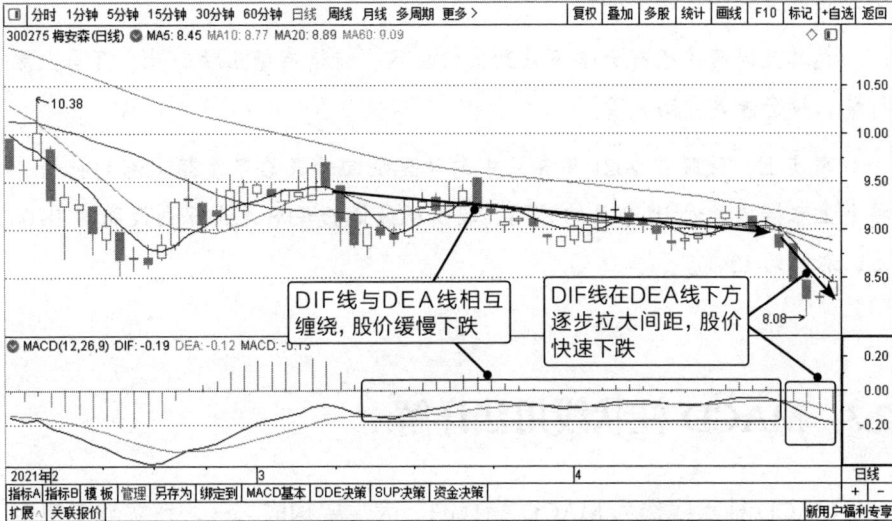

图 2-25　梅安森 2021 年 1 月至 4 月的 K 线图

图 2-26 所示为梅安森 2021 年 4 月至 2022 年 3 月的 K 线图。

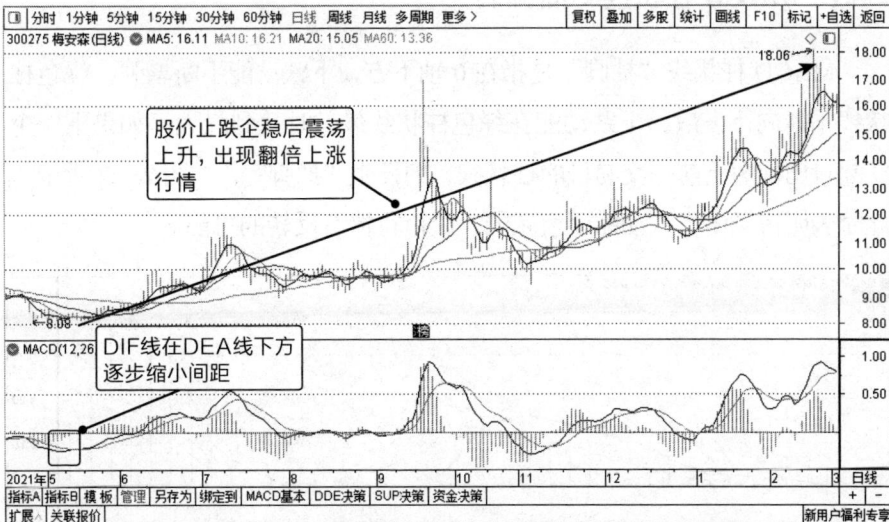

图 2-26　梅安森 2021 年 4 月至 2022 年 3 月的 K 线图

从图中可以看到，该股在 2021 年 4 月底开始止跌，而此时 DIF 线拐头并且在 DEA 线下方逐步向 DEA 线靠拢，说明此时市场中的做空势能逐步缩小，而做多势能在逐步加强。

尤其此时股价已经大幅下跌到低价位区，行情有望止跌回升，开启上涨行情，投资者要密切关注。

事实上，该股在 2021 年 5 月中旬便见底回升开启了震荡上涨的行情，整个上涨持续了近 10 个月的时间，股价从最低的 8.08 元上涨到最高的 18.06 元，涨幅约 124%。

2.3 MACD 柱状线用法详解

MACD 柱状线作为 MACD 指标的三大主要构成之一，在实战中也有着非常重要的指示意义，下面就针对该柱状线的具体用法进行详细讲解。

2.3.1 MACD 柱状线"抽脚"

MACD 柱状线"抽脚"是指在 0 轴下方，下跌动能不断增强，绿色柱状线不断向下发散，下跌动能在绿色柱状线最长时达到最大，如果下一个交易日出现短于前一交易日的柱状线，则发生"抽脚"，如图 2-27 所示。此时表明市场中下跌动能逐渐减弱，后市行情有反转的可能。

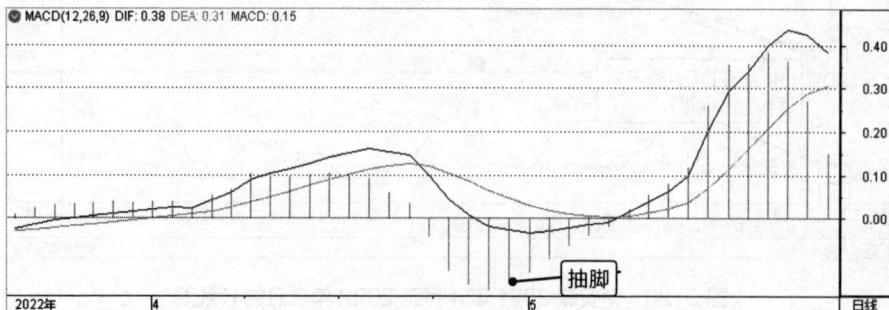

图 2-27 MACD 柱状线"抽脚"

根据行情当前所处的市场状况可以将 MACD 柱状线"抽脚"分为多头市场"抽脚"和空头市场"抽脚"，下面分别对其进行介绍。

（1）多头市场"抽脚"

多头市场"抽脚"即 DIF 线与 DEA 线处于 0 轴上方，而 MACD 柱状线在 0 轴下方发生"抽脚"。当出现该现象时，通常是行情上涨的开始，而且发出的买入信号也比较可靠。

（2）空头市场"抽脚"

空头市场"抽脚"即 DIF 线与 DEA 线处于 0 轴下方，同时 MACD 柱状线在 0 轴下方发生"抽脚"。当出现该现象时，行情会止跌，但是止跌后会不会上涨，则没有明确指示。

所以在空头市场中出现 MACD 柱状线"抽脚"后，投资者如果要操作，必须设置止损位并严格执行。因为此时处于空头市场中，后市行情变化不明朗。

对于技术操作不熟练的新手而言，在空头市场最好不要操作 MACD 柱状线"抽脚"。

下面来看一个具体的实例。

实例分析
安科瑞（300286）多头市场 MACD 柱状线"抽脚"分析

图 2-28 所示为安科瑞 2021 年 2 月至 7 月的 K 线图。

从图中可以看到，该股在 2021 年 2 月创出 11.84 元的最低价后企稳回升进入上涨行情，但是该股上涨行情维持了 1 个多月后于 3 月底运行到 17.00 元的价位线后阶段性见顶，随后步入回调整理阶段。

整个回调阶段持续了 2 个多月的时间，许多意志不坚定的筹码在这一阶段被清理出局。

观察这一时期的 MACD 指标可以发现，从回调整理开始，DIF 线和

DEA 线就开始向下运行，而且 DIF 线一度在 4 月中旬跌破 0 轴，最终在 5 月中旬又上穿 DEA 线后二者持续上行运行到 0 轴上方，标志着回调整理结束，行情开始表现为上涨。

之后股价持续上涨，DIF 线和 DEA 线保持在 0 轴上方交错运行。6 月底，股价在再次上涨到 17.00 元价位线附近时受阻，7 月中旬，该股有明显的回落走势，DIF 线拐头向下，但是很快股价在 60 日均线位置获得支撑重拾升势。

我们再来观察 MACD 柱状线发现，2021 年 7 月 19 日当天的 MACD 柱状线的参数值为 -0.42，次日为 -0.36，相比于上一个交易日有明显提高，即绿色柱状线明显收敛，表明市场中下跌动能逐渐转弱。

DIF 快线和 DEA 慢线都处于 0 轴上方，并且 DIF 线也拐头向上靠拢 DEA 线，这是典型的多头市场"抽脚"，是较为可靠的买入信号。投资者可以在此时积极买入做多。

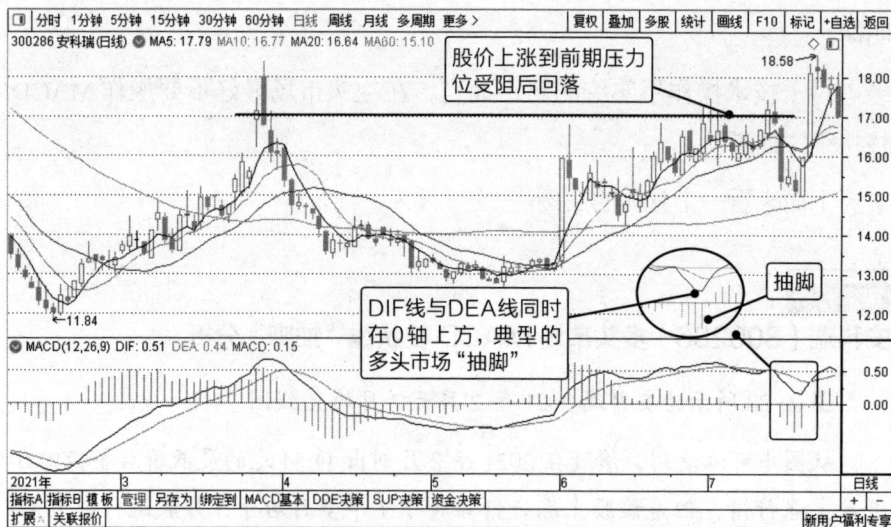

图 2-28　安科瑞 2021 年 2 月至 7 月的 K 线图

图 2-29 所示为安科瑞 2021 年 7 月至 2022 年 1 月的 K 线图。

从后市走势来看，股价经历了一波良好的上涨行情，投资者若抓住

MACD 柱状线"抽脚"的机会买入，在后市会获利颇丰。

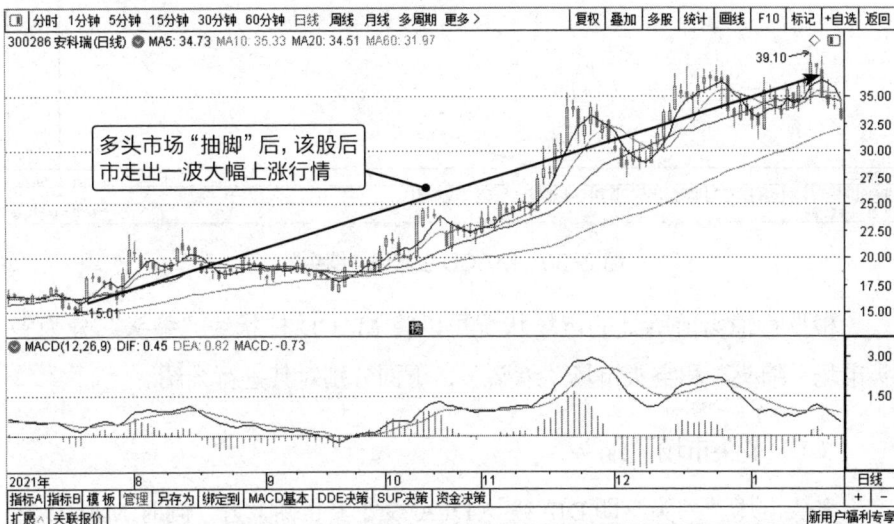

图 2-29　安科瑞 2021 年 7 月至 2022 年 1 月的 K 线图

拓展贴士　*MACD 柱状线"抽脚"应用补充说明*

从实战经验来看，0 轴附近出现的 MACD 柱状线"抽脚"同样是可靠的买入信号。

此外，当市场处于上涨行情时，投资者依据 MACD 柱状线"抽脚"进行买入后，可以继续观察行情趋势，当行情不断上涨，投资者可以不断加仓，尤其是在绿色柱状线转换为红色柱状线时，是最好的加仓机会。

2.3.2　MACD 柱状线"缩头"

MACD 柱状线"缩头"是指在 0 轴上方，上涨动能不断增强，红色柱状线不断向上发散，上涨动能在红色柱状线最长时达到最大，如果下一个交易日出现短于前一个交易日的柱状线，则发生了"缩头"，如图 2-30所示。此时表明市场中的上涨动能逐渐转弱，后市行情有反转的可能。

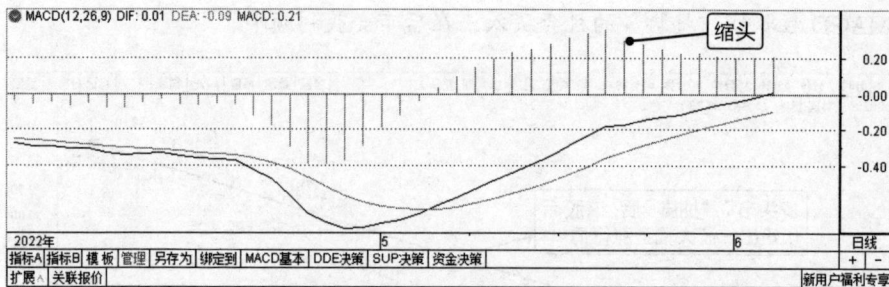

图 2-30 MACD 柱状线"缩头"

根据行情当前所处的市场状况可以将 MACD 柱状线"缩头"分为多头市场"缩头"和空头市场"缩头"，下面分别对其进行介绍。

（1）多头市场"缩头"

多头市场"缩头"即 DIF 线与 DEA 线处于 0 轴上方，同时 MACD 柱状线在 0 轴上方发生"缩头"。

对于多头市场"缩头"，投资者应根据市场所处的不同位置进行不同的操作。例如在放量上涨的行情中出现"缩头"，股价没有明显的回调迹象，投资者可以继续持有；如果在缩量上涨的行情中出现"缩头"，投资者可卖出部分股票，待走势明朗后再进行操作。

（2）空头市场"缩头"

空头市场"缩头"即 DIF 线与 DEA 线处于 0 轴下方，而 MACD 柱状线在 0 轴上方发生"缩头"。

对于空头市场"缩头"，预示着新一轮下跌行情的开始，投资者此时应果断清仓离场。

下面来看一个具体的实例。

实例分析

清水源（300437）多头市场 MACD 柱状线"缩头"分析

图 2-31 所示为清水源 2020 年 11 月至 2021 年 4 月的 K 线图。

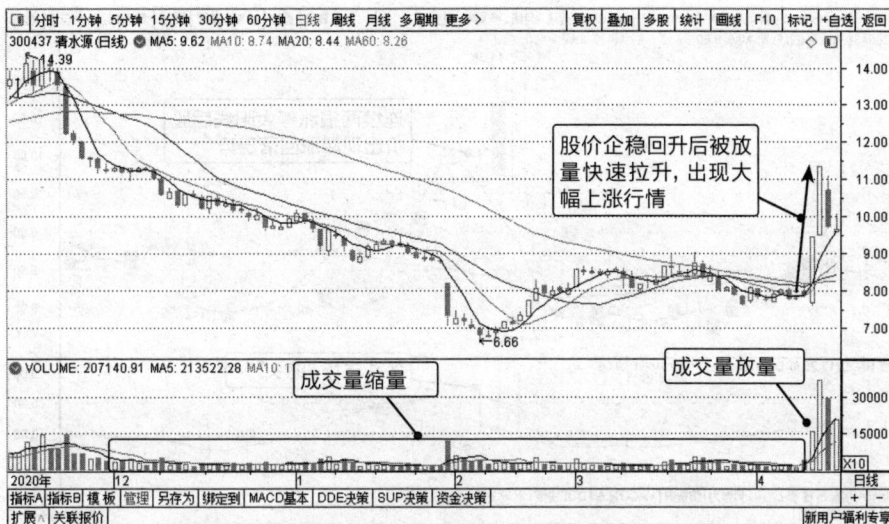

图 2-31 清水源 2020 年 11 月至 2021 年 4 月的 K 线图

从图中可以看到，该股大幅下跌，于 2021 年 2 月上旬创出 6.66 元的新低后止跌，随后股价开始缓慢上涨，在整个阶段，成交量都表现为极度缩量，说明此时主力高度控盘，市场中的空头力量在漫长的下跌过程中被充分释放。

在 4 月中旬，成交量突然放量快速拉高股价，连续两根涨停大阳线将股价快速打到 11.00 元价位线上，出现强势上涨行情，但是随后，该股出现快速回落，连续两个交易日都收出带长上影线的 K 线。

下面再结合 MACD 指标来研判后市走势。

图 2-32 所示为清水源 2021 年 3 月至 5 月的 K 线图。

从图中可以看到，该股在连续两个交易日的涨停大阳线后的回落过程中，MACD 参数值为分别为 0.54 和 0.50，出现了"缩头"。同时期的 DIF 快线和 DEA 慢线都在 0 轴上方，可见是多头市场"缩头"。

在上涨初期放量拉升股价后出现 MACD 柱状线"缩头"，表明市场中上涨动能减弱，股价将进入回调阶段，投资者可以卖出一部分筹码，提高资金利用率，待回调结束后再买回。

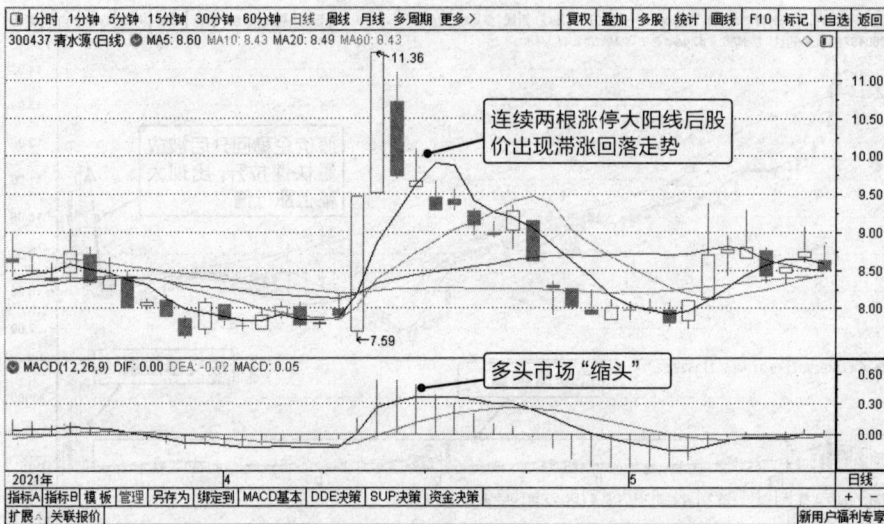

图 2-32　清水源 2021 年 3 月至 5 月的 K 线图

图 2-33 所示为清水源 2021 年 3 月至 11 月的 K 线图。

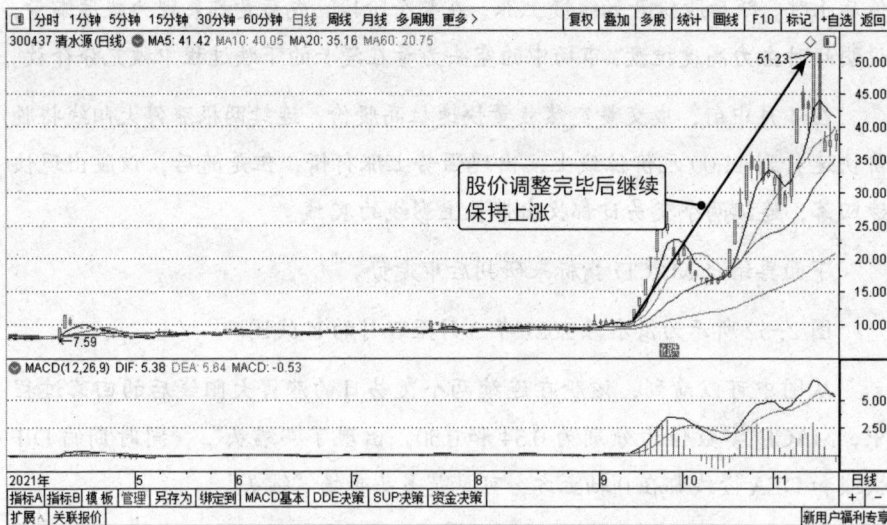

图 2-33　清水源 2021 年 3 月至 11 月的 K 线图

从后市走势来看，多头市场"缩头"出现后，股价快速回落并在 8.00 元价位线止跌，之后股价在 8.00 元价位线至 10.00 元价位线之间横盘整理了近

5 个月的时间。

但是之后保持良好的涨势继续上涨。这也说明多头市场"缩头"是继续持有或部分减仓的信号，不是卖出信号。

2.3.3　MACD 柱状线在 0 轴上（下）变化

我们已经知道在 MACD 指标显示图中，MACD 柱状线通常默认为红色和绿色，分布在 0 轴的上方和下方。

在本节中将具体研究 MACD 柱状线在 0 轴上下变化时发出的市场交易信息。

（1）MACD 柱状线在 0 轴上方变化

MACD 柱状线在 0 轴上方表现为红色柱状线，它有 3 种变化情况，分别是持续放大、开始缩小和徘徊，它们对应的市场意义如下。

◆　红色柱状线持续放大

红色柱状线持续放大通常出现在上涨行情中，DIF 线与 DEA 线向上运行，并不断拉开差距，反映在 MACD 柱状线上就是红色柱状线持续放大，表明市场中的上涨动能逐渐增强，后市看好。此时是可靠的买入信号，投资者应逐渐加仓。

如果在下降行情中出现红色柱状线持续放大，一般有以下两种情况。

①若此时 DIF 线在 0 轴下方带动 DEA 线向上运行，并且二者之间不断拉大间距，表明当前市场仍为空头市场，后市股价将继续下跌，此时投资者不能盲目介入。

②若此时 DIF 线上穿 0 轴运行到 0 轴上方，表明空头市场逐渐转化为多头市场，此时投资者可以少量介入，但是要设置好止损位，待走势明朗后再进行操作。

下面来看一个具体的实例。

实例分析

三鑫医疗（300453）上涨行情中红色柱状线持续放大买入

图 2-34 所示为三鑫医疗 2019 年 7 月至 2020 年 2 月的 K 线图。

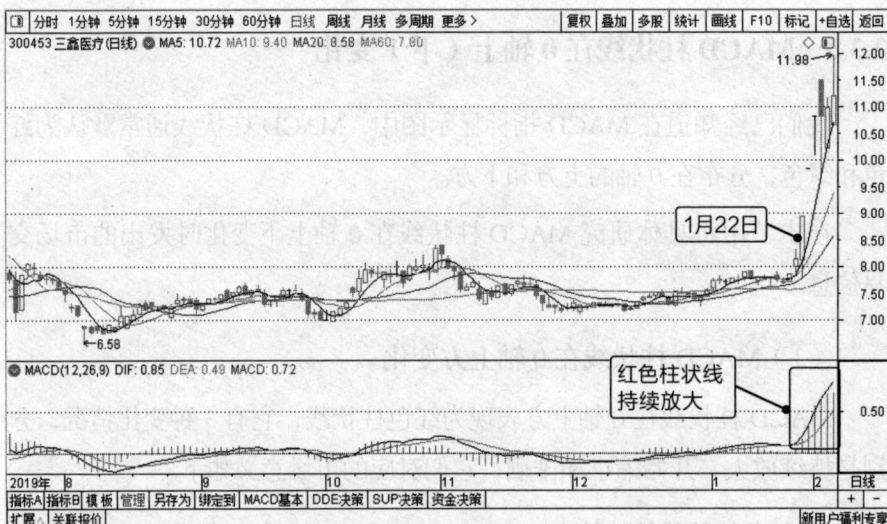

图 2-34　三鑫医疗 2019 年 7 月至 2020 年 2 月的 K 线图

从图中可以看到，该股在 2020 年 1 月下旬之前，DIF 线与 DEA 线相互缠绕，在 0 轴附近窄幅波动，带动股价始终窄幅横盘变化。

2020 年 1 月 22 日，股价以 9.96% 的涨幅收出大阳线突破前期盘整高点，DIF 快线与 DEA 慢线逐渐分离，DIF 线迅速上攻，与 DEA 慢线拉开差距，MACD 红色柱状线因此持续放大。同时期的股价一改前期窄幅调整的行情，开始迅速上涨。

图 2-35 所示为三鑫医疗 2020 年 1 月至 7 月的 K 线图。

从图中可以看到，该股后市在向上运行的 60 日均线的支撑下，走出一波可观的上涨行情，股价从最低的 8.00 元附近，最高上涨到 24.24 元的高价，涨幅达到 203%，可谓大幅上涨。可见多头市场红色柱状线持续放大是可靠的买入信号，投资者应积极做多。

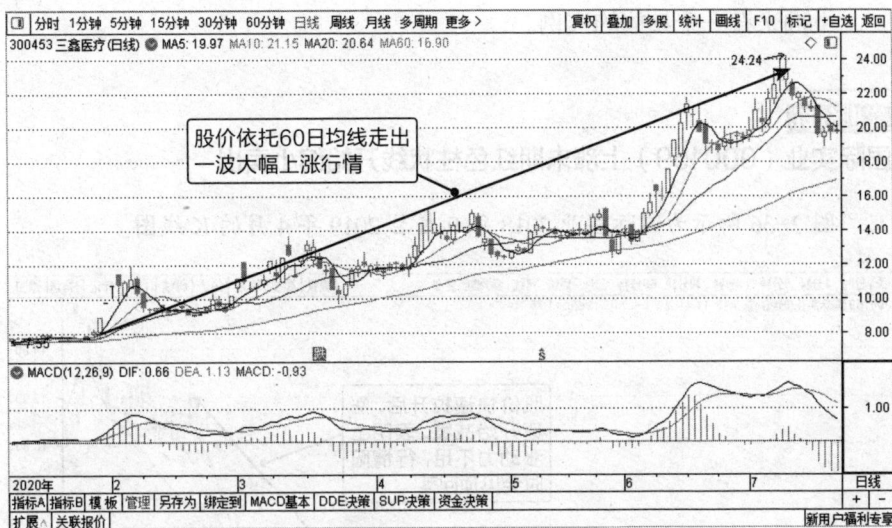

图 2-35 三鑫医疗 2020 年 1 月至 7 月的 K 线图

◆ 红色柱状线开始缩小

红色柱状线开始缩小表明市场中的上涨动能开始减弱，股价上涨幅度缩小。

因为红色柱状线在缩小以前一定是经历过放大的过程，所以红色柱状线在缩小时，DIF 快线通常都处于 0 轴上方，所以对于多头市场出现的红色柱状线开始缩小的情况，更具有实战分析意义。

如果在上涨初期或途中出现红色柱状线缩小的情况，此时 DIF 线仍带动 DEA 线向上运行，则表明市场中多方力量仍占据优势，此时股价的回调只是主力清理浮筹的一种手段，一旦调整结束，行情将继续上行。

如果在上涨的高价位区出现红色柱状线缩小的情况，说明市场中上涨动力不足，多方力量逐渐衰减，此时投资者要重视，因为后市行情极有可能发生反转。

稳健的投资者应卖出部分股票，落袋为安，待走势明朗后再进行操作。而有经验的投资者在红色柱状线开始缩小时就已经完成清仓，保证收益最大化。

下面来看一个具体的实例。

实例分析

国际实业（000159）上涨末期红色柱状线开始缩小卖出

图 2-36 所示为国际实业 2018 年 9 月至 2019 年 4 月的 K 线图。

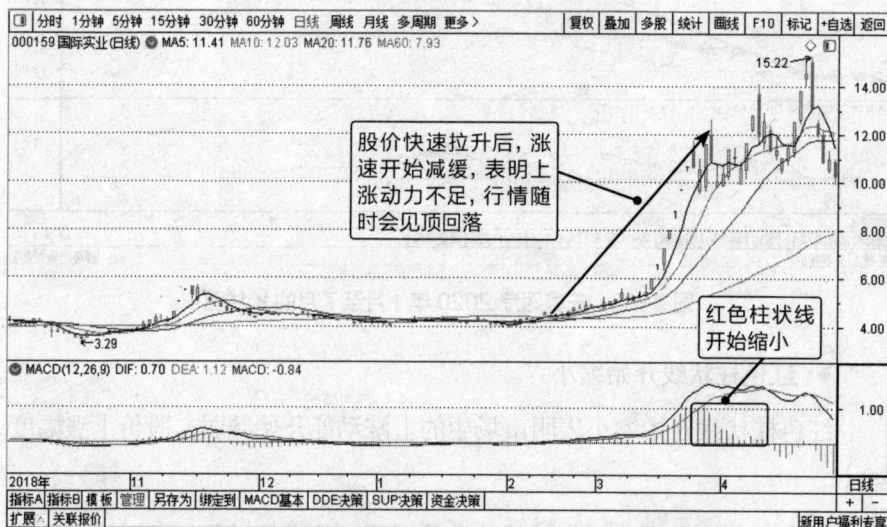

图 2-36　国际实业 2018 年 9 月至 2019 年 4 月的 K 线图

从图中可以看到，该股在 2018 年 10 月的 3.29 元止跌后步入上涨，股价短暂上升后在 6 元的价位线下方阶段性见顶后开始回落。

随后步入长时间的横盘整理阶段，在整个横盘阶段中，MACD 指标的 DIF 线和 DEA 线始终在 0 轴附近窄幅波动变化。

在 2019 年 2 月，该股整理完毕迎来新一轮的上涨行情，近 1 个月的时间，股价就从 4.00 元附近上涨到 12.00 元价位线附近，但随后出现涨速减缓的迹象，此时这一轮上涨行情的涨幅已达 200%。

观察此时的 MACD 柱状线可以发现，红色柱状线开始缩小，DIF 线逐渐靠拢 DEA 线，并带动 DEA 线向下运行，股价明显表现出上涨动力不足的迹象。

此时，稳健的投资者就应该逢高抛售，锁定利润；而还未进场的投资者，切忌高位追涨。

图 2-37 所示为国际实业 2019 年 4 月至 2020 年 6 月的 K 线图。

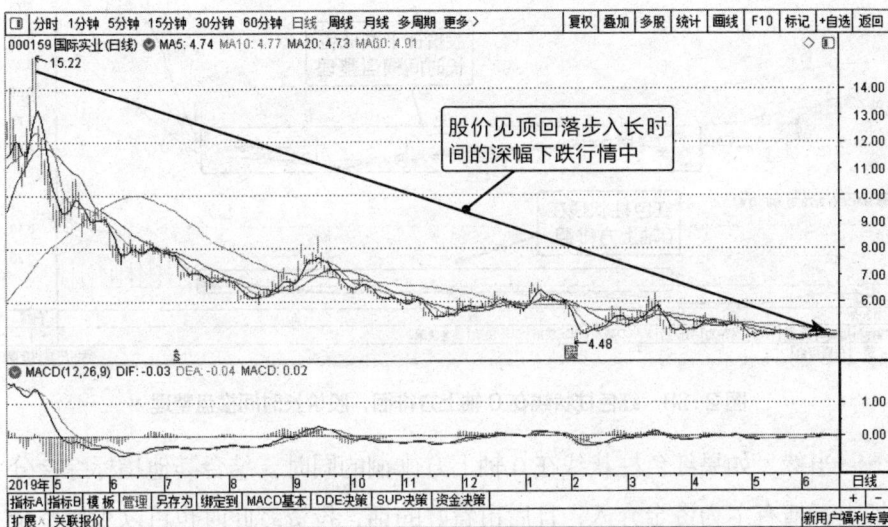

图 2-37　国际实业 2019 年 4 月至 2020 年 6 月的 K 线图

从该股后市的走势来看，股价在短暂的疲软上涨后于 15.22 元的价格见顶，随后步入了一波深幅下跌的行情。如果投资者在前期股价涨势减缓、MACD 红色柱状线逐步缩小时没有及时出局，将损失惨重。

由此可见，在上涨行情末期红色柱状线开始缩小是较为可靠的卖出信号，投资者应坚持持币策略。

◆ 红色柱状线在 0 轴上方徘徊

MACD 柱状线在 0 轴上方徘徊是指一组极短的柱状线在 0 轴上方不规律排列构成的形态。

这种形态通常出现在横盘时期，是由股价波动小、走势不明确造成的。投资者在面对 MACD 柱状线 0 轴之上徘徊形态时应采取持币观望的操作策略，如图 2-38 所示。

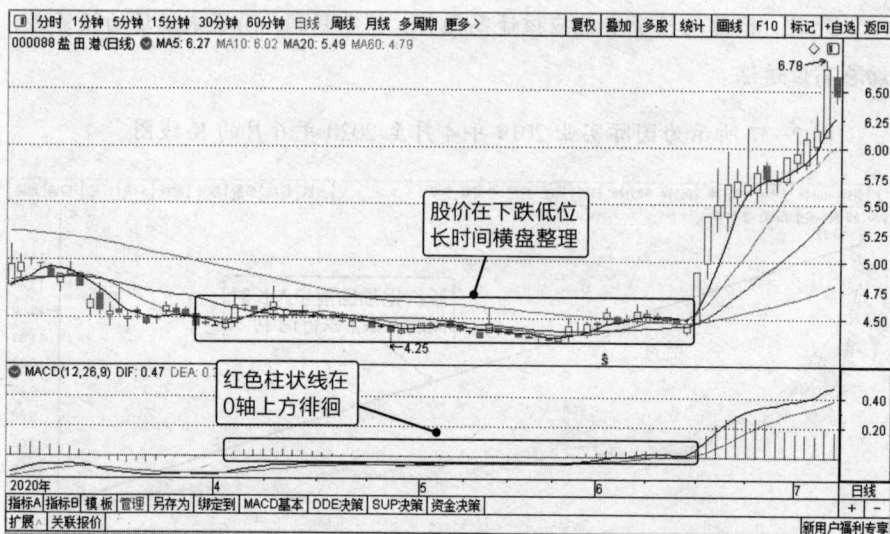

图 2-38　红色柱状线在 0 轴上方徘徊，股价长时间横盘整理

当然，如果红色柱状线在 0 轴上方徘徊的同时，结合其他指标综合分析出行情有主力资金介入，且后市看好的话，投资者此时也可以少量资金买入，试探性建仓。

（2）MACD 柱状线在 0 轴下方变化

MACD 柱状线在 0 轴下方表现为绿色柱状线，也有 3 种变化情况，分别是持续放大、开始缩小和徘徊，对应的市场意义如下。

◆ 绿色柱状线持续放大

绿色柱状线持续放大通常出现在下跌行情中，DIF 线与 DEA 线向下运行，并不断拉开差距，反映在 MACD 柱状线上就是绿色柱状线持续放大，表明市场中的下跌动能不断增强，后市继续看跌。此时是可靠的卖出信号，投资者应果断斩仓。

如果在大幅上涨的后期股价出现回落，对应的绿色柱状线持续放大，此时 DIF 线在 0 轴上方带动 DEA 线向下运行，并不断拉大间距，表明市场中下跌动能逐渐增强，后市看跌，投资者可卖出部分筹码，锁定利润。

如果 DIF 线跌破 0 轴，投资者应果断清仓。

下面来看一个具体的实例。

实例分析

*ST 宜康（000150）上涨末期绿色柱状线持续放大卖出

图 2-39 所示为 *ST 宜康 2021 年 1 月至 6 月的 K 线图。

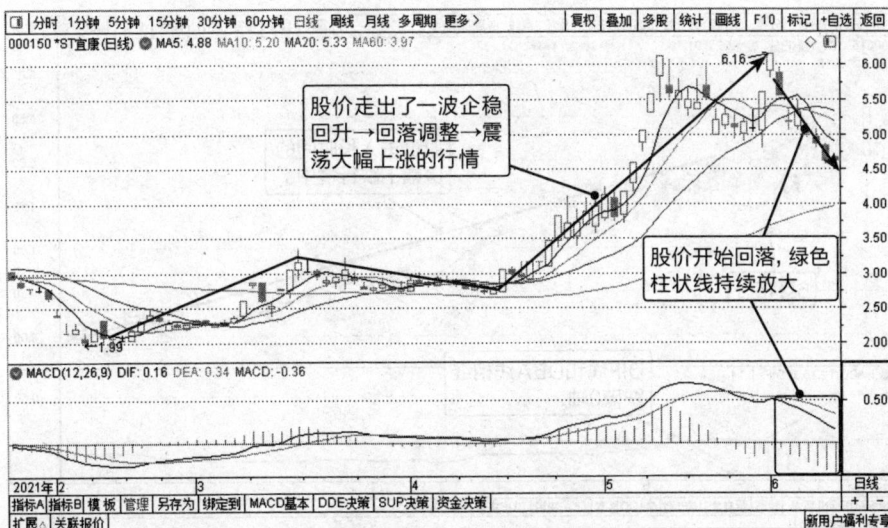

图 2-39　*ST 宜康 2021 年 1 月至 6 月的 K 线图

从图中可以看到，该股在这段时间内走出了一波企稳回升→回落调整→震荡大幅上涨的行情。

在股价企稳步入上涨行情的过程中，观察对应的 MACD 指标，发现 DIF 线和 DEA 线始终在 0 轴上方震荡变化，即使在股价回落过程中，DIF 线和 DEA 线也没有跌破 0 轴，说明市场做多动能强。

当股价在 5 月中上旬连续 5 日拉出涨停板将股价推到 6.00 元价位线后，股价有所回落，此时 DIF 线拐头向下，拉动 DEA 线同步向下运行。

但股价快速在 5.00 元价位线止跌，之后股价再次上冲 6.00 元价位线，在创出 6.16 元的高价后出现快速回落，DIF 线和 DEA 线持续下跌，并且二者之间的间距逐渐增大。

观察股价创出最高价后同期的 MACD 绿色柱状线，发现其在 0 轴下方也出现持续放大的情况，表明市场中的做多动力在减弱，而做空动能在逐步增强，后市看跌，投资者可以选择抛售一部分筹码，对于稳健的投资者，此时最好全部卖出，锁定利润。

图 2-40 所示为 ★ST 宜康 2021 年 5 月至 9 月的 K 线图。

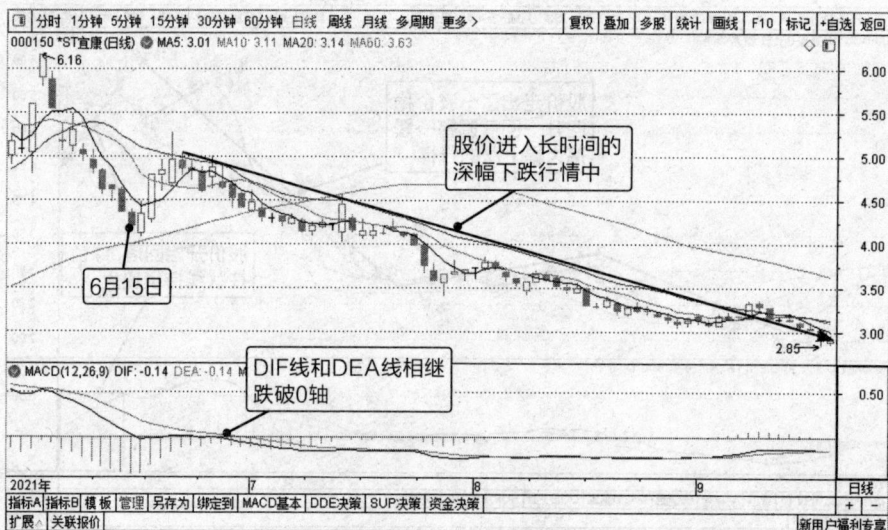

图 2-40　★ST 宜康 2021 年 5 月至 9 月的 K 线图

从图中可以看到，随着股价的继续下跌，绿色柱状线继续放大。在 2021 年 6 月 15 日，在连续收出的第 6 根阴线当日，绿色柱状线持续放大达到最长，并且当日 DIF 线也靠近了 0 轴，这增强了股价继续下跌的信号。

之后股价短暂拉升 4 个交易日后反弹见顶继续回落，说明行情已经发生逆转，此时还未出局的投资者应该果断清仓。

从该股后市的走势来看，之后 DIF 线和 DEA 线相继跌破 0 轴并在 0 轴下方长期运行，股价也同步走出持续下跌的行情。如果投资者在股价见顶、绿色柱状线持续放大时没有及时出局，将被长时间套牢。

◆ 绿色柱状线开始缩小

绿色柱状线开始缩小表明市场中的下跌动能开始减弱，股价跌势放缓，后市行情有反转可能。

在下跌行情末期，绿色柱状线开始缩小，股价逐渐形成底部，随着绿色柱状线向 0 轴靠近并转换为红色柱状线，股价开始回升。

可见绿色柱状线开始缩小是下跌趋势放缓的信号，此时投资者可以少量进行长期战略建仓，而不要轻易卖出投资品种。

但是对于稳健的投资者来说，最稳妥的操作方式还是要等待绿色柱状线转换为红色柱状线后再买入进场。

下面来看一个具体的实例。

实例分析

东阿阿胶（000432）下跌末期绿色柱状线开始缩小买入

图 2-41 所示为东阿阿胶 2021 年 6 月至 10 月的 K 线图。

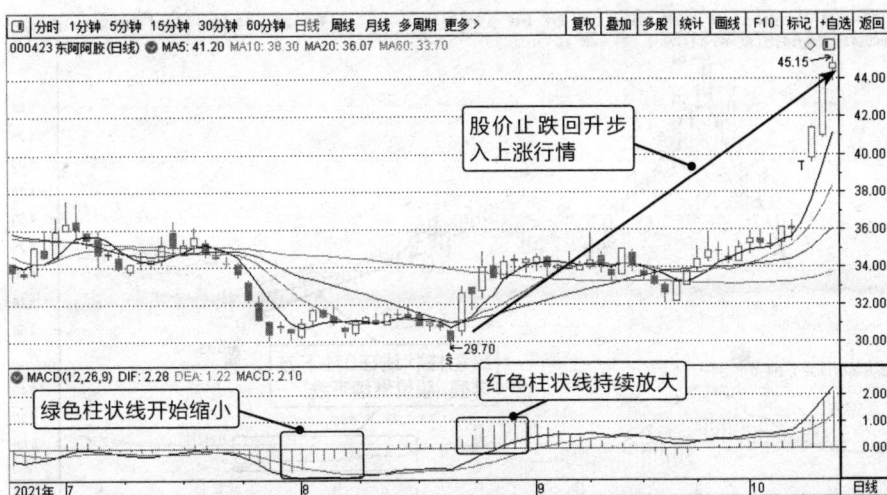

图 2-41　东阿阿胶 2021 年 6 月至 10 月的 K 线图

从图中可以看到，该股在 2021 年 7 月底经历了一波快速下跌行情，股价被打到 30.00 元价位线后止跌，之后股价进入了低位横盘整理阶段。

观察同期的 MACD 指标，发现绿色柱状线开始缩小，表明股价的下跌动能开始衰减，行情有望回升，但是不建议投资者此时买入。对于深度套牢的投资者而言，此时不要轻易卖出股票，要密切关注该股的走势。

在 2021 年 8 月中旬，随着市场中的做多势能逐步聚集，MACD 柱状线反转到 0 轴上方变为红色柱状线，并且在创出 29.70 元的最低价后出现明显的红色柱状线持续放大的情况，说明上升行情启动，投资者此时可逢低吸纳买入，持股待涨。

◆ 绿色柱状线在 0 轴下方徘徊

MACD 柱状线在 0 轴下方徘徊是指一组极短的柱状线在 0 轴下方不规律排列构成的形态。这种形态通常出现在阴跌时期，是由股价波动小、走势不明确引起的。

投资者在面对 0 轴之下徘徊形态时应采取少量减仓或持币观望的操作方式，如图 2-42 所示。

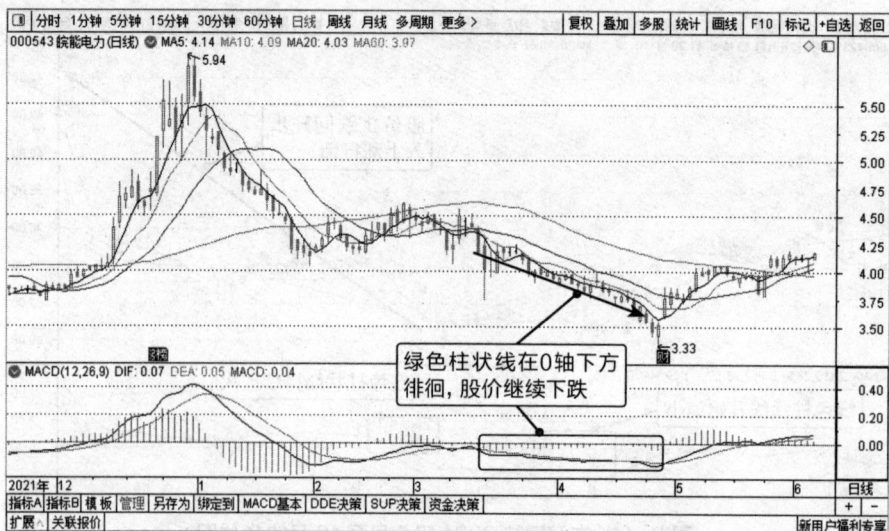

图 2-42 绿色柱状线在 0 轴下方徘徊，股价继续下跌

第3章
MACD指标基本应用实战

对于MACD指标而言，投资者习惯从MACD指标中两条曲线之间的交叉及股价与指标之间的背离两个角度来展开分析。但是，MACD指标的支撑与阻碍作用也是研判股价走势的重要应用。本章将具体对这些基本应用进行实战讲解。

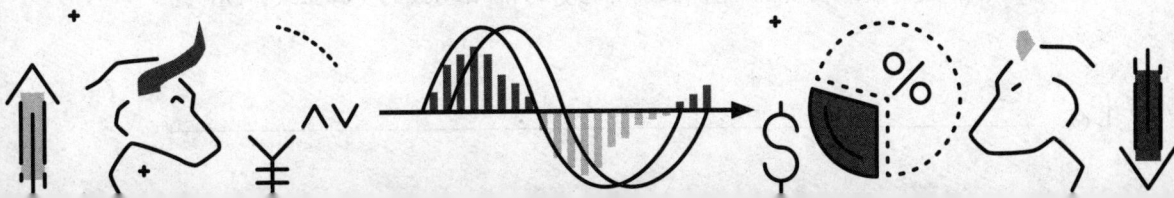

3.1 DIF 与 DEA 的交叉应用实战

在介绍 MACD 指标基本应用要点中对 DIF 线与 DEA 线之间的交叉进行了简单介绍，在实战中，不同位置的交叉、不同次数的交叉，其发出的买卖信号也存在着巨大差异，本节将具体讲解常见的 DIF 与 DEA 的交叉实战情形。

3.1.1 DIF 与 DEA 在 0 轴上方的金叉

DIF 与 DEA 在 0 轴上方的金叉通常出现在上涨行情中，是比较可靠的买入信号。在上涨行情中，每一次在 0 轴上方形成的金叉都是投资者加仓的机会，因为在金叉之前，股价肯定经过一轮调整，形成金叉之后股价定然会有较大幅度的回升。

投资者在金叉出现后的加仓过程中，应避免在同一价格区域密集加仓；加仓时应遵循"价格不断上涨的同时加仓数量要逐步缩小"的原则，因为当金叉出现在股价大幅上涨的高价位区时，可能是上涨行情的最后一浪，后市行情极有可能见顶反转，投资者应谨慎操作。

下面来看一个具体的实例。

实例分析

赛德电池（000049）0 轴上方金叉的买卖分析

图 3-1 所示为德赛电池 2021 年 8 月至 11 月的 K 线图。

从图中可以看到，该股在 2021 年 9 月底创出 31.03 元的新低后企稳回升步入上涨。股价在 10 月下旬第一次到达阶段性的高位后开始回落，MACD 指标的 DIF 线和 DEA 线也拐头向下运行。

随着调整行情的继续，市场中的空方势力被逐步清理出局，做多动能逐步加强，股价最终在 38.00 元价位线附近受到 60 日均线的支撑止跌，DIF 线和 DEA 线也随即拐头向上运行，并于 11 月中旬在 0 轴上方形成金叉，形成波段买点。投资者可在此时开始逐渐加仓买入该股，持股待涨。

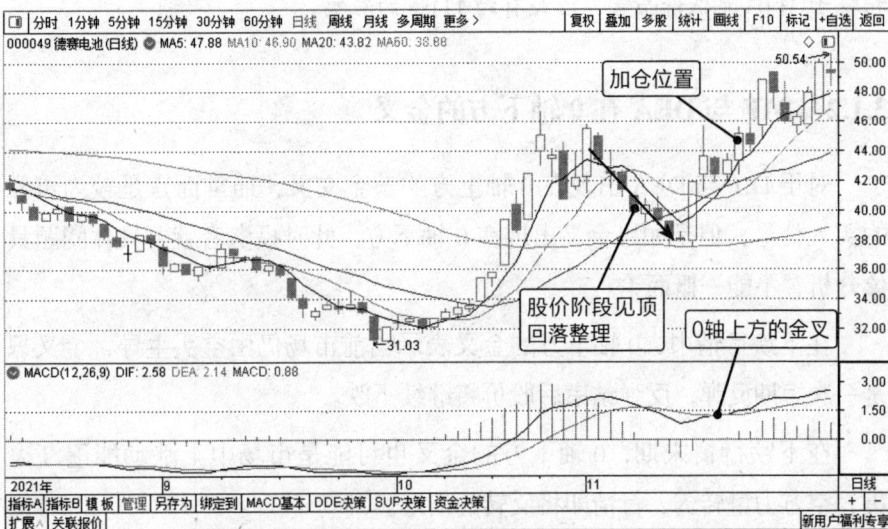

图 3-1 德赛电池 2021 年 8 月至 11 月的 K 线图

图 3-2 所示为德赛电池 2021 年 9 月至 12 月的 K 线图。

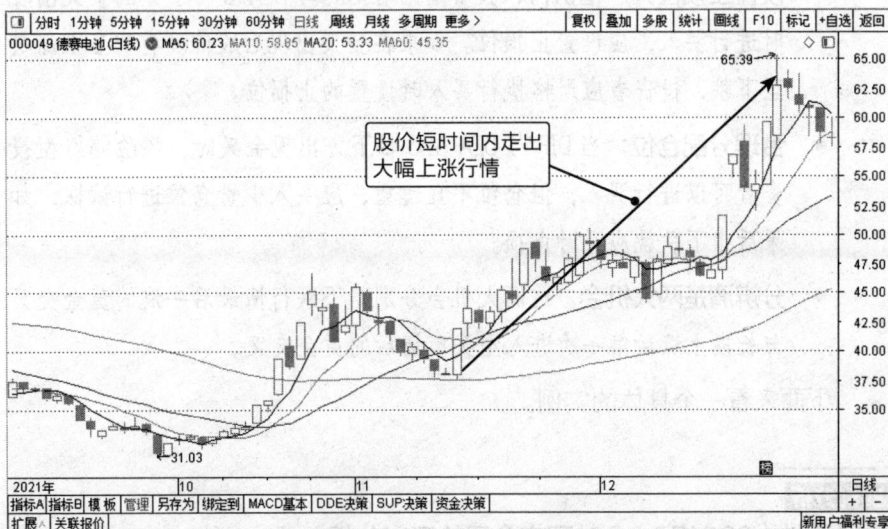

图 3-2 德赛电池 2021 年 9 月至 12 月的 K 线图

从图中可以看到，该股在 11 月中旬 DIF 线与 DEA 线形成 0 轴上方金叉之后迅速上涨，不到 2 个月的时间，股价快速上涨创出 65.39 元的最高价，相较于 31.03 元低价而言，已经有约 111% 的涨幅。

3.1.2　DIF 与 DEA 在 0 轴下方的金叉

对于 DIF 与 DEA 出现在 0 轴上方的黄金交叉，通常而言是较为可靠的买入信号，但是如果金叉出现在 0 轴下方，此时投资者就要具体问题具体分析，不能一概而论。

在下跌行情中，0 轴下方的金叉表示当前市场仍由空头主导，金叉只是一次短期反弹，反弹结束后股价将继续下跌。

在下跌行情末期，0 轴下方的金叉也可能是市场中上涨动能逐渐聚集、空方力量转弱、行情即将反转的信号。

所以当投资者在面对 0 轴下方的金叉时，要依据如下的策略来进行具体操作。

- ◆ **设置止损位并严格执行**：投资者若在 DIF 与 DEA 0 轴下方的金叉出现时进行买入，应设置止损位。如果在金叉出现后股价没有明显上涨甚至下跌，投资者应严格执行买入时设置的止损位。
- ◆ **合理分配仓位**：当 DIF 与 DEA 在 0 轴下方出现金叉时，风险偏好型投资者可以进行买入，但仓位不宜过重，应买入少量仓位进行试探，如果后市下跌就应及时止损。
- ◆ **分辨清楚两大机会**：这两大机会分别是下跌行情最后一浪的黄金交叉与长期上涨后第一次进入空头市场后的黄金交叉。

下面来看一个具体的实例。

实例分析

中联重科（000157）0 轴下方金叉的卖出分析

图 3-3 所示为中联重科 2021 年 1 月至 8 月的 K 线图。

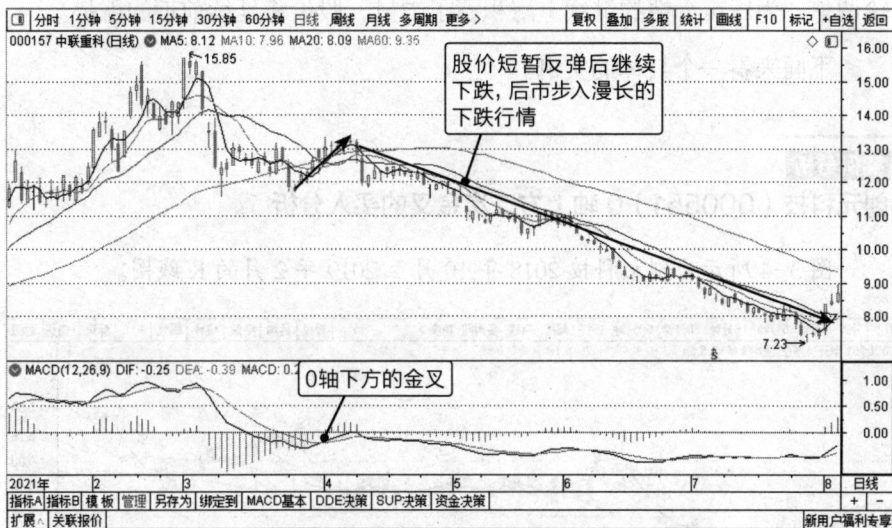

图 3-3 中联重科 2021 年 1 月至 8 月的 K 线图

从图中可以看到，该股大幅上涨后于 2021 年 3 月初创出 15.85 元的新高后出现见顶回落。

观察同期的 MACD 指标，DIF 线与 DEA 线均拐头向下运行，逐步拉低股价步入下跌行情。

短短几个交易日的快速下跌后该股跌势减缓，最终在 3 月底企稳反弹，DIF 线与 DEA 线拐头向上运行并在 0 轴下方出现金叉。但 DIF 线与 DEA 线都没能向上突破 0 轴，表明此次反弹行情较为弱势，更不可能是行情反转向上的信号，所以投资者应谨慎操作。

随着反弹行情的结束，后市股价继续下跌。可见在 0 轴下方的金叉并不是可靠的买入信号，投资者在实战中应分辨清楚，避免错误操作。

3.1.3 DIF 与 DEA 在 0 轴上方二次金叉

DIF 与 DEA 在 0 轴上方二次金叉是指 DIF 线与 DEA 线在 0 轴之上的

低位连续发生两次黄金交叉。0 轴上方二次金叉表明在多方市场中经过一轮调整，为后市行情的继续上涨积蓄了力量，股价将延续前期的涨势。

下面来看一个具体的实例。

实例分析

创元科技（000551）0 轴上方二次金叉的买入分析

图 3-4 所示为创元科技 2018 年 10 月至 2019 年 2 月的 K 线图。

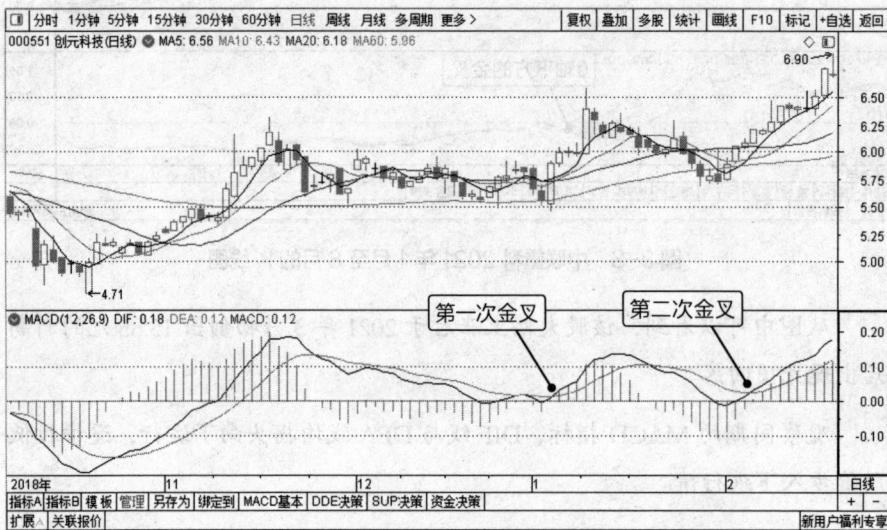

图 3-4　创元科技 2018 年 10 月至 2019 年 2 月的 K 线图

从图中可以看到，该股在 2018 年 10 月中旬创出 4.71 元的最低价后止跌企稳后步入上涨行情，但是在 6.00 元的价位线位置出现了阶段性见顶后回落调整。

观察此时的 MACD 指标，发现 DIF 线和 DEA 线也出现了拐头向下的走势。但是最终在 0 轴附近止跌向上运行，出现第一个金叉，标志着股价可能回调结束，投资者可在此时进行试探操作，少量买入。

在第一次金叉出现后，股价短暂拉升几个交易日，在触及 6.50 元价位线时又开始回调，DEA 线在 DIF 线的带动下向下运行。

但股价回调后不久，DIF 线在 2019 年 2 月中旬再次上穿 DEA 线形成第二次金叉，表明市场中的上涨动能经过一轮调整后积蓄了足够的力量，后市将延续前期的涨势。投资者此时可加仓买入该股，持股待涨。

图 3-5 所示为创元科技 2018 年 12 月至 2019 年 4 月的 K 线图。

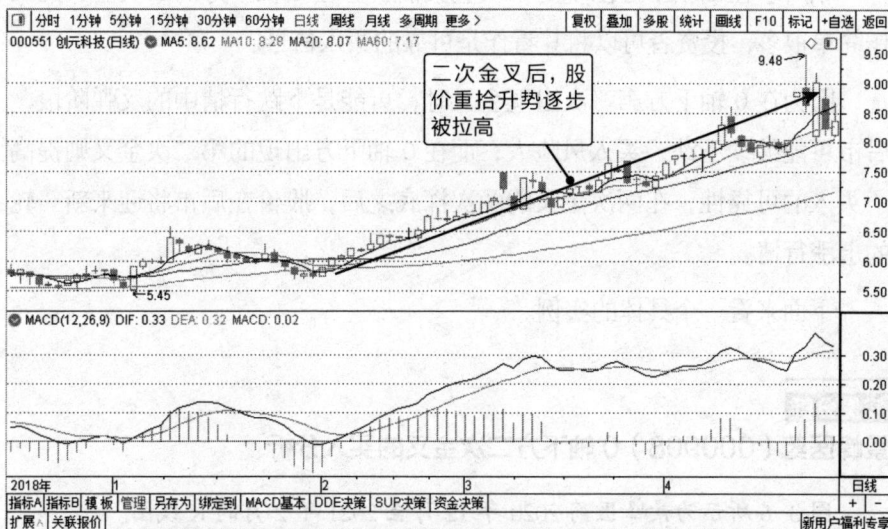

图 3-5　创元科技 2018 年 12 月至 2019 年 4 月的 K 线图

从图中可以看到，在二次金叉后，该股连续收阳拉高股价重拾升势，之后该股走出一波可观的拉升上涨行情，短短 2 个月左右的时间，股价从 6.00 元上涨到 9.48 元的高价，涨幅约为 58%。

投资者在二次金叉出现后买入该股持股一段时间后，在任意时段卖出都可获得收益。

拓展贴士　*有效的 0 轴上方的二次金叉*

　　在实战中，有效的 0 轴上方的 DIF 与 DEA 二次金叉应出现在 0 轴上方附近，是经过调整后的连续两次金叉，且第二次金叉出现的位置应在第一次金叉的上方，即 DIF 形成的波谷是逐渐提高的。另外，出现在高位区域的金叉是无效的。

3.1.4 DIF 与 DEA 在 0 轴下方二次金叉

DIF 与 DEA 在 0 轴下方二次金叉是指 DIF 线与 DEA 线在 0 轴之下连续发生两次黄金交叉。

相对于在 0 轴下方出现的一次金叉而言,在 0 轴下方的二次金叉的操作简单很多,投资者可以将其看作是可靠的买入信号。

因为在 0 轴下方第一次出现金叉时,可能是下跌行情中的反弹阶段,后市可能继续下跌,买入风险大;而在 0 轴下方出现的第二次金叉则提高了买入的可靠性,在两次金叉的两次探底之后,股价在后市将迎来新一轮的上涨行情。

下面来看一个具体的实例。

实例分析

景峰医药（000908）0 轴下方二次金叉的买入分析

图 3-6 所示为景峰医药 2020 年 12 月至 2021 年 2 月的 K 线图。

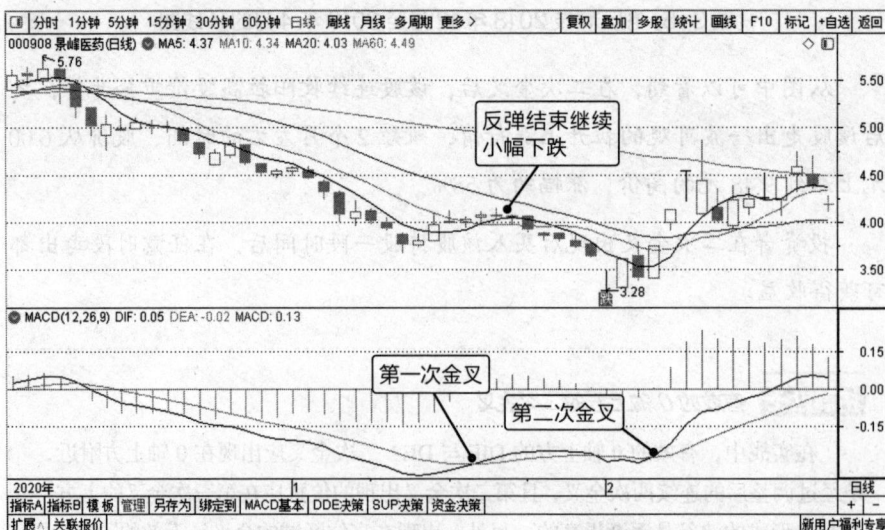

图 3-6 景峰医药 2020 年 12 月至 2021 年 2 月的 K 线图

从图中可以看到，该股在 2021 年 1 月上旬之前，股价呈现明显的下跌行情，此时 DIF 线和 DEA 线从 0 轴上方向下运行并下穿 0 轴。股价在 2021 年 1 月上旬出现企稳，同期的 DIF 线和 DEA 线拐头向上，随后出现第一次金叉，表明股价逐渐见底，后市下跌空间不大。

虽然股价很快反弹结束，又经历了一波下跌，但是整体下跌幅度不大，最终在 2 月 1 日创出 3.28 元的最低价后企稳回升，随后 DIF 线与 DEA 线在 0 轴下方第二次形成金叉。两次金叉的出现表明股价已经见底，后市将迎来一轮新的上涨行情。

图 3-7 所示为景峰医药 2021 年 1 月至 5 月的 K 线图。

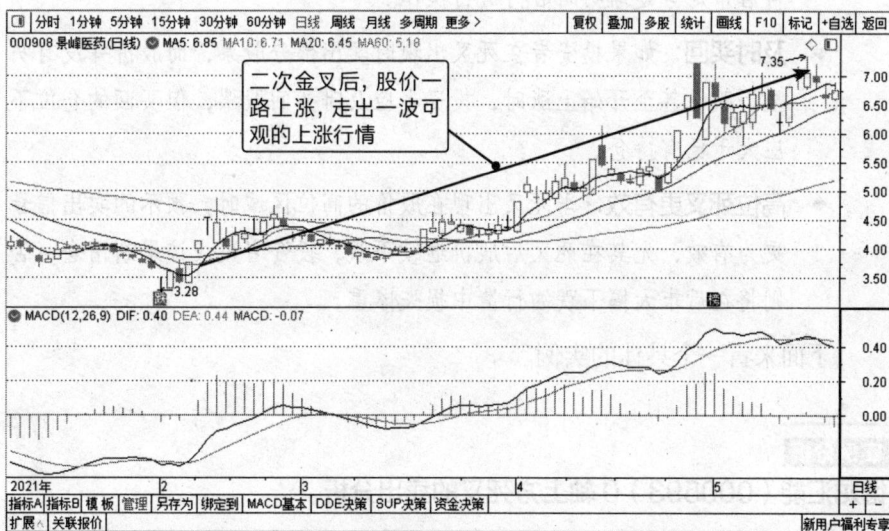

图 3-7　景峰医药 2021 年 1 月至 5 月的 K 线图

从图中可以看到，该股在 DIF 与 DEA 0 轴下方的二次金叉出现后，股价一路震荡上涨，3 个月左右的时间走出一波可观的上涨行情，股价从 3.50 元附近上涨到 7.35 元的高位，涨幅达 110%。

由上可知，投资者若在第一次金叉出现时进行买入，意味着更大的风险和更高的成本。第二次金叉出现时往往表明股价将见底回升，此时买入是最稳妥的操作方式。

3.1.5　DIF 与 DEA 在 0 轴上方的死叉

DIF 与 DEA 0 轴上方的死叉通常出现在上涨行情中调整阶段的初期，是股价短期内见顶的信号，表示一轮上涨趋势的结束，为卖出信号。

投资者在实战中需要注意的是，在市场中上涨动能极为强劲时，股价在死叉出现之后仍有可能重返涨势。所以，建议投资者在面对 DIF 与 DEA 0 轴上方死叉时采取如下策略。

◆ **分批卖出：** 当死叉出现在上涨行情中，不管该信号是预示行情短期调整还是行情反转，投资者都应先卖出部分股票，将部分收益拿到手，待后市走势逐渐明朗后再进行操作。

◆ **及时买回：** 如果投资者在死叉出现时卖出部分股票，而股价并没有明显下跌，甚至开始上涨时，投资者应及时买回股票，但买回的仓位不应大于已有持仓。

◆ **高位死叉更有效：** 当死叉出现在股价的高位区域时，预示的卖出信号更为有效，尤其在死叉后股价继续下跌，投资者更应该果断清仓，否则将在后市大幅下跌的行情中损失惨重。

下面来看一个具体的实例。

实例分析
德龙汇能（000593）0 轴上方死叉的卖出分析

图 3-8 所示为德龙汇能 2021 年 2 月至 8 月的 K 线图。

从图中可以看到，该股下跌到 2021 年 2 月上旬创出 4.14 元的最低价后企稳回升，步入上涨行情，DIF 线与 DEA 线也拐头向上运行并上穿 0 轴在 0 轴上方运行。

在股价上涨到 5.70 元后，次日股价以 3.08% 的跌幅阴线报收拉低股价，股价开始回调，DIF 线也从 DEA 线上方拐头向下运行，并下穿 DEA 线形成 0 轴上方死叉，投资者应卖出部分股票，待后市走势明朗之后再进行操作。

观察后市的走势，发现死叉出现后股价并没有出现明显的下跌走势，红色 MACD 柱状线与绿色 MACD 柱状线在 0 轴附近徘徊，DIF 线和 DEA 线也出现长时间的缠绕，说明多空双方力量均衡，表明这次出现的死叉并不是行情反转的信号，只是股价的正常调整。

此时投资者可以密切关注该股走势，在合适的时候将卖出的股票买回，并且随着股价上涨可以适当加仓。

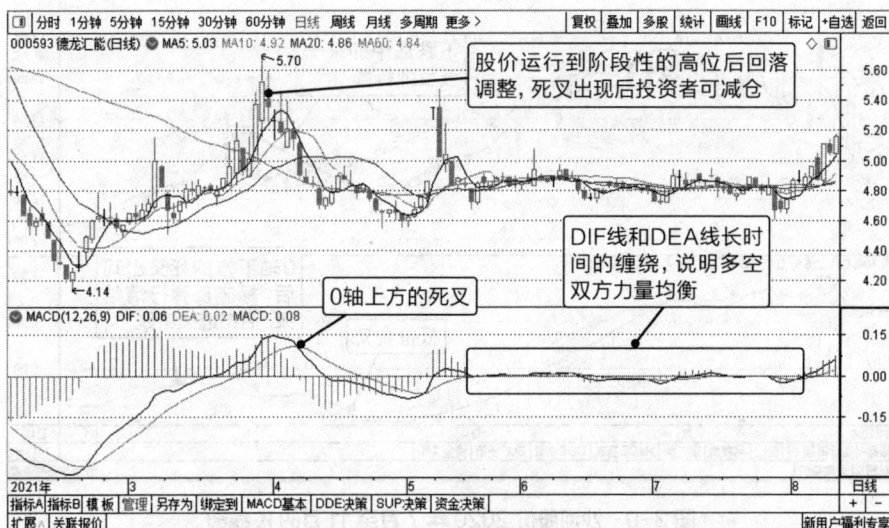

图 3-8　德龙汇能 2021 年 2 月至 8 月的 K 线图

3.1.6　DIF 与 DEA 在 0 轴下方的死叉

DIF 与 DEA 0 轴下方的死叉通常出现在下跌行情中，表明当前市场中空方势力占据主导，预示后市将继续下跌，是卖出信号，投资者此时应采取持币观望的策略。

如果 DIF 线与 DEA 线在 0 轴下方的低位形成金叉后，股价迎来一轮反弹，DIF 线未能带动 DEA 线向上突破 0 轴，而是在 0 轴下方形成死叉，这种情况下，投资者应及时清仓出场。

下面来看一个具体的实例。

实例分析

沙河股份（000014）0 轴下方死叉的卖出分析

图 3-9 所示为沙河股份 2020 年 7 月至 11 月的 K 线图。

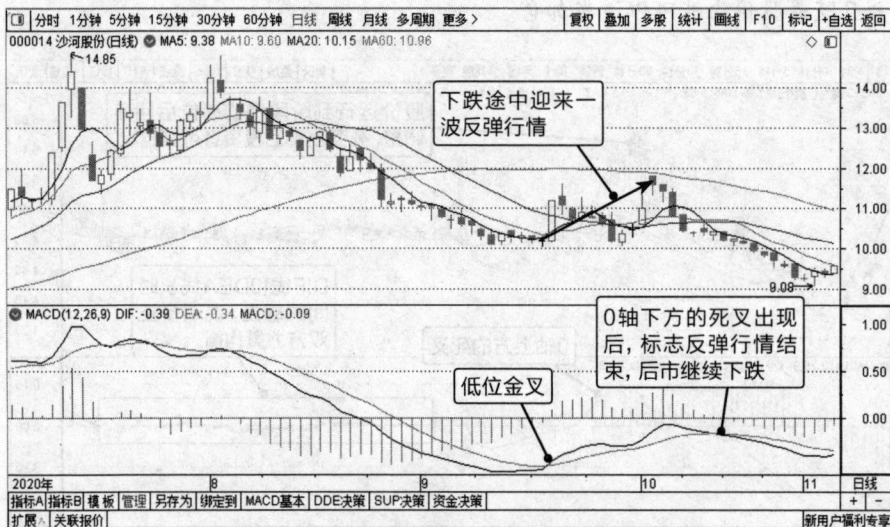

图 3-9　沙河股份 2020 年 7 月至 11 月的 K 线图

从图中可以看到，该股股价在 14.85 元见顶后反转步入下跌行情，DIF 线和 DEA 线快速下行跌破 0 轴。在 2020 年 9 月中旬左右，股价在 10.00 元的价位线止跌迎来一波反弹，DIF 线在低位上穿 DEA 线形成金叉，虽然股价出现震荡回升，但 DIF 线和 DEA 线均未能上穿 0 轴，始终在 0 轴下方运行。

在 10 月中旬，DIF 线开始掉头向下，随后跌破 DEA 慢线，在 0 轴下方形成死叉。死叉的出现表明反弹行情的结束，后市将继续下跌。

投资者在遇见低位金叉之后又出现 0 轴下方的死叉时应进行清仓，避免在后市遭遇重大损失。

图 3-10 所示为沙河股份 2020 年 7 月至 2021 年 8 月的 K 线图。

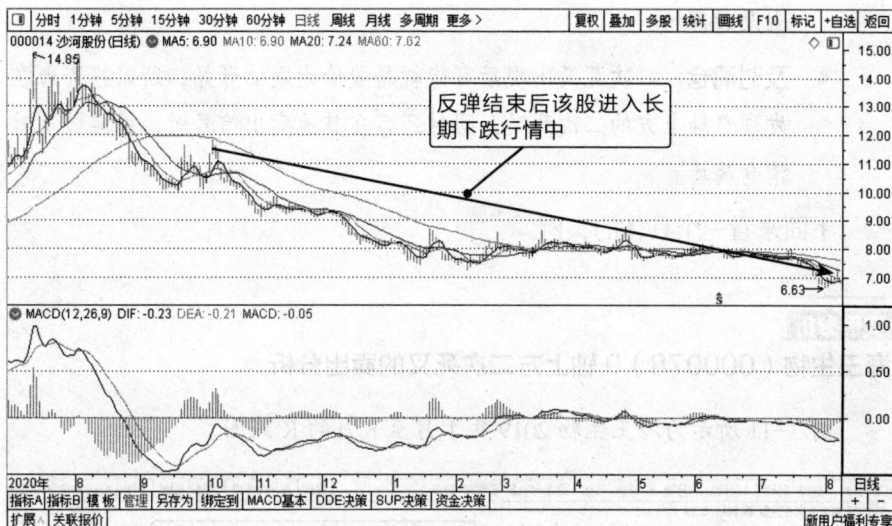

图 3-10　沙河股份 2020 年 7 月至 2021 年 8 月的 K 线图

从图中可以看到，该股随后经历了一波长期的缓慢下跌行情，如果投资者在 0 轴下方死叉出现后未及时清仓出局，将被长期套牢。

3.1.7　DIF 与 DEA 在 0 轴上方二次死叉

DIF 与 DEA 在 0 轴上方二次死叉是指 DIF 线在 0 轴上方连续两次跌破 DEA 线形成的两次死叉。

在实战中，第二次死叉的交叉点低于第一次死叉，表明市场中多方力量逐渐减弱，股价在后市可能面临下跌风险。第二次死叉的出现提高了第一次死叉下跌的可靠性，所以在 0 轴上方二次死叉是可靠的卖出信号。

投资者在实战中遇见 DIF 与 DEA 0 轴上方二次死叉时应采取如下策略。

◆ **将死叉与背离结合进行研判**：0 轴上方出现二次死叉的同时 DIF 线与股价发生背离，提高死叉卖出信号的可靠性。

◆ **将死叉与趋势结合进行研判**：通常情况下，一轮上涨行情总是终止于突破趋势线后的死叉，这样就能判断出上涨行情的顶部，有利于投资者及时离场。

◆ **及时清仓**: 二次死叉出现后可能就是股价大跌的开始,所以投资者在发现 0 轴上方的二次死叉,同时还存在其他卖出信号时,就应该及时清仓离场。

下面来看一个具体的实例。

实例分析

海王生物(000078)0 轴上方二次死叉的卖出分析

图 3-11 所示为海王生物 2019 年 1 月至 8 月的 K 线图。

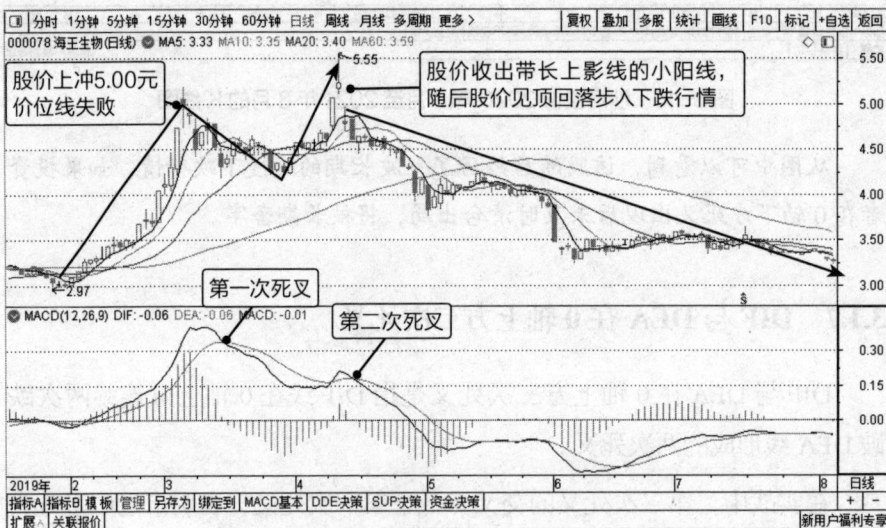

图 3-11 海王生物 2019 年 1 月至 8 月的 K 线图

从图中可以看到,该股在 2019 年 1 月下旬创出 2.97 元的低价后,股价止跌表现上涨,短短 1 个多月的时间,股价上冲到 5.00 元的价位线上方后开始回落。

观察同期的 MACD 指标发现,在拉升上涨的过程中,DIF 线与 DEA 线先后上穿 0 轴后都在 0 轴上方保持上升趋势,而且二者的间距逐渐拉大。

但是在股价上冲 5.00 元的价位线受阻后,DIF 线也同步拐头向下,并在随后下穿 DEA 线形成第一次 0 轴上方死叉。

随着第 3 浪调整行情的结束，股价开始迅速回升，但是 DIF 线和 DEA 线却没有同步上升，反而向下运行，与股价形成背离形态。

随后股价在 2019 年 4 月 11 日收出带长上影线的小阳线创出 5.55 元新高。股价没能在高位企稳，创出新高的第二个交易日便开始向下跳空拉低进入下跌走势。

在短短的 2 个交易日后，DIF 线再次下穿 DEA 线，形成第二次 0 轴上方死叉，表明股价下跌已成定局，投资者应在此时进行清仓，锁定利润，落袋为安，否则在后市的主跌行情中将可能损失惨重。

拓展贴士 *DIF 与 DEA 的 0 轴上方二次死叉与波浪理论的结合*

　　DIF 与 DEA 的 0 轴上方二次死叉通常出现在上涨行情中，与波浪理论上涨 5 浪非常契合。0 轴上方第一次出现死叉往往是在第 3 浪（主升浪）的末期，预示一轮上涨的结束，股价在后市将回调进入第 4 浪（调整浪）。0 轴上方第二次出现死叉往往是在第 5 浪的末期，伴随着股价新高，预示着上涨行情的结束。

3.1.8　DIF 与 DEA 在 0 轴下方二次死叉

DIF 与 DEA 在 0 轴下方二次死叉是指 DIF 线在 0 轴下方连续两次下穿 DEA 线形成的两次交叉。

二次死叉都应出现在 0 轴下方，是股价在下跌过程中小幅反弹后连续形成的两次死叉。

当 DIF 线与 DEA 线同时运行在 0 轴下方，本就表明当前市场为空头市场，又出现二次死叉，更加说明此时市场普遍不被看好，因此投资者没有理由在此时买入。

所以 DIF 与 DEA 在 0 轴下方二次死叉发出的是强烈的卖出信号，股价后市将继续下跌。

下面来看一个具体的实例。

实例分析

ST 红太阳（000525）0 轴下方二次死叉的卖出分析

图 3-12 所示为 ST 红太阳 2018 年 2 月至 8 月的 K 线图。

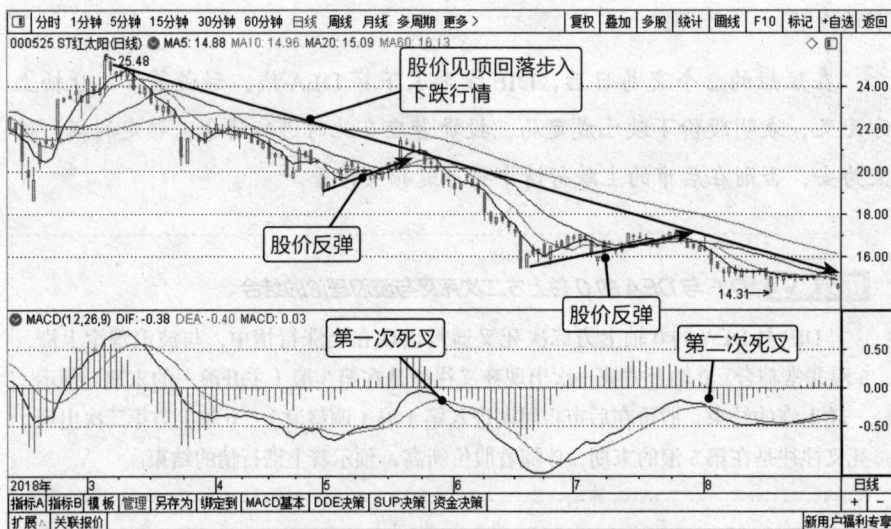

图 3-12　ST 红太阳 2018 年 2 月至 8 月的 K 线图

从图中可以看到，该股在 2018 年 3 月创出 25.48 元的高价后见顶回落步入下跌行情，同时期的 DIF 线和 DEA 线也拐头向下运行下穿 0 轴并在 0 轴下方继续向下运行。

随后股价在 5 月有过一波反弹行情，DIF 线和 DEA 线向上运行，但是好景不长，股价反弹很快受阻后继续向下运行，DIF 线与 DEA 线也未能在反弹过程中突破 0 轴，并且第一次在 0 轴下方形成死叉。

随着股价的下跌，DIF 线与 DEA 线的间距也越来越大。在 6 月中旬，股价再一次企稳，虽然反弹行情的涨幅不大，但是 DIF 线和 DEA 线却出现了明显的拐头向上运行，由于市场中的空方势力强大，此轮反弹最终在持续 1 个月后回落，DIF 线和 DEA 线在 0 轴下方于 8 月初出现二次死叉，说明此时市场中仍然普遍看跌，预示后市将继续下跌，场外投资者此时要坚决持币观望。

图 3-13 所示为 ST 红太阳 2018 年 2 月至 2021 年 5 月的 K 线图。

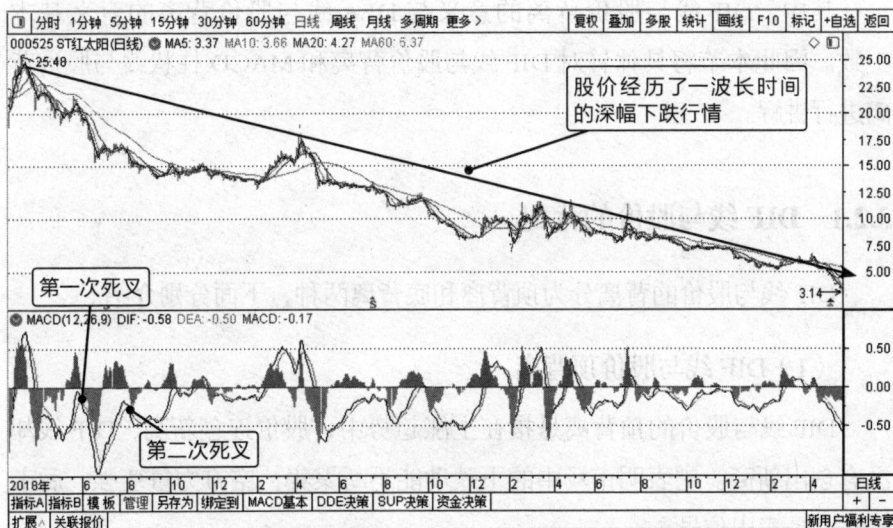

图 3-13　ST 红太阳 2018 年 2 月至 2021 年 5 月的 K 线图

从图中可以看到，该股在 2018 年 8 月的 DIF 与 DEA 第二次死叉后，经历了长达半年的下跌行情，股价在 2019 年 1 月 31 日的跌势减缓，出现了一波较大的反弹行情，但是最终还是在持续了 2 个多月的时间后继续回落，这波下跌持续到 2021 年 5 月底才在 3.14 元的价格见底。

可见 DIF 与 DEA 0 轴下方的二次死叉是可靠的卖出信号，投资者没有任何理由买入，否则面临的只有损失。

3.2　MACD 指标的背离

第 1 章介绍了 MACD 指标的背离是指指标运行方向与股价走势呈现相反运行方向。

而 MACD 指标有 3 个构成部分，因此该指标与股价的背离也有 3 种情况，即 DIF 线与股价背离、DEA 线与股价背离和 MACD 柱状线与股价背离。

其中，DIF 线与股价背离的意义与 DEA 线与股价背离的意义基本一致。因此本节将具体针对 DIF 线与股价背离和 MACD 柱状线与股价背离进行讲解。

3.2.1　DIF 线与股价的背离

DIF 线与股价的背离分为顶背离和底背离两种，下面分别介绍。

（1）DIF 线与股价顶背离

DIF 线与股价的顶背离是指在上涨趋势中，股价连创新高，DIF 线却没有创出新高。它表明市场中的下跌动能不断聚集，空方力量变强，后市看空，是卖出信号。

投资者在实战中运用 DIF 线与股价顶背离来寻找卖点时，应注意以下几个方面。

◆ 当出现两次甚至多次顶背离时，说明市场下跌动能强劲，后市很快就会迎来一轮凶猛的下跌。

◆ 当出现顶背离时，投资者就应尽早卖出离场。

◆ 顶背离卖出信号的确定，需要配合其他多个周期走势图进行确认。

◆ 当 DIF 线与股价发生顶背离时，成交量随着股价上涨而放大，这表明市场中的上涨动能得到释放，下跌动能将在后市占据优势。

◆ 当 DIF 线与股价发生顶背离时，DIF 线会向下运动靠近 0 轴，如果离 0 轴越近，说明下跌动能越强劲，卖出信号就越可靠。

下面来看一个具体的实例。

实例分析

学大教育（000526）DIF 线与股价顶背离分析

图 3-14 所示为学大教育 2020 年 1 月至 8 月的 K 线图。

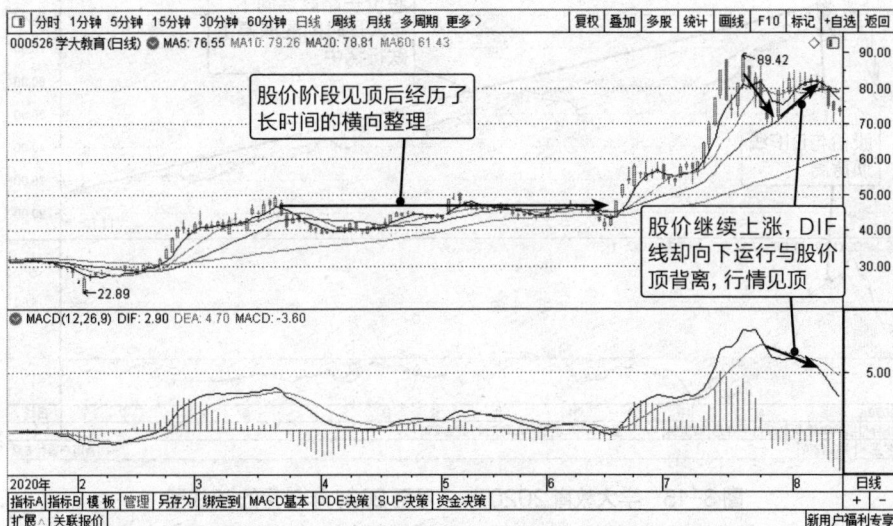

图 3-14　学大教育 2020 年 1 月至 8 月的 K 线图

从图中可以看到，该股在 2020 年 2 月初开始止跌回升，股价上涨一段时间后在 3 月中旬阶段性见顶，随后进入一波横向整理阶段，该整理形态是为了后市更好地上涨。在调整了 3 个月左右的时间之后，股价被大幅拉升。

短短 1 个多月的时间，股价被拉升创出 89.42 元的高价后，股价短暂出现了一波回落，旨在修正指标，随后股价继续保持上涨。

但仔细观察此时的 MACD 指标发现，DIF 线并没有随股价的上涨而继续上涨。说明此时股价在高位与 DIF 线发生顶背离，多方力量减弱而空方力量增强，后市看空。

图 3-15 所示为学大教育 2020 年 7 月至 2021 年 7 月的 K 线图。

从图中可以看到，随后股价上涨未突破前期的 89.42 元高价便见顶回落，之后股价持续下跌，行情见顶逆转步入下跌行情。

由此可见，在股价的高价位区，一旦发现股价与 DIF 线发生顶背离后，投资者就要及时出局，锁定利润。

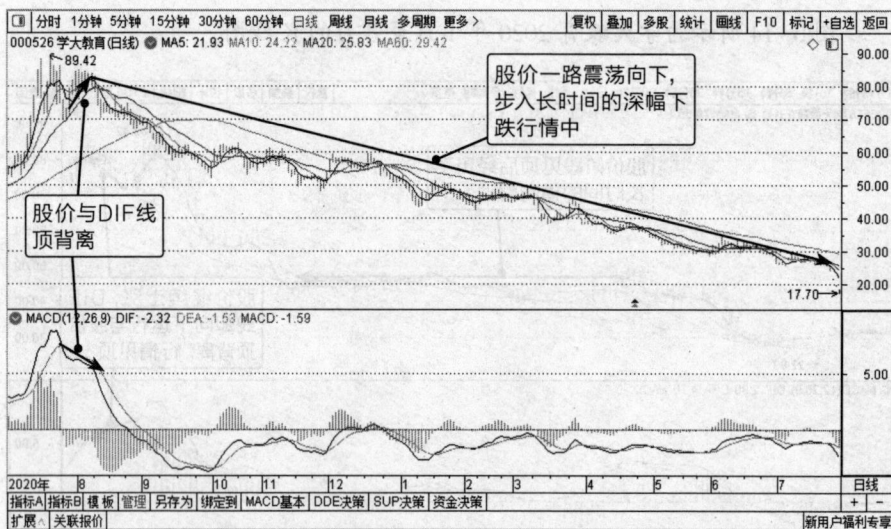

图 3-15　学大教育 2020 年 7 月至 2021 年 7 月的 K 线图

（2）DIF 线与股价底背离

DIF 线与股价底背离是指在下跌趋势中，股价连创新低，DIF 线却没有随股价下跌而下跌，说明市场中的上涨动能正在逐渐聚集，后市上涨的概率极大。

投资者在实战中运用 DIF 与股价底背离来寻找买点时，应注意以下几个方面。

◆　当出现两次甚至多次底背离时，说明市场中上涨动能强劲，多方力量强大，后市行情极为乐观。

◆　没有具体的买入时机，因为 DIF 线与股价发生底背离是一段时间内出现的形态，反映出的买点也无法具体到某一个交易日。投资者为了把握住良好的买入时机，应将底背离与其他技术指标配合进行研判。

◆　为了提高 DIF 线与股价底背离发出的买入信号的准确性，投资者需要结合多个技术指标配合研判。

下面来看一个具体的实例。

实例分析

海德股份（000567）DIF 线与股价底背离分析

图 3-16 所示为海德股份 2020 年 10 月至 2021 年 3 月的 K 线图。

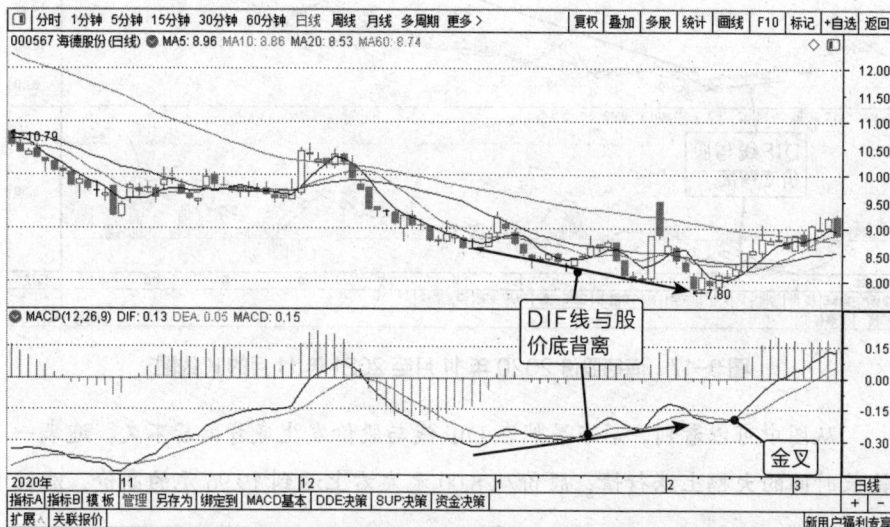

图 3-16　海德股份 2020 年 10 月至 2021 年 3 月的 K 线图

从图中可以看到，该股在 2021 年 2 月之前，股价始终处于震荡下跌的行情中，但是观察同期的 DIF 线，却发现其在 2020 年 12 月底之后没有随着股价的继续下跌而下跌，而是出现止跌并向上运行的走势，与股价在低位形成明显的底背离形态。表明市场中上涨动能正在聚集，股价在后市可能迎来一轮上涨。

此时再观察这一阶段的 MACD 柱状线，发现其在 0 轴附近徘徊，说明多空双方力量在斗争，一旦某一方获胜，后市将随之进行相应的变化。

该股在 2021 年 2 月初创出 7.80 元的最低价后企稳回升，随后 DIF 线从下向上穿破 DEA 线出现金叉，并逐步拉大间距，且 MACD 柱状线也变红，多个指标综合判断，行情已经见底，上升行情已经启动。

图 3-17 所示为海德股份 2020 年 11 月至 2021 年 11 月的 K 线图。

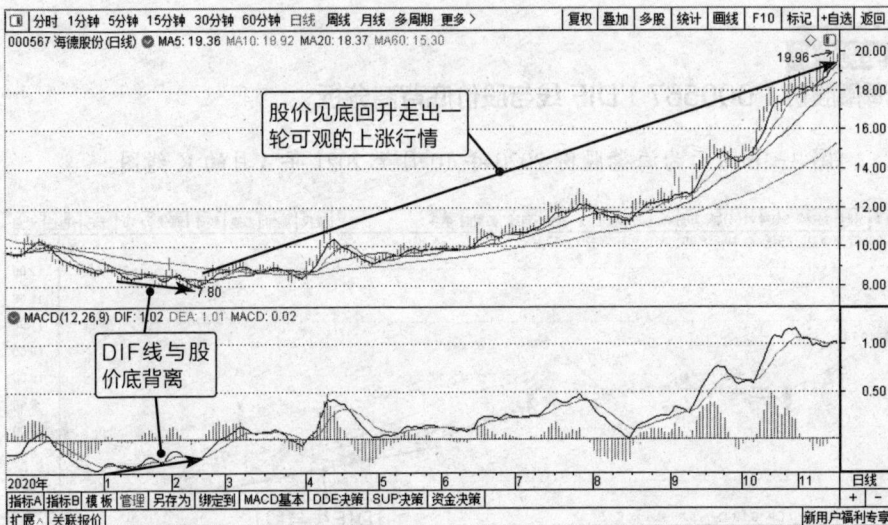

图 3-17　海德股份 2020 年 11 月至 2021 年 11 月的 K 线图

从图中可以看到，后市果然在 DIF 线与股价发生底背离后不久，迎来一轮长时间的大幅上涨行情，股价从 8.00 元左右上涨到 19.96 元的高价，涨幅约为 150%。

拓展贴士　*DEA 线与股价背离的操作说明*

虽然 DEA 线与股价背离的意义与 DIF 线与股价背离的意义基本一致，但投资者在运用 DEA 线与股价的背离来寻找买卖点时，应注意它与 DIF 线的两个不同之处，具体如下。

①背离形成周期较长，过程较慢。这也是由 DEA 线是 DIF 线的移动平均线决定的，所以对于风险偏好型投资者，DIF 线是更好的选择。对于风险厌恶型投资者，DEA 线则是更好的选择。

②背离形成次数相对较少。在实战中经常出现 DIF 线与股价发生背离，同期的 DEA 线却很少与股价发生背离，这种情况多数是由市场中原趋势动能仍然强劲引起的。如果此时风险偏好型投资者进行了买卖，那么很可能会遭受损失。可见 DEA 线与股价的背离所发出的买卖信号更为可靠。

3.2.2　MACD 柱状线与股价的背离

MACD 柱状线与股价的背离也分为顶背离和底背离两种，下面分别进行介绍。

（1）MACD 柱状线与股价顶背离

MACD 柱状线与股价的顶背离是指当股价处于持续上涨中，股价连创新高，同时期 MACD 柱状线形成的波峰峰值却逐渐降低。

当 MACD 柱状线与股价发生顶背离，表明市场中的上涨动能开始减弱，在顶背离结束后行情有反转的可能。

在顶背离结束的最后一个波峰出现的"缩头"，是第一卖点，投资者应进行减仓操作；当红色柱状线转换为绿色柱状线时，是第二卖点，投资者应果断清仓离场，避免在后市遭受更大损失。

下面来看一个具体的实例。

实例分析

北部湾港（000582）MACD 柱状线与股价顶背离卖出股票

图 3-18 所示为北部湾港 2020 年 1 月至 8 月的 K 线图。

从图中可以看到，该股在 2019 年 2 月初创出 7.68 元的低价后开始进入上涨行情，随后股价一路平稳上涨，观察同时期的 MACD 柱状线，也在 2 月中旬变红后大部分时间都保持在 0 轴上方运行。

股价在 5 月有过短暂的整理，但是在 5 月底后股价快速在 9.00 元价位线止跌后再次上涨，红色柱状线再次向上发散，在 6 月 10 日达到最长，对应的参数值为 0.28。随后该股有过两波短暂的休整，对应的红色柱状线也呈现收敛→发散→收敛→发散的波动变化。

当红色柱状线在 7 月上旬第二次发散形成的波峰中达到最长时的参数值为 0.24，低于 6 月 10 日的峰值，与股价发生顶背离。表明市场中的上涨动能开始减弱，在 MACD 参数值为 0.24 的下一个交易日里发生"缩头"，是第一卖点。随后股价下跌，当红色柱状线转换为绿色柱状线时，是第二卖点，此时投资者应及时清仓。

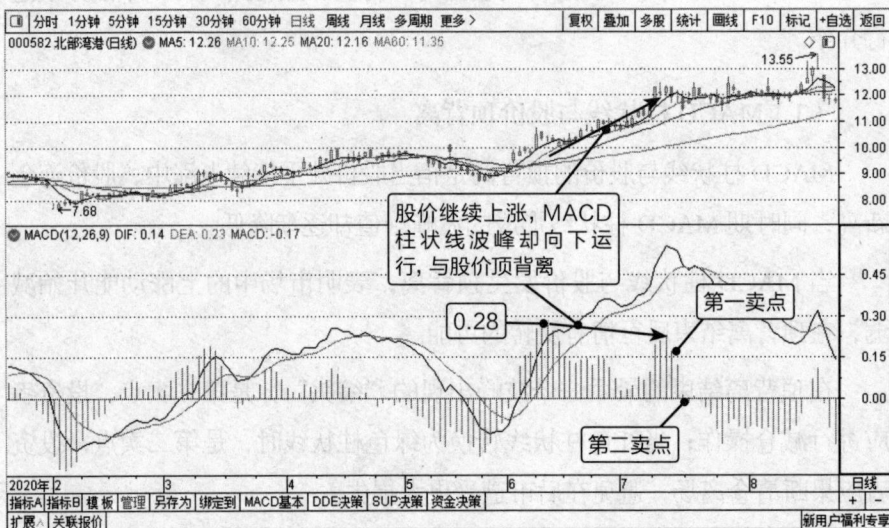

图3-18　北部湾港2020年1月至8月的K线图

图3-19所示为北部湾港2020年7月至2021年7月的K线图。

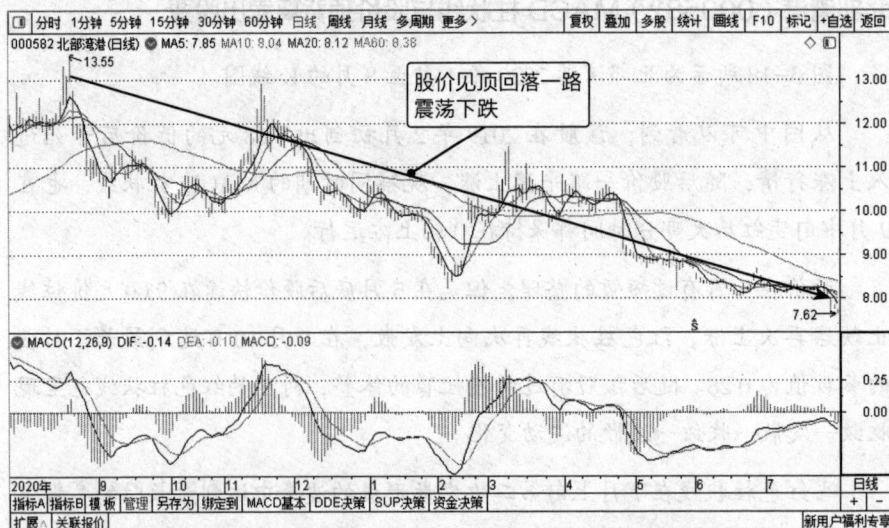

图3-19　北部湾港2020年7月至2021年7月的K线图

从图中可以看到，该股在创出 13.55 元的最高价后见顶回落，之后股价步入长时间的震荡下跌行情中，股价从最高的 13.55 元下跌到 7.62 元，跌幅约 44%。

（2）MACD 柱状线与股价底背离

MACD 柱状线与股价的底背离是指当股价处于持续下跌中，股价连创新低，同时期 MACD 柱状线形成的波谷低谷值却逐渐升高。

当 MACD 柱状线与股价发生底背离，表明市场中的下跌动能开始减弱，在底背离结束后行情有反转的可能。

所以在底背离结束的最后一个波谷出现的"抽脚"，是第一买点，投资者可试探性少量买入；当绿色柱状线转换为红色柱状线时，是第二买点，投资者可进行加仓操作。

下面来看一个具体的实例。

实例分析
长安汽车（000625）MACD 柱状线与股价底背离买入股票

图 3-20 所示为长安汽车 2019 年 4 月至 8 月的 K 线图。

从图中可以看到，该股在 2019 年 6 月中旬创出 6.27 元的最低价前，股价始终处于向下运行的趋势中，并且随着股价的持续下跌，MACD 柱状线从 0 轴上方反转到 0 轴下方。

随后股价继续下跌，绿色柱状线则向下发散，在 2019 年 5 月 7 日、8 日和 9 日形成第一波谷，低谷值同为 -0.48；随后股价小幅反弹几日便继续下跌，绿柱状线向上收敛，但未能突破 0 轴便再次向下发散，在 2019 年 5 月 23 日形成第二波谷，低谷值为 -0.24。

波谷值的逐渐升高与股价持续下跌形成底背离，表明市场中下跌动能开始衰弱，在波谷值为 -0.24 的下一个交易日里，发生了"抽脚"，是第一买点，投资者可少量建仓；当绿色柱状线在 6 月 12 日转换为红色柱状线时，是第二买点，投资者可进行加仓。

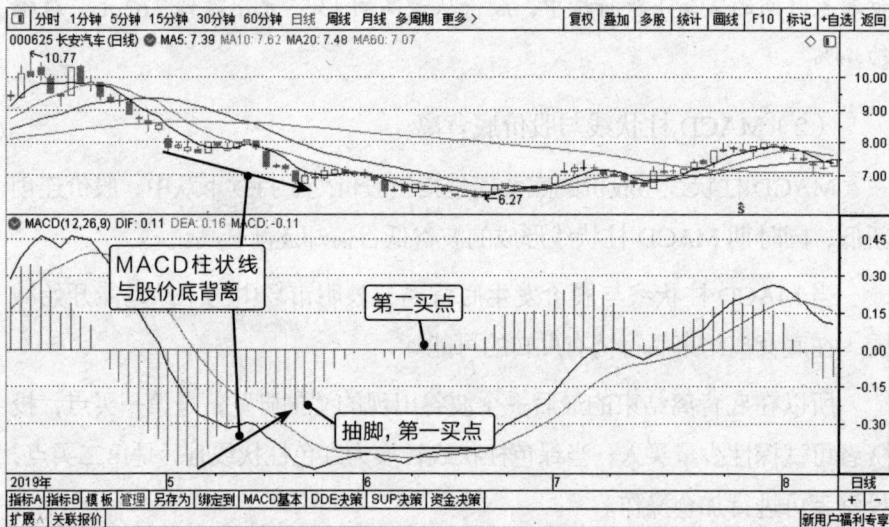

图 3-20　长安汽车 2019 年 4 月至 8 月的 K 线图

图 3-21 所示为长安汽车 2019 年 5 月至 2020 年 1 月的 K 线图。

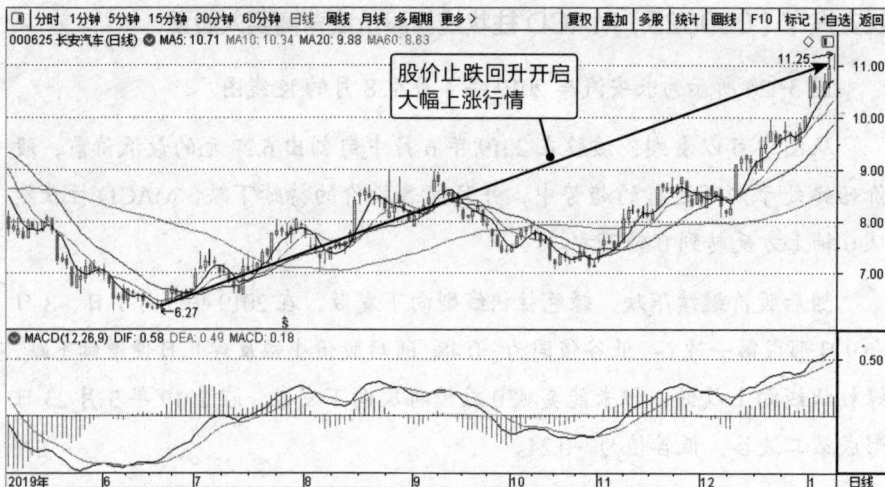

图 3-21　长安汽车 2019 年 5 月至 2020 年 1 月的 K 线图

从图中可以看到，该股很快在创出 6.27 元的最低价后止跌，之后股价一路震荡上涨开启上涨行情。

3.3　MACD 指标的支撑与阻碍

　　指标的支撑与阻碍是指在技术指标中存在一些关键位置，当股价回落或者上涨到这些位置时，就会发生反转，走出逆势行情，显示在图形上就是股价受到了支撑或阻碍。

　　在 MACD 指标中，DEA 线作为 DIF 线的移动平均线，对 DIF 线也有着支撑和阻碍的作用，下面具体介绍其实战应用。

3.3.1　DIF 线受到 DEA 线的支撑

　　DIF 线得到 DEA 线的支撑又称为拒绝死叉形态，是指在 DEA 线上方运行的 DIF 线回调到 DEA 线附近，得到 DEA 线的支撑而再次向上运行。这表明市场中的上涨动能仍未耗尽，经过调整之后将重新发力，继续拉升股价上涨。

　　如果投资者在上涨初期错过了买入机会，应抓住 DIF 线回调的机会，在 DIF 线开始回升时买入进场。

　　下面来看一个具体的实例。

实例分析

中集集团（000039）上涨初期 DIF 线得到 DEA 线的支撑

　　图 3-22 所示为中集集团 2020 年 2 月至 7 月的 K 线图。

　　从图中可以看到，该股在 5 月下旬创出 6.85 元的最低价前，股价处于震荡下跌行情中，同时期的 DIF 线长期在 0 轴下方运行。但是随着股价的不断下跌，DIF 线却向上运行，与股价形成背离走势，说明行情底部即将到来。

　　在股价创出 6.85 元的最低价后，DIF 线拐头向上很快上穿 DEA 线形成金叉，发出买入信号。

　　如果投资者没有抓住此机会，不用着急，在 6 月底，股价在上涨一段时间后，DIF 线回抽靠近 DEA 线，但是在 7 月初明显得到 DEA 线的支撑继续向上运行，此时就是投资者买入的绝佳机会。

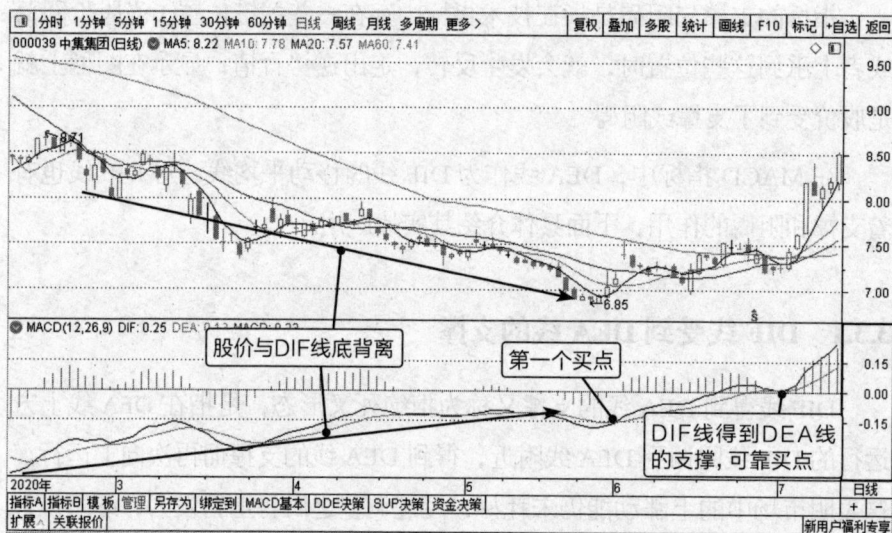

图 3-22　中集集团 2020 年 2 月至 7 月的 K 线图

图 3-23 所示为中集集团 2020 年 6 月至 11 月的 K 线图。

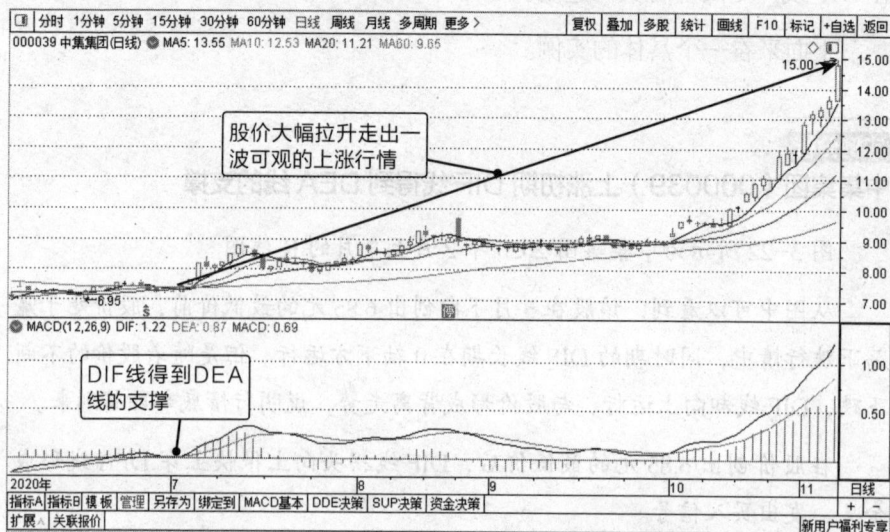

图 3-23　中集集团 2020 年 6 月至 11 月的 K 线图

从图中可以看到，该股后市行情也如预料中节节攀升，正是 DIF 线得到 DEA 线的支撑，才让股价在后市有更大的上涨空间。

拓展贴士 *上涨途中 DIF 线多次受到 DEA 线的支撑的操作*

在上涨行情中，如果上涨途中 DIF 线得到 DEA 线的多次支撑，则说明市场中的上涨动能强劲，投资者只需顺势入场。

3.3.2　DIF 线受到 DEA 线的阻碍

DIF 线受到 DEA 线阻碍又称为拒绝金叉形态，是指在 DEA 线下方运行的 DIF 线反弹向上受到 DEA 线的阻碍，继续向下运动。

DIF 线受到 DEA 线阻碍表明市场中空方占据优势，经过调整，空方将继续发力，使股价继续下跌。

投资者若在下跌初期未能及时卖出，应抓住 DIF 线反弹靠近 DEA 线的机会，进行卖出操作。如果在下跌末期出现 DIF 线受到 DEA 线的阻碍，此时投资者不要着急抄底，继续观察等待。

下面来看一个具体的实例。

实例分析

*ST 沈机（000410）下跌末期 DIF 线受到 DEA 线的阻碍

图 3-24 所示为 *ST 沈机 2020 年 10 月至 2021 年 3 月的 K 线图。

从图中可以看到，该股在下跌到 2021 年 1 月中旬左右，股价在 3.25 元价位线止跌，之后连续 4 个交易日拉出阳线步步推进股价反弹上涨，在大幅下跌的低价位区，此时股价是否止跌企稳尚不明朗。

仔细观察此时的 MACD 指标，发现随着阳线的拉升，DIF 线明显拐头向上靠近 DEA 线，但是在触及 DEA 线时受到阻碍，DIF 线并未穿破 DEA 线便拐头向下。从后市行情来看，该股后市又经历了一波急速下跌行情，短短不到 10 个交易日的时间内，股价就从 3.40 元附近下跌到最低的 2.77 元，跌幅约 19%。

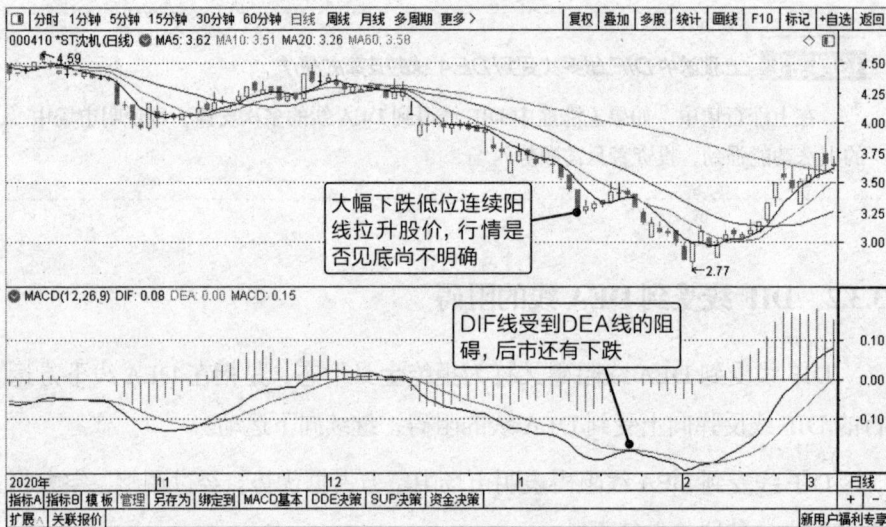

图 3-24　★ST 沈机 2020 年 10 月至 2021 年 3 月的 K 线图

拓展贴士　*拒绝金叉形态的实战操作注意事项*

投资者在实战中遇到 DIF 线受到 DEA 线的阻碍时，应注意以下几个方面：

①当拒绝金叉形态出现在 0 轴下方时，所代表的下跌动能更为强劲，同理，当拒绝死叉形态出现在 0 轴上方时，所代表的上涨动能更为强劲；

②当出现拒绝金叉形态时，MACD 指标中的绿色柱状线逐渐缩短，缩短到极限后并不会转变为红色柱状线，而是再次以绿色柱状线形态发散变长；

③在 DIF 线向上反弹靠近 DEA 线时，如果同时期的成交量逐渐萎缩，则表明上涨动能后劲不足，因此后市下跌的可能性更大。

第4章

MACD组合形态应用

作为"指标之王"的MACD指标，它的应用范围不仅是单个指标的交叉与背离，还有MACD指标的各种组合形态，这些组合形态相对而言发出的买卖信号更加可靠。接下来我们就对MACD的组合形态应用进行详细的讲解。

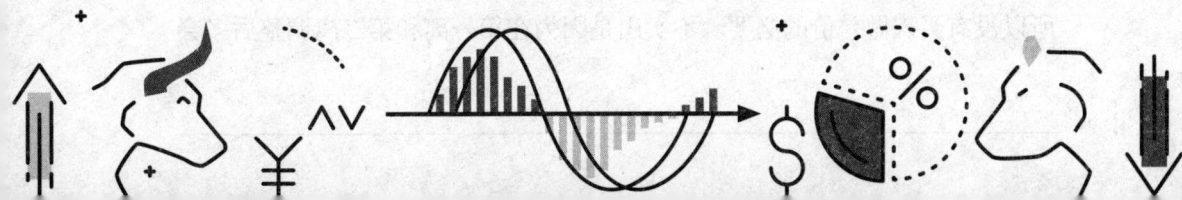

4.1 三离三靠组合的应用

MACD 指标的三离三靠组合具体是指 DIF 线在一段行情内三次离开又三次靠近 DEA 线的一种组合形态。

根据 DIF 线与 DEA 线的相对位置可以分为 DIF 线处在 DEA 线下方的三离三靠和 DIF 线处在 DEA 线上方的三离三靠两种情况。此外，DIF 线与股价的走势背离也存在三离三靠组合形态。下面分别对这几种情况进行具体介绍。

4.1.1 DIF 处在 DEA 下方的三离三靠

DIF 线处在 DEA 线下方的三离三靠从字面上的意思理解，是指 DIF 线在下，DEA 线在上，两者同时由上向下运行，在运行过程中，DIF 线三次离开又三次靠拢 DEA 线。该形态的特征如下。

◆ DIF 线应始终保持在 DEA 线下方，只有当 DIF 线在三靠的某一次靠拢中才能上穿 DEA 线，到达 DEA 线上方，且停留时间不应过长。

◆ 因为 DIF 线处在 DEA 线下方的三离三靠多出现于下跌行情中，所以三靠三离应呈下降排列，即第二离和第二靠应低于第一离和第一靠，第三离和第三靠应低于第二离和第二靠。在特殊情况下，第三离和第三靠有时会与第二离和第二靠处在同一水平线上，甚至略高于第二离和第二靠。

DIF 线处在 DEA 线下方的三离三靠组合应用法则如下。

（1）第一离和第二离出现时的应用法则

【法则】持币观望，不进行买卖操作。

【说明】第一离和第二离不进行买卖操作的原因是：在下降行情中，第一离和第二离调整之后，股价仍处在相对高位，后市反弹幅度不会太大，所以没有买入做差价的必要。不卖出是因为在第一离和第二离调整后多会出现反弹行情，在反弹中卖出能增加收益。

（2）第一靠和第二靠出现时的应用法则

【法则】进行卖出操作。

【说明】第一靠和第二靠卖出的原因是：DIF 线第一次和第二次靠拢 DEA 线，都是反弹行情结束的信号，此时股价已经处于相对高位，应及时卖出获利，以避免后市下跌的风险。

（3）第三离和第三靠出现时的应用法则

【法则】进行买入操作。

【说明】第三离和第三靠买入的原因是：经过三轮下跌之后，股价已经处于相对低位，持币者认为做多时机成熟，开始吸纳筹码，带动股价回升。而第三靠是空方市场向多方市场转化的拐点，所以在第三离和第三靠买入是风险较小的操作。

拓展贴士 *DIF 线处于 DEA 线下方的三离三靠组合使用注意事项*

需要注意的是，投资者在运用 DIF 线处于 DEA 线下方的三离三靠组合判断买卖点时，应注意不能跨趋势使用，即三离三靠只能出现在一个下跌趋势中。

下面来看一个具体的实例。

实例分析

长航凤凰（000520）DIF 线在 DEA 线下方三离三靠买卖分析

图 4-1 所示为长航凤凰 2019 年 12 月至 2021 年 3 月的 K 线图。

从图中可以看到，该股在大幅下跌行情中，DIF 线和 DEA 线几乎都在 0 轴下方运行，表明市场中的做空氛围浓厚。

但是在大幅下跌的末期，DIF 线走出波谷一波比一波低的形态，与 DEA 线形成明显的三离三靠形态。

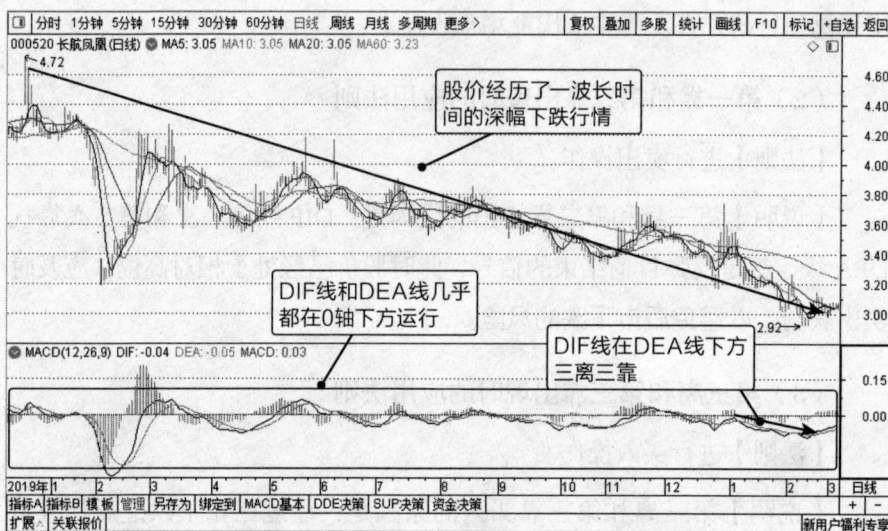

图 4-1　长航凤凰 2019 年 12 月至 2021 年 3 月的 K 线图

下面具体来进行分析。

图 4-2 所示为长航凤凰 2020 年 12 月至 2021 年 3 月的 K 线图。

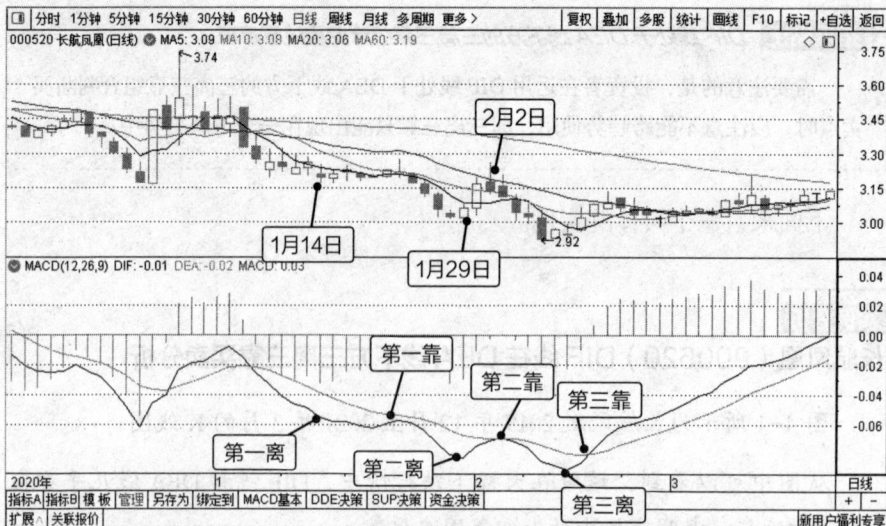

图 4-2　长航凤凰 2020 年 12 月至 2021 年 3 月的 K 线图

从图中可以看到，在 2020 年 12 月下旬出现了一波短暂的反弹行情，在股价创出 3.74 元的反弹高价后反弹见顶，随着反弹行情的结束，DIF 线在 1 月初拐头向下下穿 DEA 线并发散。1 月 14 日，股价触及 3.15 元价位线后止跌，此时 DIF 与 DEA 形成了第一离。

之后该股出现横盘走势，但是 DIF 线则明显拐头向上靠拢 DEA 线，形成第一靠。

短暂的横盘之后该股在连续 4 日阴线报收的推动下，股价快速下跌，致使 DIF 线还未触及 DEA 线便拐头向下发散，并且二者的距离越来越大，形成第二离，此时第二离的低点明显比第一离的低点低。

在 1 月 29 日收出的小阳线使得股价止跌，DIF 线拐头向上靠近 DEA 线，形成了第二靠。

由于股价的下跌是否还会继续尚不明确，因此在出现第一离和第二离的时候，投资者应持币观望，不要急于抄底。而在第一靠时行情呈现横盘整理，第二靠虽然出现反弹，但反弹力度不大，因此第一靠和第二靠都没有太大的操作意义。

但是在大幅下跌后出现了二离二靠，且出现 DIF 线在 DEA 线下方三离三靠的形态，投资者就要密切关注该股，后市可能出现反转。

在 2 月 2 日，股价收出带长上影线的阴线，之后连续 4 根阴线拉低股价步步下跌，并创出 2.92 元的最低价。同时期 DIF 线快速拐头向下，并在随后的连续阴线作用下发散与 DEA 线拉开距离，形成第三离，此时为股价的最后一跌，激进的投资者可以在此时逢低吸纳买入该股。

在股价创出 2.92 元的最低价后该股企稳回升，DIF 线也拐头向上靠拢 DEA 线，形成第三靠。

伴随股价的上升，DIF 线继续上穿 DEA 线形成金叉，且 MACD 柱状线也在 0 轴上方不断发散，说明行情见底，在第三靠时，稳健的投资者也可以逢低吸纳，积极买入做多。

图 4-3 所示为长航凤凰 2021 年 1 月至 9 月的 K 线图。

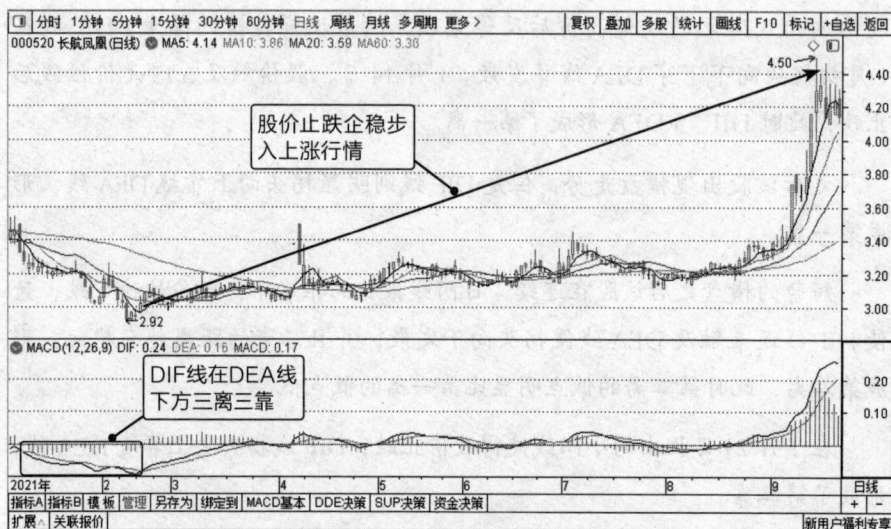

图 4-3　长航凤凰 2021 年 1 月至 9 月的 K 线图

　　从图中可以看到，在下跌行情末期，DIF 线在 DEA 线下方三离三靠后，该股企稳回升步入上涨行情，由此可以判断，此时的三离三靠即第三离和第三靠均是最佳的买入时机。

4.1.2　DIF 处在 DEA 上方的三离三靠

　　DIF 线处在 DEA 线上方的三离三靠是指在上升行情中，DIF 线三次离开和三次靠拢 DEA 线的组合形态。该组合的特征如下。

◆ DIF 线始终处于 DEA 线的上方，即使在靠拢时，DIF 线跌破 DEA 线在其下方运行，停留时间也不应过长。

◆ DIF 线离开和靠拢 DEA 线的位置，应根据 MACD 红色柱状线的长短进行确定。红色柱状线最长的第二个交易日就是离开的位置；红色柱状线最短的第二个交易日就是靠拢的位置。

◆ DIF 线处在 DEA 线上方的三离三靠多出现在上涨行情中，所以三离三靠应呈上升排列。

　　DIF 线处在 DEA 线上方的三离三靠应用法则如下。

（1）第一离、第二离、第三离出现时的应用法则

【法则】卖出股票。

【说明】第一离、第二离和第三离应卖出股票的原因是：在上涨行情中，第一离、第二离和第三离分别对应第一主升浪、第二主升浪和第三主升浪的波峰位置，意味着股价已经处于波段峰值区域，行情紧接着便会回调。所以在波峰处卖出股票将收益落袋为安，是安全的做法。

（2）第一靠和第二靠出现时的应用法则

【法则】买进股票。

【说明】第一靠和第二靠应买进股票的原因是：在上涨行情中，DIF 线靠拢 DEA 线时，表明向下回调行情的结束，股价紧接着便会继续上涨，所以在此波谷区域买入股票，是降低持有成本的有效做法。

（3）第三靠出现时的应用法则

【法则】卖出股票。

【说明】第三靠应卖出股票的原因是：经过三轮上涨之后，股价已经处于近期高位，不久之后就会重新选择方向，下跌的可能性极大。所以在第三靠出现时，投资者应在高位将股票卖出，如若不然，持有到后市定会损失惨重。

拓展贴士　*DIF 线处于 DEA 线上方的三离三靠组合使用注意事项*

　　在一段上升行情中，有时候会出现两组或两组以上的 DIF 线在 DEA 线上方的三离三靠形态，即使这样，投资者也只能一组一组地操作三离三靠形态，不能把多组三离三靠形态进行跨波段操作，否则会打乱节奏，错判买卖时机，从而很难获利。

下面来看一个具体的实例。

实例分析

华侨城 A（000069）DIF 线在 DEA 线上方三离三靠买卖分析

图 4-4 所示为华侨城 A 在 2020 年 12 月至 2021 年 4 月的 K 线图。

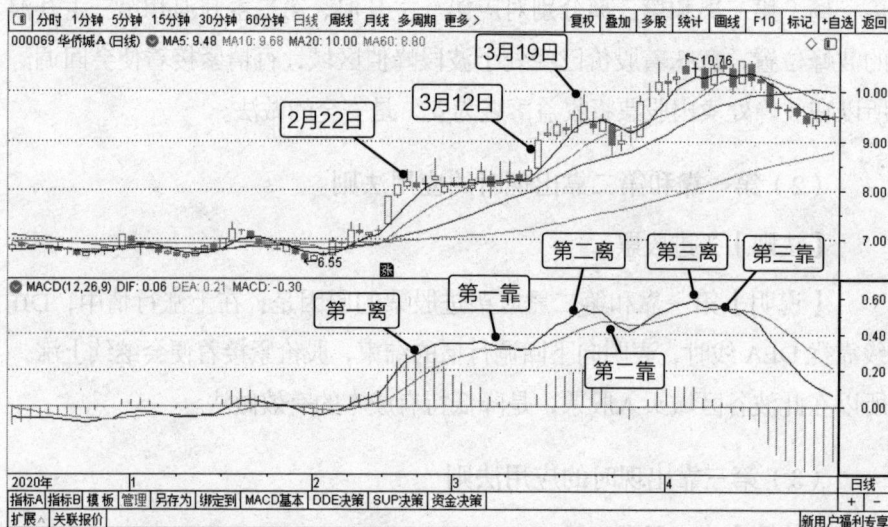

图 4-4　华侨城 A 在 2020 年 12 月至 2021 年 4 月的 K 线图

从图中可以看到，该股在长时间的横盘整理后于 2021 年 1 月 29 日创出 6.55 元的低价，随后股价开始止跌回升，此时 DIF 线也在 DEA 线下方拐头向上穿过 DEA 线运行到 DEA 线上方。

随着股价 2 月 22 日第一次运行到阶段性的高位后回调，红色柱状线出现缩头，形成第一离。此时股价正处于长时间调整后重拾升势的第一主升浪的波峰位置，擅于短线操作的投资者可以先卖出股票，待第一靠完成后，股价回调至低位再买回，赚取差价。

随后该股展开了十几个工作日的横盘整理，DIF 线拐头向 DEA 靠近并触及 DEA 线时受到支撑，完成第一靠，随后股价调整结束重新步入上涨。

在 3 月 12 日，股价以涨幅 7.26% 收出大阳线拉升股价，股价调整结束重新上涨，并且在 3 月 19 日 MACD 柱状线达到最长，次日 MACD 柱状线缩短，形成第二离，短线投资者可以在此时卖出股票，回避将要展开的回调。

此后股价进行回调，在第三个交易日，DIF 线靠拢 DEA 线，MACD 柱状线达到最短，形成第二靠，说明股价回调结束，后市将有一波快速拉升的行情，此时投资者可以逢低吸纳积极买入做多。

之后的两三个交易日，DIF 线跌破 DEA 线后又快速上穿 DEA 线，MACD 柱状线反转到 0 轴下方后快速反转到 0 轴上方，并开始持续放大。在 4 月 2 日、6 日和 7 日，MACD 柱状线达到最高，股价也在 4 月 6 日创出 10.76 元的最高价。4 月 8 日，MACD 柱状线开始缩小，形成第三离。经过三轮上涨，这一轮行情股价已经处于上涨高位，行情的大调整在即，投资者应及时卖出股票。若未能及时操作的投资者，也应在随后的第三靠抓住卖出时机，进行卖出操作。

图 4-5 所示为华侨城 A 2021 年 1 月至 11 月的 K 线图。

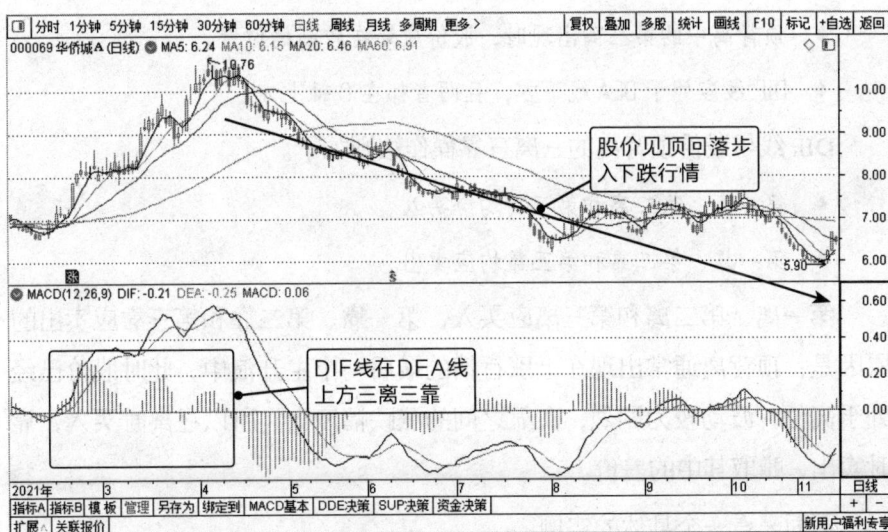

图 4-5　华侨城 A 2021 年 1 月至 11 月的 K 线图

从图中可以看到，该股在 DIF 与 DEA 三离三靠形态后，股价立即见顶回落步入长时间的深幅下跌行情。所以在本例中，股价创出 10.76 元的高价，MACD 柱状线在创出最高价的前一日、当日和后一日这三日同步达到最高，接着 MACD 柱状线出现缩小的当日就是投资者最后的出逃机会。

在大幅上涨的后期，DIF 线在 DEA 线上方出现三离三靠形态，虽然在第三离之后股价还可能出现一波上涨，但是这个上涨不会持续很久，所以稳健的投资者最好应该在第三离和第三靠的时候果断卖出股票，不要期望还有最后一波上涨，这种风险太大了。

4.1.3 DIF 线与股价相背离的三离三靠

DIF 线与股价相背离的三离三靠包括 DIF 线与股价顶背离的三离三靠和 DIF 线与股价底背离的三离三靠。

（1）DIF 线与股价顶背离的三离三靠

DIF 线与股价顶背离的三离三靠特征如下。

◆ 顶背离中的第三离出现时，股价应处在较高的位置。

◆ DIF 线应处于 DEA 线下方，且两者都在 0 轴上方。

DIF 线与股价顶背离的三离三靠操作法则如下。

◆ 第一离、第二离和第三离均应买入。

◆ 第一靠、第二靠和第三靠均应卖出。

第一离、第二离和第三离应买入，第一靠、第二靠和第三靠应卖出的原因是：顶背离通常出现在上涨行情的最后一个主升浪中，此时股价已经处于高位，波动较为剧烈，离靠之间的涨跌幅度大，所以在离时买入，靠时卖出，赚取其中的差价。

下面来看一个具体的实例。

实例分析

派林生物（000403）DIF 线与股价顶背离的三离三靠分析

图 4-6 所示为派林生物 2020 年 4 月至 9 月的 K 线图。

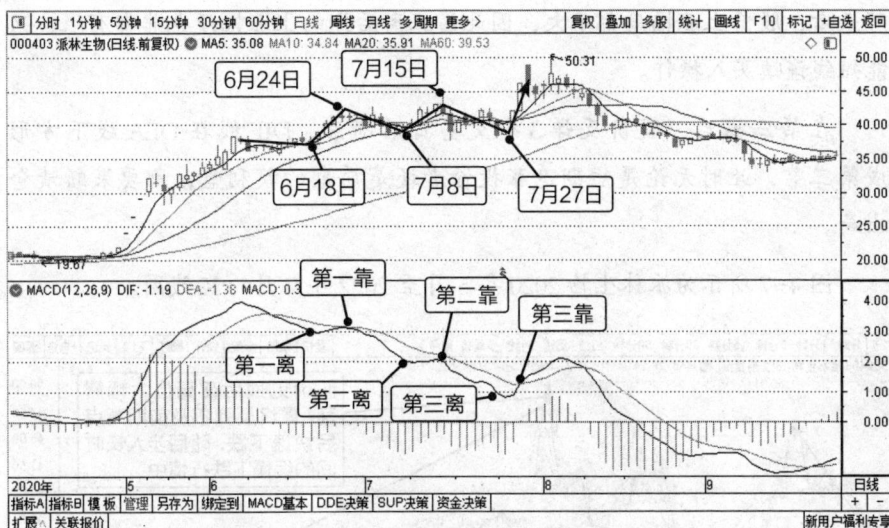

图 4-6 派林生物 2020 年 4 月至 9 月的 K 线图

从图中可以看到，该股在 2020 年 6 月上旬运行到股价的高价位区后，股价上涨缓慢，对应的 DIF 线与股价形成了明显的顶背离形态，说明股价涨势变弱，投资者应该认真分析股价走势，把握买卖时机，逃顶。

随着股价继续缓慢上涨，DIF 线拐头向下下穿 DEA 线并向下运行，并在 6 月 18 日形成第一离，技术派高位追涨者此时可以短线买入。

随后股价反弹，并在 6 月 24 日创出 42.65 元的阶段高价，DIF 线形成的波峰明显低于前期的波峰，与股价背离运行，形成第一靠。此时前期获利盘在此就是一个很好的卖出机会，投资者要把握时机，积极卖出。

稍后，股价短暂横盘后出现向下回落的走势，DIF 线继续在 DEA 线下方发散，并在 7 月 8 日形成第二离，同样，对于技术派高位追涨者此时可以短线买入。

股价随后进入了一波短暂的反弹行情，DIF 线快速靠拢 DEA 线，在 7 月 15 日形成第二靠，此时又是一个短期卖点。

之后股价震荡回落，在 7 月 27 日形成第三离，股价在后市还有一定的上涨空间，但是由于股价已经处在第三离的位置，再结合前面二离二靠的走势来看，股价上涨幅度都不大，因此第三离后期的上涨幅度也非常有限，只能短线谨慎买入操作。

在第三离后，股价反弹 3 个交易日后滞涨，DIF 线在 DEA 线下方形成第三靠，此时无论是短期追涨投资者还是前期的获利盘，都要果断清仓出局。

图 4-7 所示为派林生物 2020 年 5 月至 2022 年 2 月的 K 线图。

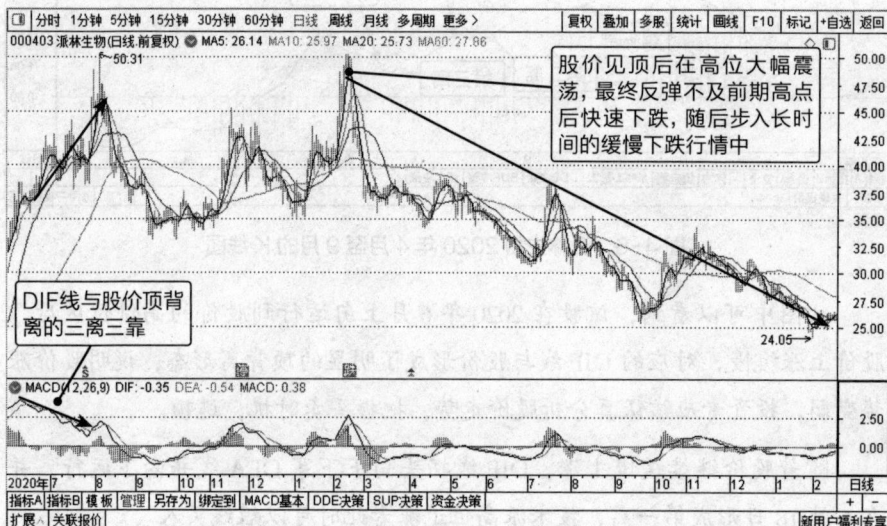

图 4-7　派林生物 2020 年 5 月至 2022 年 2 月的 K 线图

从图中可以看到，该股股价与 DIF 线顶背离的三离三靠后，股价出现一波快速下跌行情，股价在短时间内就从 50.31 元的最高价下跌到 35.00 元的价位线，股价企稳后重新震荡上涨，但是此轮上涨还未突破前期的 50.31 元最高价便反弹结束，之后该股步入长时间的大幅下跌行情中。

由此更加说明了股价与 DIF 线顶背离后的三离三靠发出的股价见顶信号是十分可靠的。

从这个案例也可以总结出：股价大幅上涨且股价与 DIF 线出现顶背离形态，说明市场中的做多动能不足，在第一离、第二离和第三离买入的投资者一定要非常善于技术投资，且一定要短线持有，一旦出现第一靠、第二靠和第三靠就应该卖出，尤其在第三靠出现时，更应该毫不犹豫地果断抛售，落袋为安。

（2）DIF 线与股价底背离的三离三靠

DIF 线与股价底背离三离三靠的特征与顶背离三离三靠的特征相反，具体如下。

◆ 底背离中的第三离出现时，股价应处于下跌后的低位。

◆ DIF 线应处于 DEA 线的下方，且都处于 0 轴下方。

DIF 线与股价底背离的三离三靠应用法则如下。

◆ 第一离、第二离和第三离均应卖出，这主要是因为底背离通常出现在下跌行情的最后一个主跌浪中，第一离、第二离和第三离出现的价位离下跌行情的底部仍有下跌空间，所以只有卖出才能减少损失。

◆ 第一靠应买入，其主要原因是第一靠出现在波段调整的低位，后市有一定的反弹空间，投资者可以低买高卖赚取差价。

◆ 第二靠和第三靠应卖出，其主要原因是当第二靠和第三靠出现时，下跌行情已经处于深跌期，反弹力度较小，不宜做差价，只能继续卖出。

下面来看一个具体的实例。

实例分析

广发证券（000776）DIF 线与股价底背离的三离三靠分析

图 4-8 所示为广发证券 2018 年 3 月至 9 月的 K 线图。

从图中可以看到，该股大幅下跌后在 2018 年 6 月 19 日创出 12.58 元的低价，随后于 6 月 26 日止跌，股价出现震荡走势。

观察同期的 MACD 指标，DIF 线在 6 月 26 日拐头向上与 DEA 线形成金叉后继续向上运行，与震荡下行的股价形成明显的底背离形态。说明股价多方势力在逐步聚集，但是具体什么时候行情见底还需要具体分析。

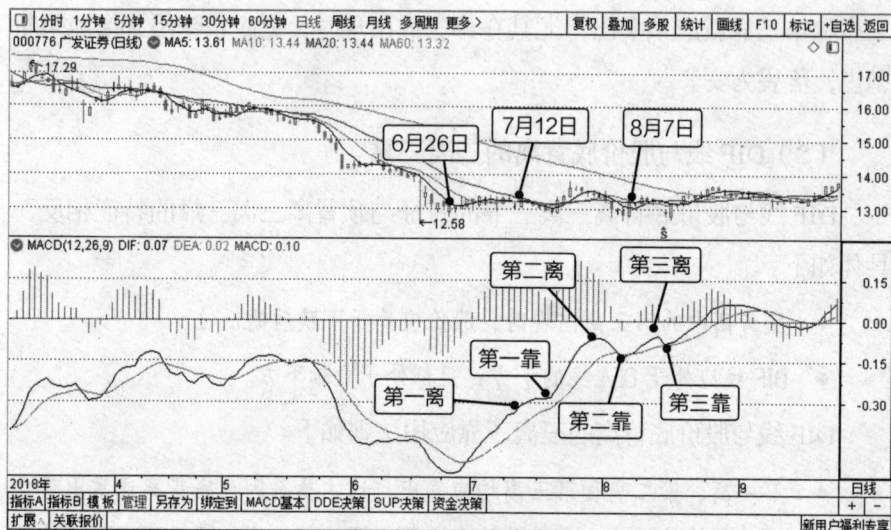

图4-8 广发证券 2018 年 3 月至 9 月的 K 线图

从后市走势来看，在金叉后，DIF 线随着股价反弹的继续在 DEA 线上方发散，并在 7 月 12 日结束反弹形成第一离，如果投资者在 6 月 26 日止跌时买入了该股进行短线投资，此时就是一个卖出机会，因为随着第一离的形成，股价将再次下跌。

经过连续 4 日阴线报收拉低股价后，股价止跌，DIF 线在 DEA 线上方形成第一靠，对应的 MACD 柱状线仍然在 0 轴上方，说明此轮反弹可期，投资者可以在第一靠形成时逢低吸纳买入，短期持有抢反弹。

随后该股连续 3 日收出中阳线步步拉高股价突破第一离的高点，随后反弹结束迎来第二离，在第一靠买入抢反弹的投资者，此时应该果断抛售，因为整个行情现状仍然处于下跌行情中，后市继续下跌的幅度到底有多大，下跌时间到底有多长，都无法准确估量。

随着反弹行情的结束，股价在 8 月 7 日再次止跌，形成第二靠，此时股价处于下跌行情的末期，股价反弹力度逐渐衰减，投资者此时抢反弹意义不大，因此最好持币观望。

随后股价又经历了短暂小幅度的回升后继续下跌，形成三离三靠的第三离和第三靠。

从第三离对应的 MACD 柱状线来看，虽然是在 0 轴上方，但是相比于第一离至第二靠的 MACD 柱状线而言，明显小了很多，说明做多动能相对变小，后市可能会继续下跌，因此在第三离和第三靠时投资者都应采取卖出或持币观望的投资策略。

图 4-9 所示为广发证券 2018 年 6 月至 2019 年 3 月的 K 线图。

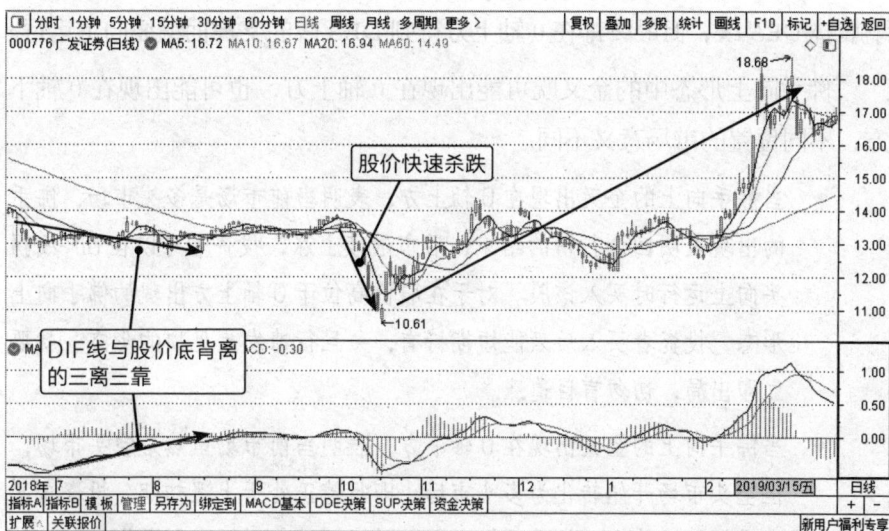

图 4-9　广发证券 2018 年 6 月至 2019 年 3 月的 K 线图

从图中可以看到，该股股价与 DIF 线底背离的三离三靠后，股价又经历了一波快速的杀跌行情，随即创出 10.61 元的低价后，股价才企稳回升步入上涨行情。因此在股价与 DIF 底背离的三离三靠后，最好等股价企稳后再介入比较安全。

4.2　MACD 经典买入组合形态

在实际的行情走势中，MACD 指标的形态走势变化多端，在这些形态中，有一些比较典型的组合形态可以帮助投资者对股价的走势进行预判。本节就来具体介绍几种比较经典的 MACD 组合形态，供投资者参考使用。

4.2.1　组合一：佛手向上形态

佛手向上是指 DIF 线上穿 DEA 线形成金叉后，随着股价的上涨继续向上运行并突破 0 轴，当股价遭到主力清理浮筹开始回调时，DIF 线也向下靠拢 DEA 线，但最终都在 0 轴上方得到 DEA 线的支撑而继续向上运行。

佛手向上形态中的金叉既可能出现在 0 轴上方，也可能出现在 0 轴下方，不同位置的市场意义不同。

◆ 当佛手向上的金叉出现在 0 轴上方，表明当前市场是多头市场，佛手的出现表明回调行情的结束，后市继续上涨，投资者可以在 DIF 线拐头向上运行时买入该股。对于在股价高位于 0 轴上方出现的佛手向上形态，投资者买入后只能短期持有，一旦行情发生见顶的形态，就要立即出局，切勿盲目追涨。

◆ 当佛手向上的金叉出现在 0 轴下方，表明当前市场虽然是空头市场，但空头市场开始转化为多头市场，即行情正处于上涨初期，投资者买入进场，风险大，但是回报也大，适用于风险型投资者操作。

下面来看一个具体的实例。

实例分析

航锦科技（000818）上涨途中佛手向上形态买入分析

图 4-10 所示为航锦科技 2019 年 4 月至 12 月的 K 线图。

从图中可以看到，该股在 2019 年 8 月 12 日创出 7.50 元的价格后企稳回升步入上涨行情。为了后市更好地进行拉升操作，主力在股价上涨到 10.50 元的价位线时开始执行清理浮筹计划，股价上涨受阻步入回调。在回调过程中，股价回调到 9.00 元价位线后多次受到走平 60 日均线的支撑，说明该位置是重要的支撑位。

观察同时期的 MACD 指标，发现随着股价阶段见顶后，DIF 线和 DEA 线均出现拐头向下运行，并在 10 月中旬下穿到 0 轴下方。

在 11 月初，受到股价企稳回升的推动，DIF 线也快速拐头向上，在 0 轴附近与 DEA 线形成金叉后继续向上运行并在 11 月中旬运行到 0 轴上方。

随后股价上涨到 12.00 元价位线时出现短暂的回抽修正，DIF 线同步短暂向下靠拢 DEA 线，在回抽确认过程中，DIF 线在 0 轴上方得到 DEA 线的支撑，然后 DIF 线再次向上运行，带动股价回升，此时形成典型的佛手向上形态，发出的是可靠的买入信号，投资者此时可以逢低吸纳买入该股，持股待涨。

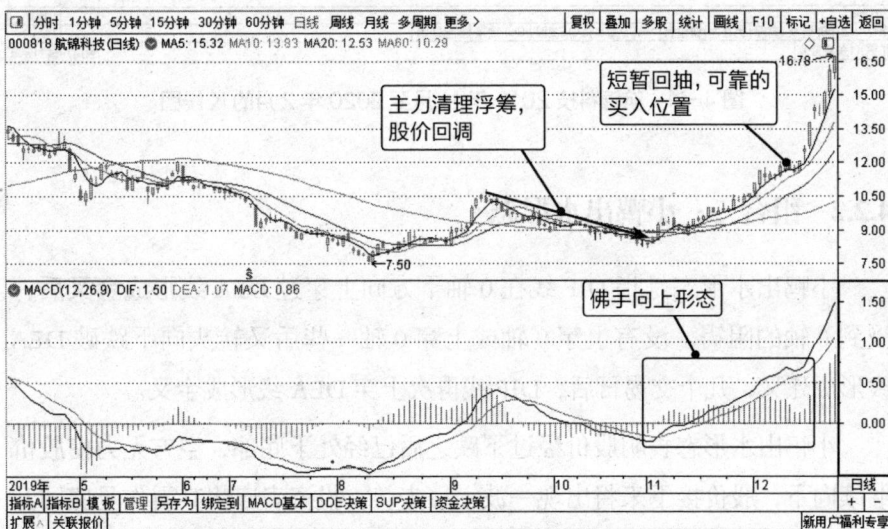

图 4-10　航锦科技 2019 年 4 月至 12 月的 K 线图

下面来看看该股后市的走势。

图 4-11 所示为航锦科技 2019 年 11 月至 2020 年 2 月的 K 线图。

从图中可以看到，该股随后经历了一波大幅拉升的震荡上涨行情，股价从 12.00 元附近上涨到最高的 36.90 元，涨幅约 208%。如果投资者在佛手向上形态出现后及时逢低吸纳买入该股，持股一段时间后抛售，就可以获得不错的收益。

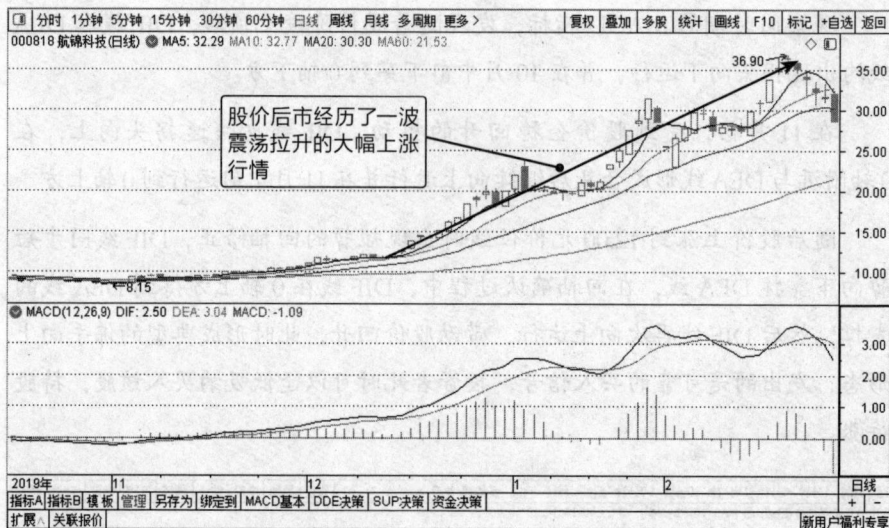

图 4-11　航锦科技 2019 年 11 月至 2020 年 2 月的 K 线图

4.2.2　组合二：小鸭出水形态

小鸭出水形态是指 DIF 线在 0 轴下方向上穿过 DEA 线形成金叉后，受到 0 轴的阻碍，没有上穿 0 轴或上穿 0 轴一些后又转头向下跌破 DEA 线形成死叉，几个交易日后，DIF 线再次上穿 DEA 线形成金叉。

小鸭出水形态表明股价经过下跌之后已经处于底部，空方无力使股价继续向下，股价接下来将出现一波上涨走势，投资者应将其看作见底回升的信号，在第二个金叉出现之后，积极买入。

需要说明的是，在小鸭出水形态中的第二个金叉出现前后，如果股价再次创下新低，该形态甚至会演变为 DIF 线与股价的底背离形态，由此判断股价上涨动能的强度得到了加强。

下面来看一个具体的实例。

实例分析

金圆股份（000546）下跌末期小鸭出水形态买入分析

图 4-12 所示为金圆股份 2021 年 5 月至 9 月的 K 线图。

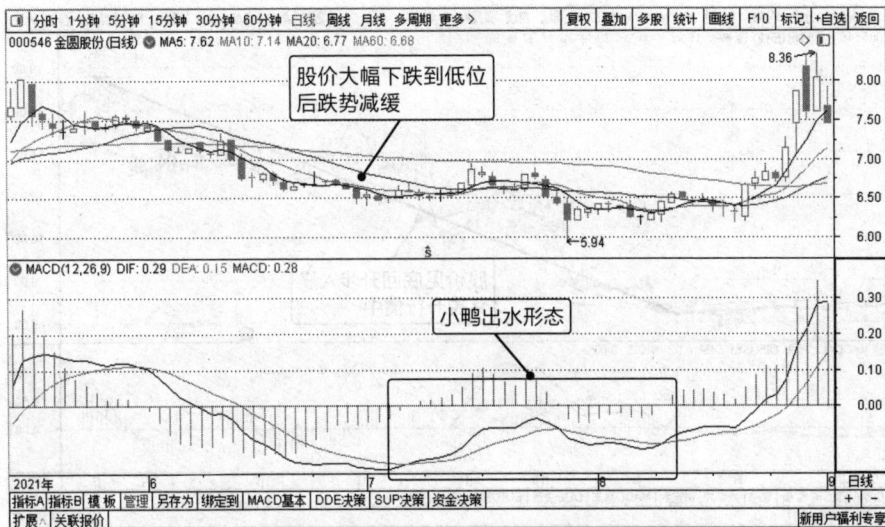

图 4-12　金圆股份 2021 年 5 月至 9 月的 K 线图

从图中可以看到，该股在 2021 年 6 月运行到大幅下跌的低价位区，跌势逐渐减缓。7 月初，该股在 6.50 元价位线止跌小幅反弹，但是股价反弹至 7.00 元价位线受阻，于 7 月中旬继续下跌行情。

观察同时期的 MACD 指标可以发现，随着反弹行情的出现，DIF 线从下向上穿过 DEA 线形成金叉，随后 DIF 线和 DEA 线也持续向上运行，但是最终未穿破 0 轴，便在反弹结束继续下跌的同时拐头向下，并且 DIF 线从上向下穿破 DEA 线形成死叉。

死叉形成后，股价创出 5.94 元的最低价后触底，并在 8 月出现底部横盘震荡。在震荡过程中，DIF 线再次上穿 DEA 线形成金叉，形成典型的小鸭出水形态，而且此时的 MACD 柱状线也由绿色转变为红色。

虽然之后股价在 8 月中下旬出现了短暂的回调，但是最终 DIF 线在向上的 DEA 线上方获得支撑继续上行，且 MACD 柱状线也在 0 轴上方持续放大，更加表明市场中的下跌动能已经衰弱，上涨动能重新聚集。后市股价将在多方的推动下不断上涨。

图 4-13 所示为金圆股份 2021 年 6 月至 2022 年 3 月的 K 线图。

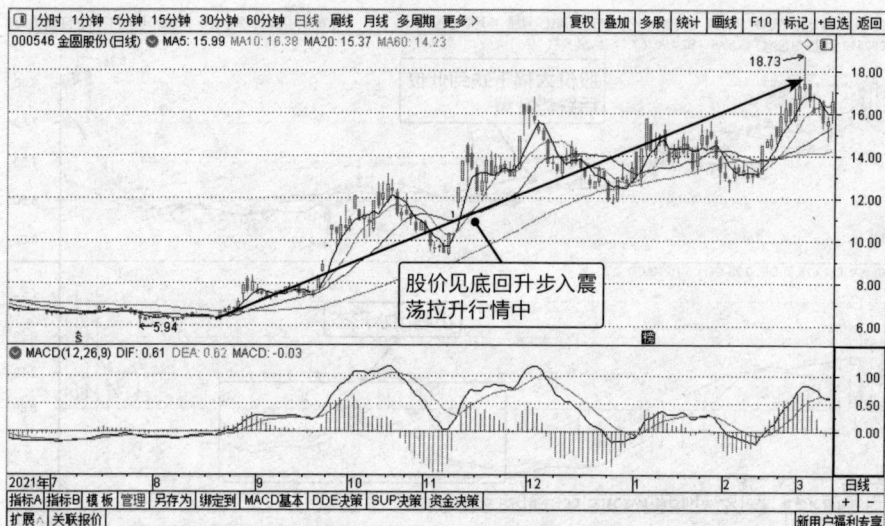

图 4-13　金圆股份 2021 年 6 月至 2022 年 3 月的 K 线图

从图中可以看到，该股在创出 5.94 元的最低价并短暂横盘一段时间后，于 8 月底正式步入拉升上涨阶段，之后股价一路震荡上涨，走出一波可观的上涨行情。如果投资者在小鸭出水形态出现后及时买进，将获得不错的收益。

4.2.3　组合三：漫步青云形态

漫步青云形态是指 DIF 线在 0 轴上方与 DEA 线形成死叉后下穿 0 轴，随后在 0 轴或 0 轴上方与 DEA 线形成金叉。该形态通常出现在股价探底回升的上涨途中的盘整期，是主力利用震仓的手法清理浮筹，偶尔也会出现在股价的筑底期。

当出现该形态后，呈现的都是股价上涨的趋势，发出的是买入信号，投资者见到这种形态可积极做多。

下面来看一个具体的实例。

实例分析

顺发恒业（000631）上涨回调漫步青云形态买入分析

图 4-14 所示为顺发恒业 2020 年 10 月至 2021 年 1 月的 K 线图。

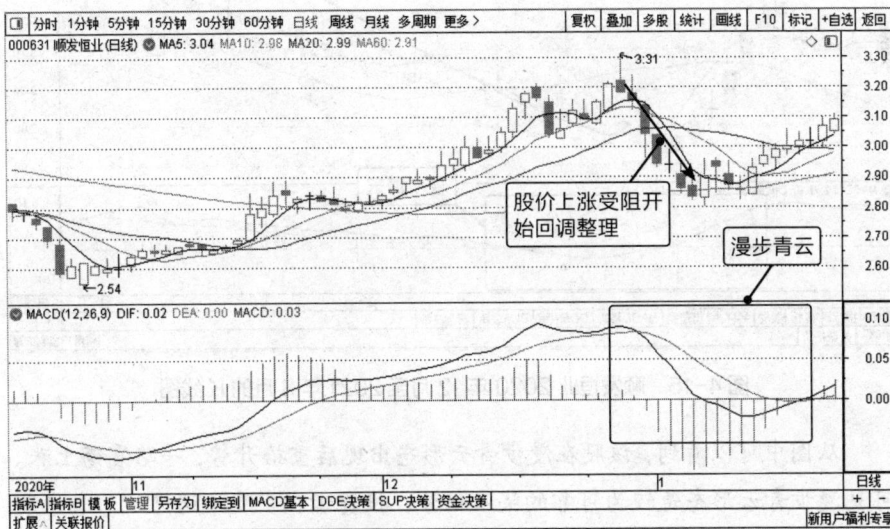

图 4-14　顺发恒业 2020 年 10 月至 2021 年 1 月的 K 线图

从图中可以看到，该股在 2020 年 10 月 27 日创出 2.54 元的低价后见底开启上涨行情。观察同时期的 MACD 指标发现，在股价创出最低价后，DIF 线拐头向上上穿 DEA 线形成金叉，之后两条曲线也逐步向上运行到 0 轴上方。

股价第一波上涨至 3.20 元的价位线运行到阶段性的高位后受阻回落，DIF 线向下跌破 DEA 线形成死叉，随着股价的向下调整，DIF 线也跌破 0 轴并在其下方运行。

市场中的多方并不甘心股价继续下跌，在 DIF 线下穿 0 轴后的短短几个交易日后就发起反击，DIF 线拐头向上在 0 轴上方上穿 DEA 线形成金叉，形成明显的漫步青云形态，表明空头市场已经转化为多头市场，后市股价将在多方的拉升下快速上涨。

图 4-15 所示为顺发恒业 2020 年 12 月至 2021 年 3 月的 K 线图。

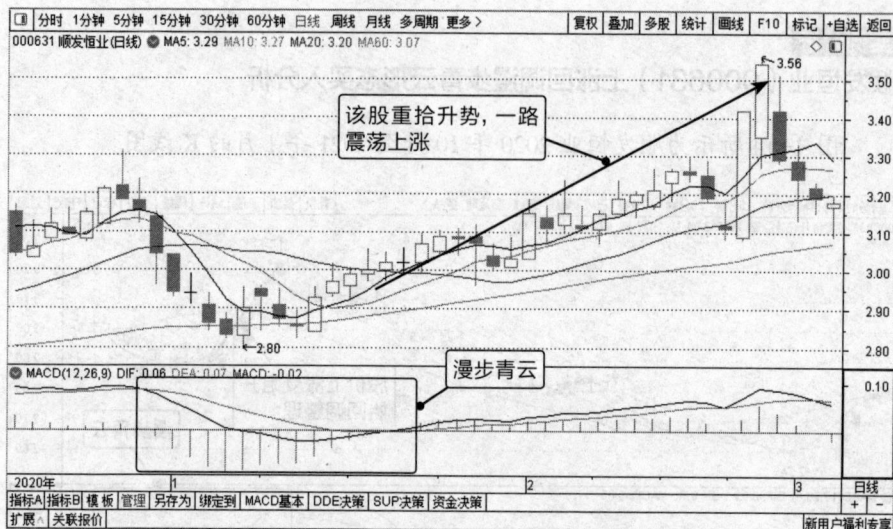

图 4-15　顺发恒业 2020 年 12 月至 2021 年 3 月的 K 线图

从图中可以看到，该股在漫步青云形态出现后重拾升势，一路震荡上涨。可见漫步青云形态是较为可靠的买入信号，投资者在实战中遇见该形态应果断地买入进场，等待股价上涨。

拓展贴士　**漫步青云形态操作注意事项**

若漫步青云形态出现的同时，这些情况也同时出现：30 日均线走平或上扬，当日成交量大于 5 日成交量，5 日均线与 10 日均线形成金叉，那么投资者应果断买入。若漫步青云形态出现时，K 线离 30 日均线较远，则不能进行买入操作。

4.2.4　组合四：天鹅展翅形态

天鹅展翅形态是指 DIF 线在 0 轴下方与 DEA 线形成金叉，没有继续向上突破 0 轴，而是直接回调靠拢 DEA 线，同时 MACD 柱状线缩短，但 DIF 线没有跌破 DEA 线，而是再次反转向上，伴随着 MACD 柱状线的加长。

天鹅展翅形态通常出现在股价下跌至底部区域，空方手中筹码已经抛完，多方主力开始吸纳筹码进行建仓时，当 MACD 红色柱状线缩短后，出现再次加长时为较好的进场机会。而且当 MACD 两线靠拢的位置离 0 轴越近，发出的买入信号越可靠。

由于该形态多为底部形态，是价格下跌探底之后的主力建仓区，筹码相对比较集中，当主力拉升一波后，继续回调的概率较大，因此这种形态适合做波段，快进快出。

需要说明的是，天鹅展翅形态中的金叉与在 0 轴下方的佛手向上形态很相似，二者的明显区别是天鹅展翅是在 0 轴下方 DIF 线靠拢 DEA 线未破时拐头向上运行，而佛手向上是在 0 轴上方 DIF 线靠拢 DEA 线未破时拐头向上运行。

下面来看一个具体的实例。

实例分析

风华高科（000636）下跌底部天鹅展翅形态买入分析

图 4-16 所示为风华高科 2019 年 7 月至 9 月的 K 线图。

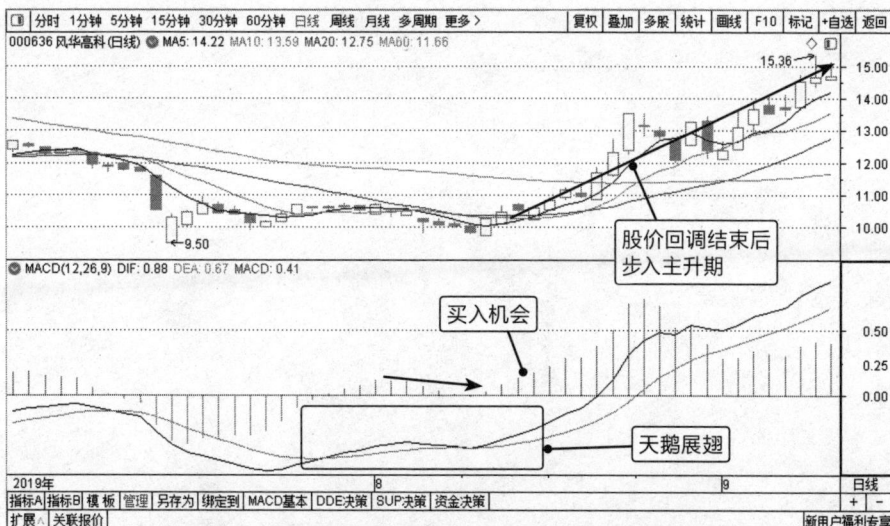

图 4-16　风华高科 2019 年 7 月至 9 月的 K 线图

从图中可以看到，该股大幅下跌后在 2019 年 7 月中旬运行到股价的低价位区，并在创出 9.50 元的最低价后企稳。随着股价短暂的横向发展，DIF线在低位上穿 DEA 线形成金叉。

在 7 月底，股价上涨至 11.00 元的价位线受阻，DIF 线没有继续与 DEA拉开间距，而是向下靠拢 DEA 线，但仍未跌破，同时 MACD 红色柱状线也逐渐缩短，表明股价正处于回调阶段。

在 8 月上旬左右，DIF 线得到 DEA 线支撑后继续向上运动形成天鹅展翅形态，表明短期回调的结束，MACD 红色柱状线也逐渐发散变长，推动股价迅猛上涨，此时就是一个很好的买入机会，投资者可逢低吸纳，进入该股。

拓展贴士 *天鹅展翅形态操作提示*

天鹅展翅形态是较为可靠的买入信号，但信号强度弱于小鸭出水形态。作为中线选股的 MACD 组合形态，天鹅展翅体现的是当天股票所处的位置，如果要爆发上涨，则必须要有成交量的配合。所以投资者运用天鹅展翅在实战中选股后，应耐心等到成交量放大之后再进行操作。

第5章

MACD与K线的组合使用

K线是刻画股价波动的直观图形，股价在不断的波动过程中会形成各种形态的K线。因此，将MACD指标与K线组合结合使用，可以极大地提高股价运行趋势研判的准确度，帮助投资者更好地进行决策。

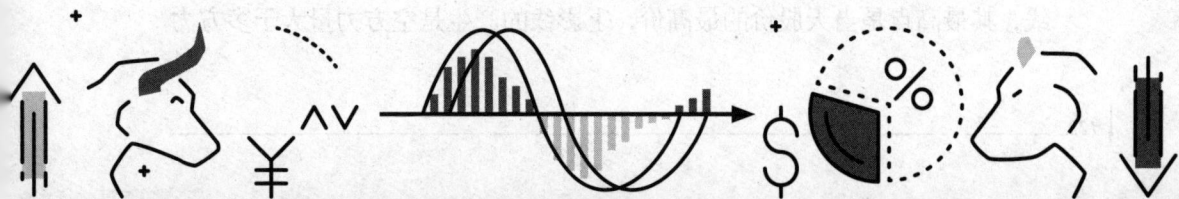

5.1 K 线基本概述

在股市实战中，K 线技术是分析中最基础的技术。通过 K 线的不同形态，可以预测股价未来的走势，把握买卖时机。在进行 K 线与 MACD 指标组合使用之前，先对 K 线的基本概述知识进行掌握。

5.1.1 认识 K 线的结构

K 线图又称蜡烛图、阴阳线、棒线等，用于描述个股当日开盘价、收盘价、最高价和最低价。根据开盘价和收盘价的大小关系，可以将其分为阳线、阴线和十字线，如图 5-1 所示。

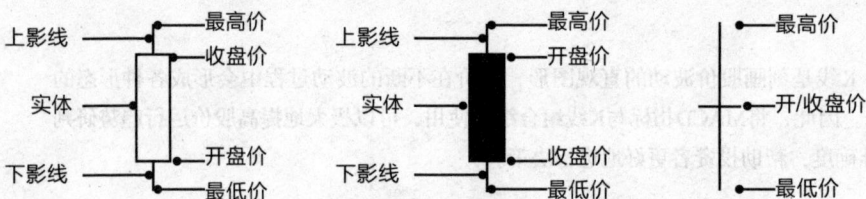

图 5-1 K 线的 3 种基本类型

各类型 K 线的具体形成规则如表 5-1 所示。

表 5-1 K 线的具体形成规则

类 型	形成规则
阳线	股票当日收盘价高于开盘价称之为阳线，其在 K 线上反映为：开盘价在下、收盘价在上，实体常为红色的实心或空心
阴线	股票当日收盘价低于开盘价称之为阴线，其在 K 线上反映为：开盘价在上、收盘价在下，实体常为绿色或黑色的实心
十字线	股票当日收盘价等于开盘价称之为十字线，其在 K 线上反映为：开盘价、收盘价和实体重合的"十"字形

在 K 线中还有上影线和下影线。其中，上影线是从实体向上延伸的细线，其最高点是当天股价的最高价，上影线的产生是空方力量大于多方力

量造成的；下影线是从实体向下延伸的细线，其最低点为当天股价的最低价，下影线的产生源于多方力量大于空方力量。

5.1.2　K 线的分类介绍

K 线图具有直观、立体感强、包含信息量大等特点，它忽略了股价在变化过程中的各种纷杂因素，将全天走势的基本特征显示出来，能充分显示股价趋势的强弱和买卖双方力量的变化，是各类传播媒介、电脑实时分析系统应用较多的技术分析手段。

根据不同的分类标准，可以将 K 线分为多种不同的类型，对于股票投资者而言，有意义的分类一般是根据股价波动范围和计算周期两种依据进行划分。

（1）根据股价波动范围划分

根据开盘价与收盘价的波动范围，可以将 K 线分为极阴、极阳、小阴、小阳、中阴、中阳、大阴和大阳等线型，而极阳线和极阴线通常称为小阳星或小阴星，划分标准如图 5-2 所示。

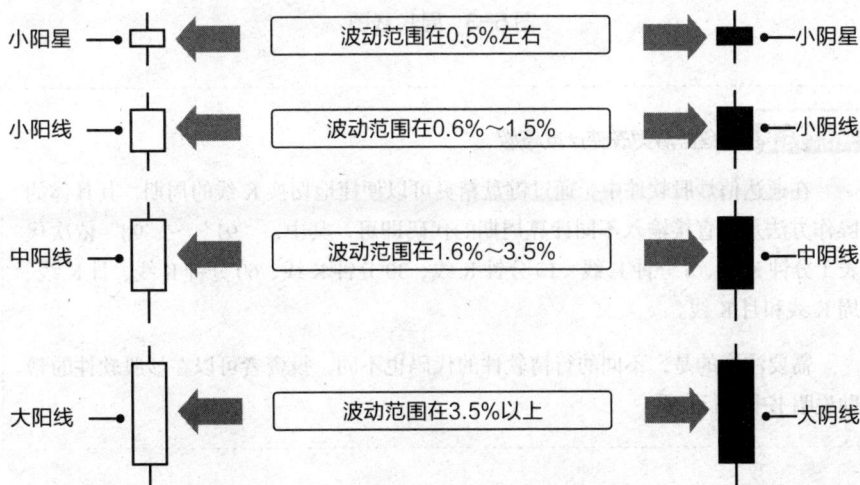

小阳星	波动范围在0.5%左右	小阴星
小阳线	波动范围在0.6%～1.5%	小阴线
中阳线	波动范围在1.6%～3.5%	中阴线
大阳线	波动范围在3.5%以上	大阴线

图 5-2　按股价波动范围划分的 K 线类型

（2）根据计算周期划分

默认情况下，K 线图是以日为时间周期的日 K 线图，除此之外，还有周 K 线、月 K 线和年 K 线等，或者采用更短的时间周期，将一天内的交易时间按相同间隔时间划分，如 1 分钟 K 线、5 分钟 K 线、15 分钟 K 线、30 分钟 K 线和 60 分钟 K 线等。

图 5-3 所示为周 K 线图效果。

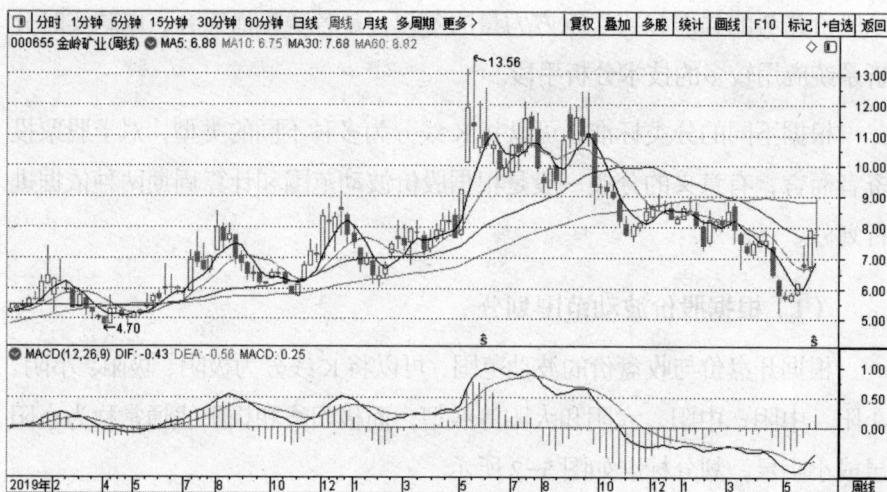

图 5-3　周 K 线图

拓展贴士 *用键盘精灵改变计算周期*

在通达信炒股软件中，通过键盘精灵可以便捷地切换 K 线的周期，其具体的操作方法是：直接输入不同计算周期的代码即可，其中，"91" ～ "98" 依次代表 1 分钟 K 线、5 分钟 K 线、15 分钟 K 线、30 分钟 K 线、60 分钟 K 线、日 K 线、周 K 线和月 K 线。

需要注意的是，不同的行情软件的代码也不同，投资者可以在炒股软件的帮助说明书中进行查看。

对于不同周期的 K 线，其研判的走势也不同。通常周 K 线、月 K 线

和年 K 线用于研判中长期走势，而 5 分钟 K 线、15 分钟 K 线、30 分钟
K 线和 60 分钟 K 线反映的是股价的超短期走势。

当股票的 K 线图周期被切换后，其他叠加到 K 线图上的技术指标及
下面的副图指标也会被同时改变。

5.1.3　常见单根 K 线的基本含义

K 线形态理论中的 K 线形态都是由多根 K 线形成的具有一定指示作
用的组合形态，虽然单根 K 线单独使用时的研判准确度不高，但是为了更
好地理解 K 线形态的作用，也有必要对单根 K 线的基本含义进行了解。
如表 5-2 所示为常见单根 K 线及其市场意义。

表 5-2　常见单根 K 线的基本含义

类　　型	说　　明	形　态
小阳星	小阳星 K 线形态表示全天股价波动很小，收盘价略高于开盘价。该形态表明行情处于混乱不明的阶段，需根据前期 K 线组合的形态及当前所处的价位区域综合判断	
小阴星	小阴星 K 线形态表示全天股价波动很小，收盘价略低于开盘价。该形态表明当前行情疲软，发展方向不明确	
小阳线	小阳线 K 线形态表示全天股价波动范围较小，收盘价高于开盘价。该形态表明多方稍占上风，但上攻乏力，后市行情发展仍扑朔迷离	
小阴线	小阴线 K 线形态表示全天股价波动范围较小，收盘价低于开盘价。该形态表示空方呈下压态势，但力度不大，行情发展趋势不明	
上吊阳线	上吊阳线也称为吊颈线，这种 K 线的特征是实体很短，无上影线或有很短的上影线，下影线远长于 K 线的实体。上吊阳线出现在不同的价位区，代表的意义也不同。股价在探底过程中成交量萎缩，之后随着股价的逐步攀高，成交量呈逐渐放大状态，并最终以阳线报收形成低位上吊阳线，则后市看涨；如果在高价位区域出现上吊阳线形态，并且股价走出尾盘拉高形态，则有可能是主力在拉高出货，需要留心	

续表

类　　型	说　　明	形　　态
光头阳线	光头阳线是没有上影线的 K 线，即当天的收盘价就是当天的最高价，其实体部分远长于下影线。 如果光头阳线出现在低价位区，在分时走势图上表现为股价探底后逐浪走高且成交量同时放大，该形态预示着新一轮上升行情的开始；如果光头阳线出现在上升行情途中，后市通常会继续看好	
光头阴线	光头阴线的开盘价为当天的最高价，随后股价一路下滑，在低位又遇买盘涌入使股价略微回升，但低于开盘价。 如果光头阴线出现在低价位区，说明有抄底盘介入使股价反弹，但力度不大。如果光头阴线出现在经过一段明显的上涨之后的高价位区，且下跌时放量，尾盘短时间内小幅拉升但成交量不大，则有可能是主力全天派货后，临近尾盘用少量资金快速拉高股价，为次日继续出货做准备	
下影阳线	下影阳线是指下影线比较长的阳线，它与上吊阳线不同的是，下影阳线可以带一点上影线，但远小于下影线，通常实体部分也大于上吊阳线。 下影阳线表明多方的进攻沉稳有力，股价先跌后涨，有进一步上涨的潜力	
上影阳线	上影阳线的上影线远长于下影线，则说明多方上攻时上方抛压沉重。在上涨初、中期，这种形态通常是主力的试盘动作，也说明浮动筹码较多，涨势不强，但也有可能是主力故意用冲高回落的方式清理浮筹，需根据其他情况来综合判断	
上影阴线	上影阴线是一种带上影线的阴实体，上影阴线收盘价低于开盘价；上影十字星是带长上影线的十字星；倒 T 字线是带有长上影线而无阴线实体的 K 线。 这 3 种 K 线形态中的任何一种出现在高价位区时，都说明上方抛压沉重，行情疲软，股价有反转下跌的可能。如果这种形态出现在中价位区的上升途中，则表明后市仍有上升空间	
上影十字星		
倒 T 字线		

续表

类　型	说　　明	形　态
下影阴线	下影阴线是带有下影线而无上影线（或上影线很短），阴线实体较短的 K 线；下影十字星是带长下影线的十字星；T 形线的开盘价、收盘价、最高价相同，K 线上只留下影线，如果有上影线，也是很短的。这 3 种 K 线形态出现在低价位区时，都说明下档承接力较强，股价有反弹的可能	
下影十字星		
T 形线		
光脚阳线	光脚阳线是指开盘价为当日最低价，带有上影线，但实体远大于上影线的 K 线。这种形态表示上升势头强劲，但在高价位处表明多空双方有所分歧	
光脚阴线	光脚阴线是指收盘价为当日最低价，带有上影线，但实体远大于上影线的 K 线。这种形态表示股价虽有反弹，但上档抛压沉重。如果该形态出现在下降趋势中，则次日还有下跌可能；如果该形态出现在上升途中，则可能是主力趁势清理浮筹	
十字星	当收盘价等于开盘价，且上、下影线长度相差不大时就会形成十字星。十字星通常是变盘信号，预示着股价即将改变原来的运行方向。但如果上下影线过短，则意义较弱，通常是原走势的延续。实际中，开盘价和收盘价完全相等的情况不多，通常将开盘和收盘价相差极小的情况都视作十字星	
光头光脚阳线	光头光脚阳线是开盘价即当日最低价，收盘价为当日最高价的阳线，这种形态表明多方已经牢固控制盘面，逐浪上攻，实体越长，表明涨势越强烈	
光头光脚阴线	光头光脚阴线是以当日最高价开盘，以最低价收盘形成的 K 线，若股价全天走出逐波下跌行情，说明空方力量强劲，后市继续看跌。若股价全天大多数时间横盘或缓涨，尾盘突然放量下跌，表明空方在交战后最终占据主导地位，次日低开的可能性很大	

　　不同的走势形成的 K 线图远远不止上面介绍的这些，不过有些 K 线形态的意义不大，或者与上述某些形态意义相近，在此不再一一列举。

5.2 认识 K 线中的形态

单根 K 线在实战中的指示意义不强，对于 K 线技术，实战中更多使用的是多根 K 线构成的一些看涨看跌形态来研判股价未来的走势。对于 K 线中的形态，大体可以分为两种，即反转形态和持续整理形态。反转形态是市场原有趋势的改变，而持续整理形态是市场原有趋势的暂时休止。下面具体讲解这两大类形态中的一些经典形态及其市场意义。

5.2.1 5 种经典的反转形态及其市场意义

反转形态通常出现在行情的底部或者顶部，用于预示股价走势将发生逆转，反转形态的特点如下：

◆ 反转形态形成时的规模与后市行情的规模成正比，即反转形态的涨跌幅度越大，历经时间越长，后市新行情的规模也越大，反之亦然。

◆ 不同位置的反转形态形成时间不同，底部区域的反转形态形成时间较长；顶部区域的反转形态形成时间较短。

◆ 反转形态能否得到确认，成交量至关重要。例如在底部反转形态中，股价的上涨一定需要成交量的配合。

常见的反转形态有头肩形态、V 形形态、双重形态、三重形态和圆弧形态，下面分别进行介绍。

（1）头肩形态——头肩底和头肩顶

【头肩底形态】

头肩底形态是在实战中出现最多的一种形态，它是一个长期趋势的反转形态，通常出现在下跌行情的末期。这一形态具有以下特征。

◆ 头肩底形态的两肩低点大致相等。

◆ 就成交量而言，左肩最少，头部次之，右肩最多。股价突破颈线不一定需要大成交量配合，但是日后继续上涨时成交量会放大。

图 5-4 所示为头肩底的一般形态。

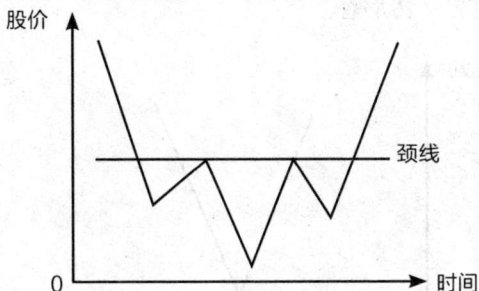

图 5-4　头肩底示意图

【头肩顶形态】

头肩顶形态是较为可靠的卖出信号，通过 3 次连续的涨跌构成该形态的 3 个部分，也就是有 3 个高点，中间的高点比另外两个高点要高，称为"头部"，左右两个相对较低的高点称为"肩部"。

图 5-5 所示为头肩顶的一般形态。

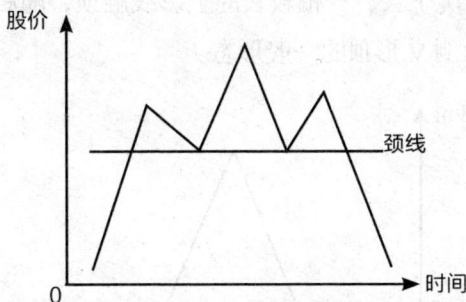

图 5-5　头肩顶示意图

（2）V 形形态——V 形底和倒 V 形顶

【V 形底形态】

V 形底形态又称为尖底形态，它是一个比较常见的反转形态。V 形底出现在底部的频率较高，而且一般出现在市场剧烈的波动之中，图 5-6 所示为一般 V 形底的形态。该形态与其他的反转形态最大的区别就在于，

V 形底转向过程仅需 2～3 个交易日，有时甚至更短时间就完成了，这让 V 形底成为最直观的反转形态。

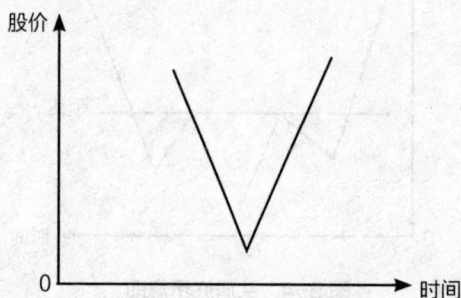

图 5-6　V 形底示意图

【倒 V 形顶形态】

倒 V 形顶也称为倒 V 形反转形态或尖顶形态，其与 V 形底一样，也是一个比较常见的反转形态，它在顶部出现的频率较高，而且一般出现在市场剧烈的波动之中。其关键性的转向过程也仅需 2～3 个交易日，有时甚至更短，通常情况下会有一根较长的上影线触顶，随后股价开始大幅下跌。图 5-7 所示为倒 V 形顶的一般形态。

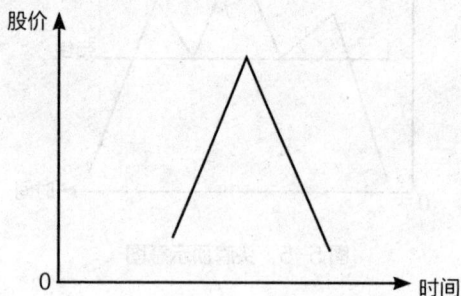

图 5-7　倒 V 形顶示意图

（3）双重形态——双重底和双重顶

【双重底形态】

双重底又称为 W 形底，该形态一般在下跌行情的末期出现。双重底反转形态一般具有如下特征。

◆　形态的两个低点通常在同一水平线，股价第一次冲高回落后形成的顶点称为颈部，当股价放量突破颈线时，行情可能见底回升。

◆　形态形成之后，股价有可能出现回落的行情，但最终会在颈部附近价格止跌企稳，后市看涨，投资者可在第二次突破回落止跌后介入。

图 5-8 所示为双重底的一般形态。

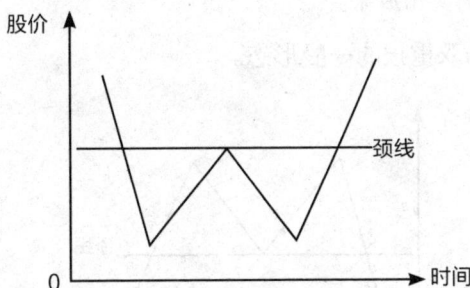

图 5-8　双重底示意图

拓展贴士　*实战中的双重底形态*

在实际操作中，也会出现双重底的两个低点不在同一水平线上的情况，通常，第二个低点都较第一个低点稍高，是因为部分先知先觉的投资者在第二次股价回落时已开始买入，令股价无法再次跌回上次的低点。而且形态底部两个低点之间的距离存在不对称的情况，左低点处成交量通常大于右侧，突破颈线若伴随放量，则上涨信号比较明确。

此外，双重底形态在底部构筑的时间越长，其产生的回升效果就越强。完整形态的 W 底构筑时间至少需要一个月。过短的时间间隔有可能是主力设置的技术陷阱。

【双重顶形态】

双重顶又称 M 形顶，该形态一般是在上升行情的末期出现，它与双重底形态的作用刚好相反，它是一个后市看跌的见顶反转形态。

双重顶反转形态一般具有如下特征。

◆ 形态的两个高点并不一定在同一水平线上，通常第二个顶点比第一个顶点稍高，是高位追涨筹码介入拉高的结果，由于主力借机出货，因此股价上涨力度不大。

◆ 形态的两个顶点就是股价这轮上升行情的最高点，当股价有效跌破形态颈线（第一次下跌回升后形成的低点为颈部）时行情发生逆转，投资者应果断卖出股票。

图 5-9 所示为双重顶的一般形态。

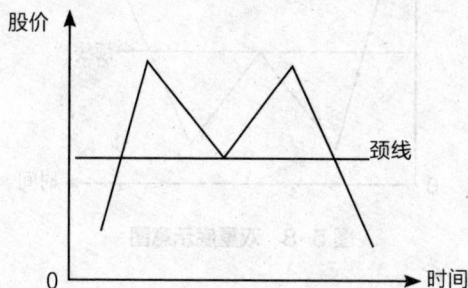

图 5-9　双重顶示意图

（4）三重形态——三重底和三重顶

【三重底形态】

三重底形态是头肩底形态的变形，是由 3 个一样的低位或接近的低位形成，与头肩底的区别是头部的价位回缩到和肩部差不多相等的位置。

出现三重底形态的原因是投资者没有耐心，在形态完全形成之前便急于卖出；走势不如人意时又急于买进，等到形态完成，大势已定。股价正式开始反转时，投资者却犹豫不决，缺乏信心，没有把握住上涨的行情。三重底形态的分析需要注意以下两点。

◆ 三重底的颈部和顶部连线是水平的，所以三重底具有矩形的特征。

◆ 三重底的低点与低点的间隔距离不必相等。

图 5-10 所示为三重底的一般形态。

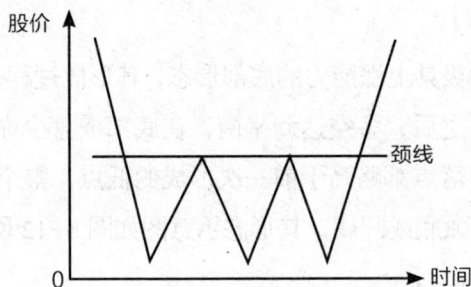

图 5-10　三重底示意图

【三重顶形态】

三重顶与三重底相反，是由 3 个一样的高位或接近的高位形成，头部的价位与肩部的位置相距不远。出现三重顶形态的原因也是投资者没有耐心，在形态完全形成时便急于卖出或买进，等到形态完成，大势已定时，却发现股价已经处于下跌通道中，后市遭受不少损失。

图 5-11 所示为三重顶的一般形态。

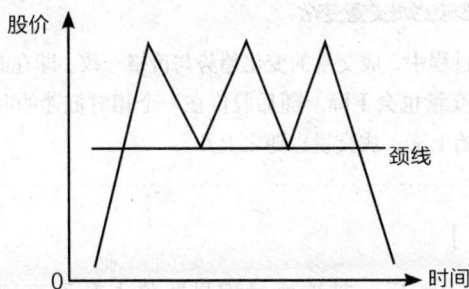

图 5-11　三重顶示意图

前面说的是标准情况下的三重形态，在实战中，三重顶的顶峰与顶峰，或三重底的谷底与谷底的间隔距离与时间不必相等，同时三重底（顶）的底部（顶部）也不一定要在相同的价格形成，即颈线也不一定必须是水平的。此外，三重形态的形成时间一般在两个月以上，且时间越长，三重形态越可靠。过于短暂的时间形成的三重形态，很容易变成其他形态。

（5）圆弧形态——圆弧底和圆弧顶

【圆弧底形态】

圆弧底是一种极具上涨能力的底部形态，其形成过程是股价缓慢下滑，在跌势趋缓并止跌之后，多空达到平衡，在底部横盘少许时日后，股价又缓慢回升，每次回落点都略高于前一次形成的低点，整个形态就像一个圆弧，所以被称为圆弧底或圆底，其形态示意图如图 5-12 所示。

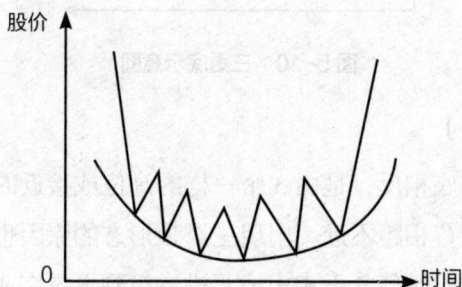

图 5-12　圆弧底示意图

拓展贴士 *圆弧底形态的成交量变化*

在圆弧底形成过程中，成交量的变化趋势与价格一致。即在圆形底形成初期，随着股价下跌，成交量也会下降。随后股价在一个相对低迷的时期过后（即圆弧底的底部）股价开始上涨，成交量也随之上升。

【圆弧顶形态】

圆弧顶与圆弧底相反，其形成过程是股价上升到高位后，开始缓慢上升，到达顶部后，股价又缓慢下跌，每次反弹的高点都略低于前一次形成的高点，整个形态像一个圆弧。但在圆弧顶发展的末期，成交量会放大，股价会逐渐加速下跌。

圆弧顶的形态示意图如图 5-13 所示。

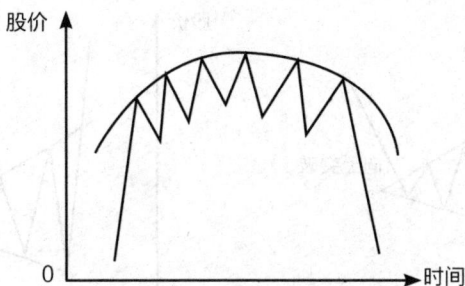

图 5-13　圆弧顶示意图

在实战操盘中，标准的圆弧底和圆弧顶形态比较少见，大多数时候这两种形态都不太标准，但是同样可以发出可靠的行情反转信号。

5.2.2　4 种经典的持续整理形态及其市场意义

持续整理形态是指股价在运行中开始短期调整，待调整结束，即整理形态完成后，股价将延续前期的趋势。常见的持续整理形态有三角形整理、楔形整理、旗形整理和矩形整理这 4 种，下面分别进行介绍。

（1）三角形整理

三角形整理是持续整理形态中最常见的一种，根据形成整理形态的三角形形状，又可分为对称三角形整理、上升三角形整理和下降三角形整理3 种。

◆ 对称三角形整理

对称三角形也称收敛三角形，它可以出现在上涨趋势或下跌趋势中，它有两条聚拢的直线，上面的直线向下倾斜，起压力作用；下面的直线向上倾斜，起支撑作用，两条线一条向上发展，一条向下发展，显示多空力量对等；两条直线的交点称为顶点。对称三角形一般有 6 个转折点，其示意图如图 5-14 所示。

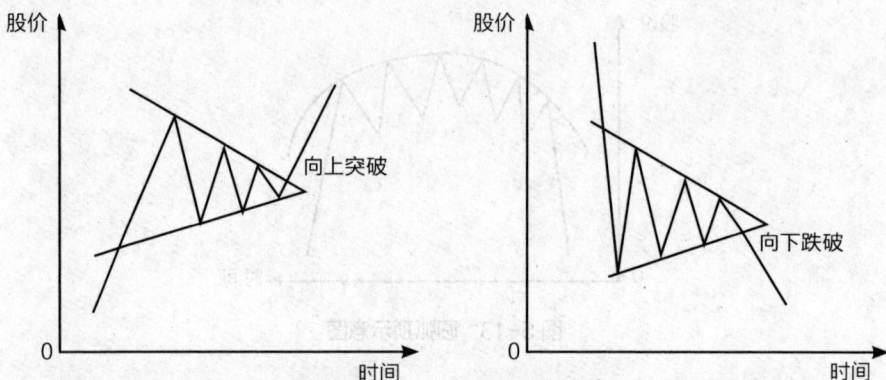

图 5-14　对称三角形整理形态示意图

对称三角形整理的最后，市场多头和空头争夺的焦点将集中在一个很小的价格区域内，这就是收敛三角形的末期，一旦某一方获得胜利，那么价格将持续向胜利的一方运行，所以收敛三角形的跌破和突破预示这一段中期趋势的延续。

在对称三角形形成过程中，成交量应逐步减少。当股价向上突破时需要有大的成交量配合，而向下跌破时则不必。除了成交量的配合外，最好还需要突破幅度和时间的配合，要求与突破趋势线的要求相同。

拓展贴士 **对称三角形有可能提前选择方向**

需要注意的是，对称三角形整理并非一定要整理到三角形末端才突破，有时离末端还较远便开始突破了，因此在上升趋势的对称三角形整理中用这种方法高抛低吸时，在某一次会出现抛出后股价突破对称三角形上边缘而开始新的上升走势的情况，遇到这种情况时要及时买回。而下跌趋势中的对称三角形整理由于有可能提前选择方向，有可能出现被套的情况，最好不参与。

◆　上升三角形整理

上升三角形形态是对称三角形的变形，它通常出现在上涨趋势中，股价每次上涨的高点基本上处于同一水平位置，回落的低点却不断上移，这样将每次上涨的高点和回落低点分别用直线连接起来，就构成一个向上倾的三角形，即上升三角形。

但是，上升三角形在形成过程中，成交量不断萎缩，向上突破压力线时需要放大量，而且突破后通常会有回抽上边线的过程，即在原来高点连接处止跌回升，从而确认突破的有效性，但也有些强势股突破上边线后不回抽便持续上升。

图 5-15 所示为上升三角形整理形态的示意图。

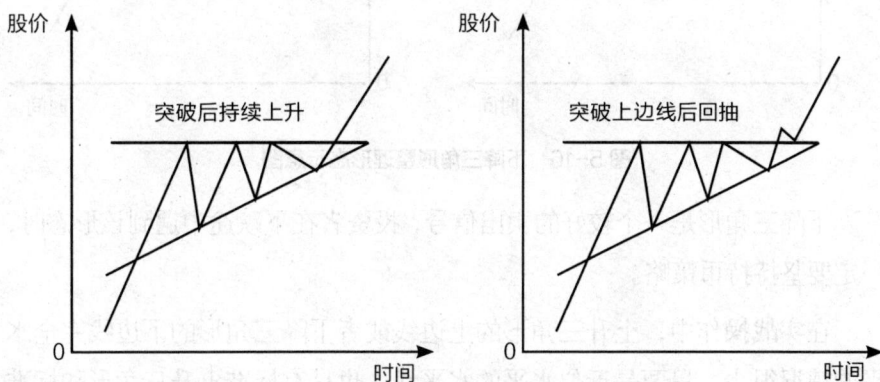

图 5-15　上升三角形整理形态示意图

上升三角形是一个较好的买进信号，为了安全起见，可以在股价突破压力线后，小幅回调再创新高时买进，以确认突破有效。如果该股在整理前是强势股，则可在放量突破时便买进。

◆ 下降三角形整理

下降三角形与上升三角形刚好相反，它一般出现在下跌趋势中，每次股价反弹的高点不断下移，但回落的低点基本上处于同一水平位置，将每次的上涨高点和回落低点分别用直线连接起来，就构成一个向下倾的下降三角形。

下降三角形整理形态表示，在该整理区内卖方力量略大于买方力量。下降三角形被跌破后，也可能回抽下边线再下跌，如果跌破时力度较强，则可能不会回抽。

图 5-16 所示为下降三角形整理形态的示意图。

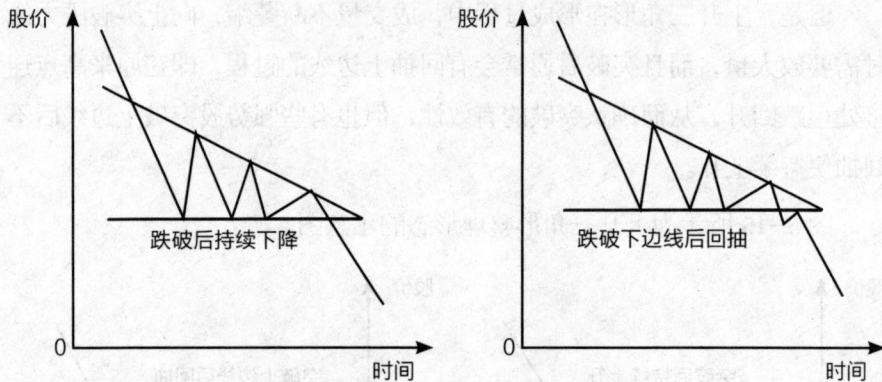

图 5-16　下降三角形整理形态示意图

下降三角形是一个较好的卖出信号，投资者在下跌途中遇到该形态时，一定要坚持持币策略。

在实战操作中，上升三角形的上边线或者下降三角形的下边线完全水平的情况很少，只要是近似水平的水平线，也具有标准上升三角形和标准下降三角形的作用。

拓展贴士 *三角形整理形态不完全是原趋势的持续*

大部分情况下，在大趋势中出现三角形整理形态后都会继续原来的趋势，但也有少数时候会发生反向运动。因此不能全部生搬硬套这些理论，若向上突破三角形整理形态上边线后又跌回上边线下方，则应止损卖出；若向下有效跌破三角形整理形态下边线后股价又重新升回到上边线之上，则可买入。

（2）楔形整理

在整理过程中，分别连接股价的高点与低点，会形成两条线，它们往同一方向靠拢，但未能相交，形状类似楔子，所以称为楔形整理形态。很多人将楔形和三角形混为一谈，它们的区别在于楔形整理的两条界线同时上倾或下斜，而三角形整理的两条界线方向相反或有一根是水平方向。楔形整理分为上升楔形整理和下降楔形整理两种。

◆　上升楔形整理

由两条斜率不同，但均向上方倾斜的界线所形成的楔形称为上升楔形。与上升三角形不同的是，上升楔形整理通常出现在下跌趋势中，是下跌持续形态。

因为在上升楔形整理形态中，股价上升，卖出压力虽然不大，但是市场中的做多氛围仍然不浓，股价虽然上扬，但每一个新的上升波动都比前一个弱，最后当需求完全消失时，股价便会反转下跌。

因此，上升楔形整理形态表示多方力量逐渐减弱，常出现在下跌行情的反弹阶段，它只是一次下跌后技术性反弹而已，当其下边线被跌破后，股价通常会急速下跌，但也会出现回抽的情况，然而最终还是在强烈的卖方压力下继续下跌行情，当股价有效跌破下边线后，投资者就应该果断卖出，持币观望。

图 5-17 所示为上升楔形整理形态示意图。

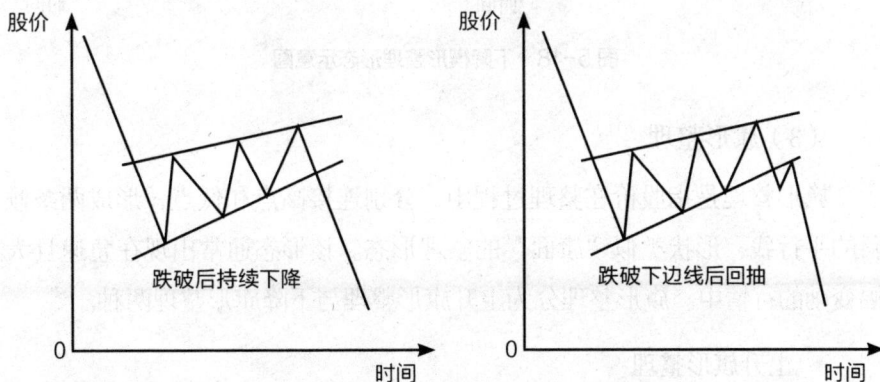

图 5-17　上升楔形整理形态示意图

◆　下降楔形整理

由两条斜率不同，但均向下方倾斜的界线所形成的楔形称为下降楔形。与下降三角形不同的是，下降楔形整理通常出现在上升趋势中，是上涨持续形态。

因为下降楔形是上升途中回调无力的表现，也就是说股价虽然回调，但回调速度越来越慢，不是真正的下跌，而是主力清理浮筹的行为。

在实战中，股价在突破下降楔形整理的上边线后继续原来的上升趋势，但也有回抽上边线的情况，然而最终在上边线处止跌后继续上涨。所以，当投资者在上升行情中遇到下降楔形整理形态后，可在突破上边线或者回抽上边线后积极买入做多，持股待涨。

图 5-18 所示为下降楔形整理形态示意图。

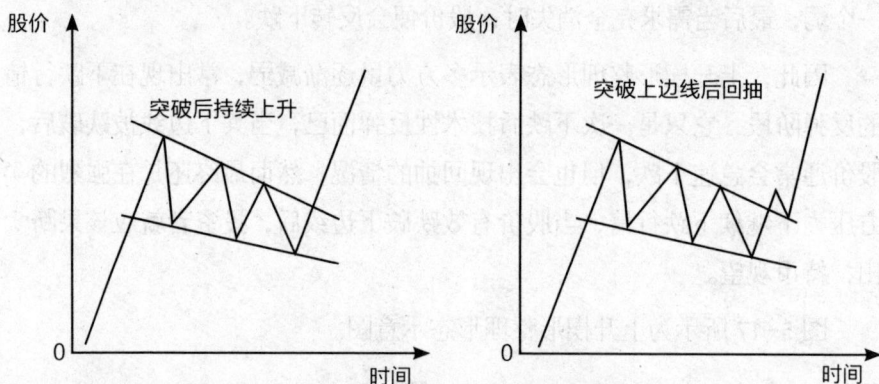

图 5-18　下降楔形整理形态示意图

（3）旗形整理

旗形整理是指股价在整理过程中，分别连接高点和低点，形成两条倾斜的平行线，形状类似"旗面"的整理形态。该形态通常出现在急速且大幅变动的行情中。旗形整理分为上升旗形整理与下降旗形整理两种。

◆ 上升旗形整理

上升旗形整理通常出现在急涨的行情中，经过一段快速的上升行情后，股价出现横向整理，形成一个成交密集、略向下倾斜的股价波动密集区，将这一区域的高点与低点分别连接在一起，形成一个略下倾的平行四边形，这就是上升旗形整理形态，其示意图如图 5-19 所示。

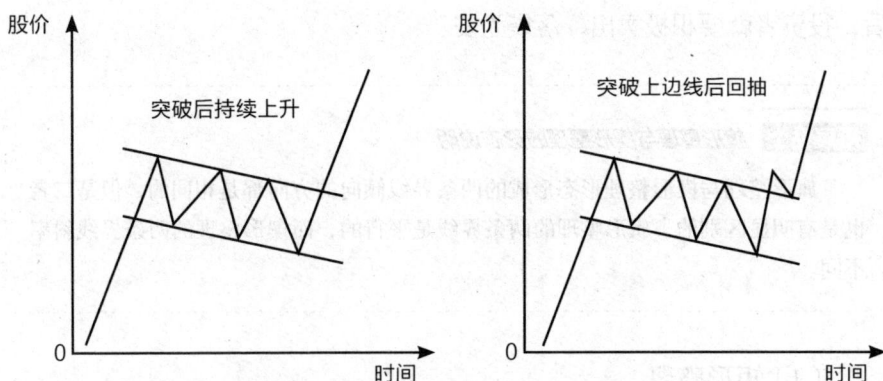

图 5-19　上升旗形整理形态示意图

当股价突破上升旗形整理形态的上边线或者突破并回抽上边线确认后，投资者即可逢低吸纳买入该股。

◆ 下降旗形整理

下降旗形与上升旗形相反，通常出现在急跌市中，经过一段快速的下跌行情后，股价出现横向整理，形成一个成交密集、略向上倾斜的股价波动密集区，将这一区域的高点与低点分别连接在一起，形成一个略上倾的平行四边形，这就是下降旗形整理形态，其示意图如图 5-20 所示。

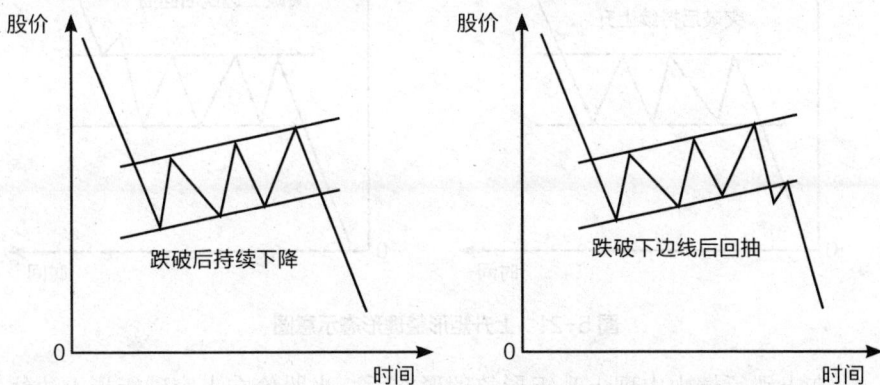

图 5-20　下降旗形整理形态示意图

当股价跌破下降旗形整理形态的下边线或者跌破并回抽下边线确认

后，投资者就要积极卖出，落袋为安。

拓展贴士 *旗形整理与楔形整理的形态说明*

旗形整理与楔形整理形态形成的两条界线倾向的方向都是相同的，但是二者也是有明显区别的，旗形整理的两条界线是平行的，而楔形整理的两条界线斜率不同。

（4）矩形整理

矩形形态是指股价在一个较为固定的区间内上下波动，分别连接高点和低点，形成一个类似矩形的形状，所以称为矩形整理形态。矩形整理形态分为上升矩形整理和下降矩形整理两种。

◆ 上升矩形整理

出现在上涨行情中的矩形整理形态称为上升矩形整理形态，其整理示意图如图 5-21 所示。

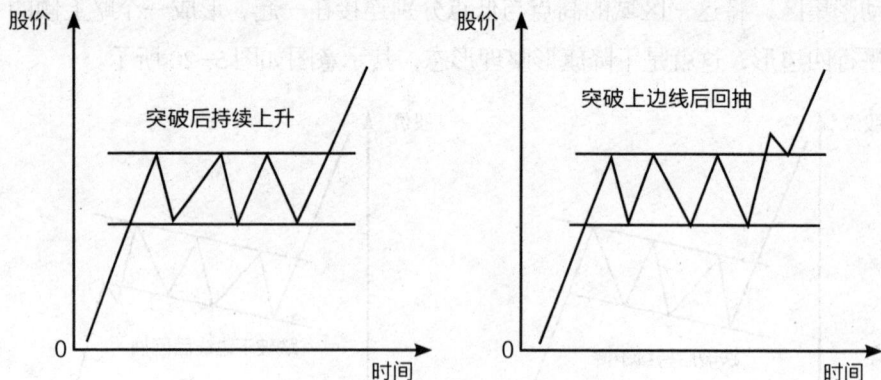

图 5-21　上升矩形整理形态示意图

在上涨行情中出现上升矩形整理形态后，当股价向上突破矩形上边线时，形成第一买点，投资者可以少量买入；当股价在突破之后再次回抽确认时，形成第二买点，投资者可以适当加仓。

◆ 下降矩形整理

出现在下跌行情中的矩形整理形态称为下降矩形整理形态，其整理示意图如图 5-22 所示。

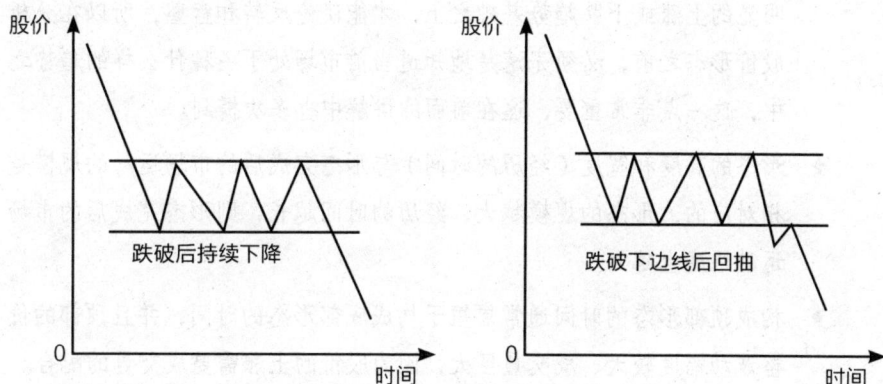

图 5-22　下降矩形整理形态示意图

在下跌行情中出现下降矩形整理形态后，如果股价跌破下边线或者回抽下边线，投资者要果断地卖出股票，规避行情后市继续下跌。

在实战操作中，很少出现两条界线完全水平的矩形整理形态，近似水平也可以看作是矩形整理。

拓展贴士　*矩形整理形成过程中的操作策略*

在整个矩形整理形成的过程中，显示的是多空双方实力相当，进行激烈交战，成交量会不断减少，直到一方力量耗尽，出现突破方向为止。因此，在整个矩形整理过程中，投资者可持币观望。

5.2.3　形态分析法的注意事项

我们前面介绍了一些经典的反转形态和持续整理形态，组成这些形态的 K 线都是最原始的数据，形态分析法也是分析成本最低的技术分析方法，但在使用时仍然需要注意一些问题，以免误入歧途或得出片面的结论。在使用这种方法进行分析时需考虑以下几个方面的问题。

◆ 市场上先有趋势的存在，才会有反转和整理形态的产生，因此只有在明显的上涨或下跌趋势基础之上，才能谈论反转和盘整，所以在分析股价形态之前，必须先清楚地知道当前市场处于一种什么样的趋势之中，这一点非常重要，这在前面的讲解中也多次提到。

◆ 形态的高度和宽度（经历的时间）与形态完成后的市场运动的规模是相对应的，形态的规模越大，经历的时间越长，则形态完成后的市场运动幅度也越大。

◆ 构成顶部形态的时间通常要短于构成底部形态的时间，并且顶部的价格波动幅度较大、成交量巨大，因为股价的上涨需要成交量的配合。

◆ 底部形成的形态，股价波动通常较小，经历的时间较长。因为主力建仓和清理浮筹需要大量的时间，因此底部经历的时间要长于顶部的时间。对于中长线投资者，可在底部形态形成之后再买进股票，以保证买点的安全性。

◆ 现有形态即将发生变化的信号，通常是重要的趋势线被有效突破。上升或下降趋势的结束并不表示趋势立即就会改变，但在许多情况下，趋势线的突破与价格形态的完成是同步实现的，因此将趋势线同形态分析结合起来研究，对实际操作将大有益处。

◆ 实际上，反转形态与整理形态没有非常明显的界限，只是具备一定的倾向性，整理形态可能演变为反转形态，反转形态也可能演变为整理形态，甚至有些形态本身就有双重性。站在不同的角度，对同一形态可能会产生不同的解释。所以，不必太在意名称和类别的划分，而应将着重点放在对形态的分析上。

总之，形态分析不能生搬硬套，应从其原理上进行分析，并与其他技术分析方法结合起来，以提高成功率，而不要仅仅拘泥于形态。

5.3　MACD 指标与反转形态组合使用

　　MACD 指标与各种 K 线的反转形态组合使用的方法差不多，下面介绍几种高频反转形态组合与 MACD 指标的组合使用，让读者了解二者组合的实战使用方法。

5.3.1　头肩底形态与 MACD 底背离组合

　　在股价大幅下跌后，K 线出现头肩底组合形态，说明股价已经下跌至底部，上涨行情即将启动。若右肩高于左肩，则股价上涨的概率更大。

　　而此时 MACD 指标在 0 轴下方运行，且 DIF 线在头肩底形态形成时的 3 个低点位置也形成 3 个低点，且第二个低点明显高于第一个低点，第三个低点也比第二个低点高，说明 MACD 指标与股价形成底背离形态，更加说明了股价的下跌趋势难以持续，后市将止跌企稳，开启上涨行情。

　　在头肩底形态形成后，如果 MACD 指标与股价形成底背离，且 DIF 线向上突破 DEA 线形成金叉时，则是一个最佳买入的机会。投资者可逢低吸纳买入该股，积极做多。对于稳健的投资者而言，最好还是在股价突破颈线后再介入。

> **拓展贴士**　*头肩底形态形成过程中 MACD 指标的变化*
>
> 　　当头肩底形态的左肩形成时，DIF 线会同步反弹向上，之后随着股价的下跌再度下降。当头肩底形态的头部形成时，DIF 线会再次拐头向上运行，并上穿 DEA 线形成金叉，但是此时形成的低点要高于左肩对应的 DIF 低点，出现股价与 DIF 线底背离。当头肩底形态的右肩形成时，DIF 线的回落力度已经较弱，有时甚至还未来得及下穿 DEA 线便拐头向上运行，此时表明市场中的多方势力已经明显增强，上涨行情已经启动。

　　下面来看一个具体的实例。

实例分析

深圳华强（000062）头肩底形态与 MACD 底背离买点分析

图 5-23 所示为深圳华强 2020 年 12 月至 2021 年 4 月的 K 线图。

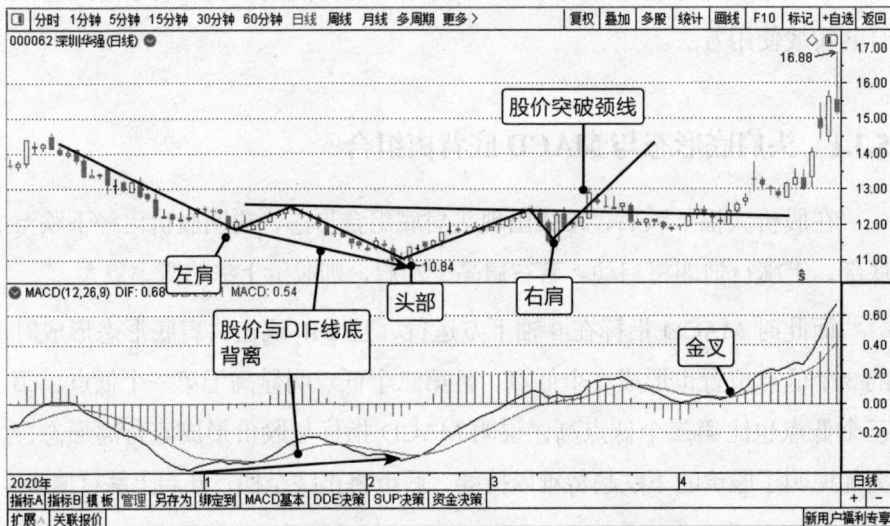

图 5-23　深圳华强 2020 年 12 月至 2021 年 4 月的 K 线图

从图中可以看到，该股在 2021 年 1 月之前始终处于震荡下跌的趋势中，并在 2021 年 1 月 7 日以 4.27% 的跌幅收出大阴线，创出 11.73 元的低价。随后股价连续收出阳线开始回升，形成头肩底形态的左肩。同时期的 DIF 线也开始向上运行，但未能突破 0 轴。

股价经过左肩短短几个交易日的回升后在 12.50 元价位线上受阻再次下跌，并于 2 月 8 日创出 10.84 元的新低，随后股价又回升，形成头肩底形态的头部，同时期的 DIF 线虽然形成一个低位，但是明显高于左肩时的低位，DIF 线走势与股价发生底背离，是买入信号。

当头部逐渐形成后，股价再次经历了一波良好的上涨，股价在 2021 年 3 月 8 日上涨触及 12.50 元价位线时受阻回调整理，短短 3 个交易日的下跌后，股价在 11.50 元价位线附近止跌，随后股价再次回升，形成头肩底形态的右肩。至此，头肩底形态形成。

虽然之后股价突破颈线后出现回抽，但是始终没有跌破颈线太多，并在12.00 元价位线受到明显的支撑，且 DIF 线和 DEA 线在 0 轴上方运行。

在 4 月上旬，股价止跌回升，DIF 线上穿 DEA 线形成金叉，发出可靠的买入信号。随后股价逐步拉升，开启新一轮上涨行情的序幕。

图 5-24 所示为深圳华强 2020 年 12 月至 2021 年 7 月的 K 线图。

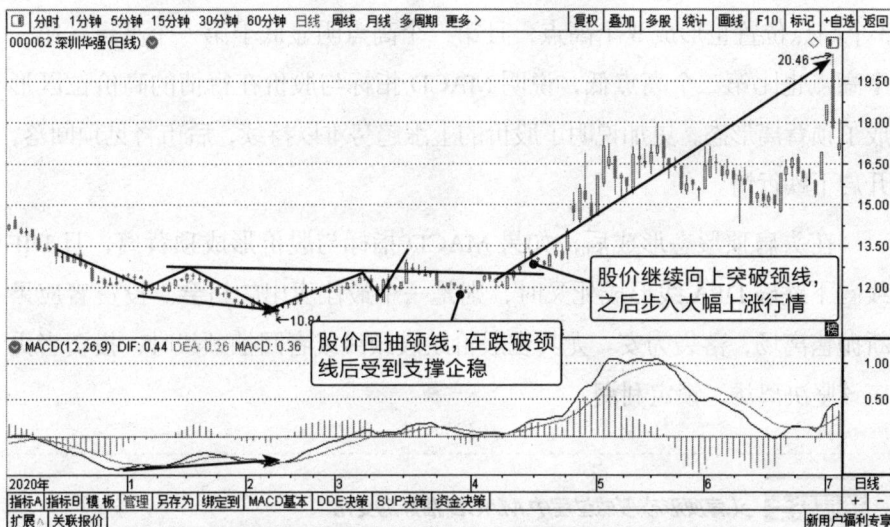

图 5-24　深圳华强 2020 年 12 月至 2021 年 7 月的 K 线图

从图中可以看到，股价在 2021 年 4 月中旬突破头肩底形态的颈线后，股价走出一波快速暴涨行情。

在短短 2 个多月的时间，股价最高上涨到 20.46 元，从突破颈线的 12.50元的价格来看，股价此轮上涨的涨幅超过 63%，即使投资者在股价突破颈线后再买入，也可以获利丰厚。

可见，MACD 与头肩顶形态是股价在低位较为可靠的买入信号，投资者可以在股价与 DIF 线发生底背离时少量买入，待头肩底形态完全形成后再进行加仓，这样操作既将风险控制到了最小，同时也保证了足够的收益。

5.3.2 头肩顶形态与 MACD 顶背离组合

在股价大幅上涨的高价位区，K 线出现头肩顶形态，说明股价已经上涨至顶部位置，下跌行情即将启动。若右肩低于左肩，则股价下跌的概率更大。

而此时 MACD 指标在 0 轴上方运行，且 DIF 线在头肩顶形态形成时的 3 个高点位置也形成 3 个高点，且第二个高点明显低于第一个高点，第三个高点也比第二个高点低，说明 MACD 指标与股价在行情的高价位区形成了顶背离形态，更加说明了股价的上涨趋势难以持续，后市将见顶回落，开启下跌行情。

在头肩顶形态形成后，如果 MACD 指标与股价形成顶背离，且 DIF 线向下跌破 DEA 线形成死叉时，则是一个最佳卖出的机会。投资者应果断抛售离场，落袋为安。尤其在股价跌破颈线或者回抽颈线时，投资者更应该坚决离场，锁定利润。

拓展贴士 *头肩顶形态形成过程中 MACD 指标的变化*

当头肩顶形态的左肩形成时，DIF 线会同步快速下跌，之后随着股价的上涨再度上行。当头肩顶形态的头部形成时，DIF 线会再次拐头向下运行，并下穿 DEA 线形成死叉，但是此时形成的高点要低于左肩对应的 DIF 线高点，出现股价与 DIF 线顶背离。当头肩顶形态的右肩形成时，DIF 线的上涨力度已经较弱，有时甚至还未来得及上穿 DEA 线便拐头向下运行，此时表明市场中的空方势力已经明显增强，下跌行情已经启动。

下面来看一个具体的实例。

实例分析

掌趣科技（300315）头肩顶形态与 MACD 顶背离卖点分析

图 5-25 所示为掌趣科技 2020 年 6 月至 12 月的 K 线图。

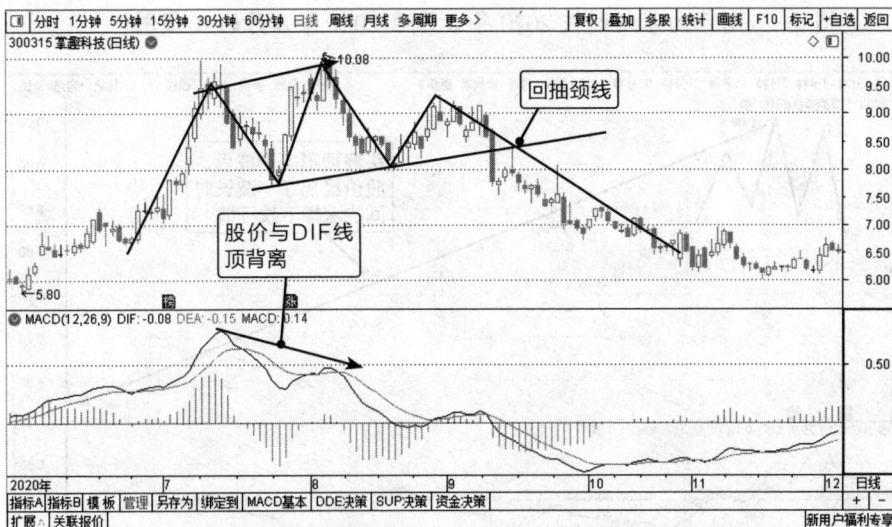

图 5-25　掌趣科技 2020 年 6 月至 12 月的 K 线图

从图中可以看到，该股在 2020 年 7 月初运行到 9.50 元的高价位区，随后展开了一波快速回调整理阶段，形成头肩顶形态的左肩，同时期的 DIF 线也创出新高，而后开始向下运行。

进入 7 月底，股价在 8.00 元价位线企稳，开始回升，并收复前期回调失地，创出 10.08 元的新高后回落，形成头肩顶形态的头部，此时 DIF 线也拐头向下运行形成第二个高点，但是该高点却明显低于第一个高点，与股价上涨趋势形成顶背离，此时即发出一个卖出信号。

随着头部的完全形成，股价再次进行了一波直线快速回落，最终在 8.00 元价位线上方再次获得支撑，股价略有回升，在未到达左肩高度的位置便滞涨回落，形成头肩顶形态的右肩。至此头肩顶形态完全形成，再次发出卖出信号。

尤其在 2020 年 9 月 10 日，股价收出大阴线跌破颈线后，股价短暂企稳回抽颈线，但是由于空方势力强大，股价最终受到颈线的压制，回抽几个交易日后便开启了一波快速下跌行情。

因此，投资者应在 DIF 线与股价发生顶背离时逐渐减仓，了结部分获利；当头肩顶形态完全形成时，投资者则应及时清仓，避免遭受损失。

图 5-26 所示为掌趣科技 2020 年 6 月至 2021 年 8 月的 K 线图。

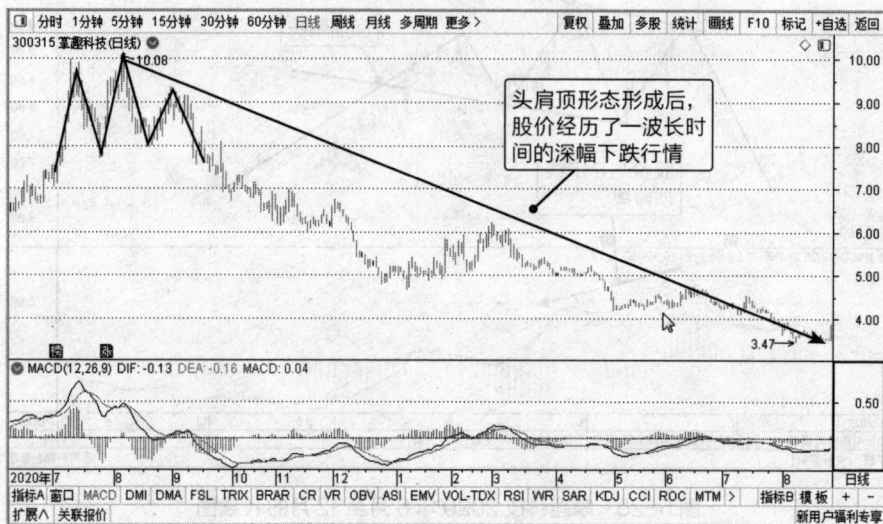

图 5-26　掌趣科技 2020 年 6 月至 2021 年 8 月的 K 线图

从图中可以看到，股价在出现头肩顶形态后，经历了一波深幅下跌行情，整个下跌持续了一年多的时间。

可见头肩顶形态与 MACD 顶背离是股价在高位时较为可靠的卖出信号，投资者一定要顺势卖出，才能规避股价下跌带来的投资风险。

5.3.3　双重底形态与 MACD 二次金叉组合

股价在低价位区出现双重底形态，说明股价已经下跌到底部位置，上涨行情即将启动。

观察同时期的 MACD 指标发现，MACD 指标在 0 轴下方运行，并且在双底的两个低点位置，DIF 线也出现两个低点，且第二个低点比第一个低点明显高，说明上涨动能逐渐聚集。

如果双重底在形成过程中，当第一重底形成时，DIF 线与 DEA 线出现一次金叉，随后在双重底的第二重底形成后，股价伴随大成交量上涨，且

DIF 线再次上穿 DEA 线形成二次金叉，此时出现第一买点。

如果 MACD 随后运行到 0 轴上方，或者 DIF 线向上且股价突破颈线位置，此时为第二买点，投资者可以在此位置进行加仓。

下面来看一个具体的实例。

实例分析

迪瑞医疗（300396）双重底形态与 MACD 低位二次金叉买入

图 5-27 所示为迪瑞医疗 2018 年 8 月至 2019 年 3 月的 K 线图。

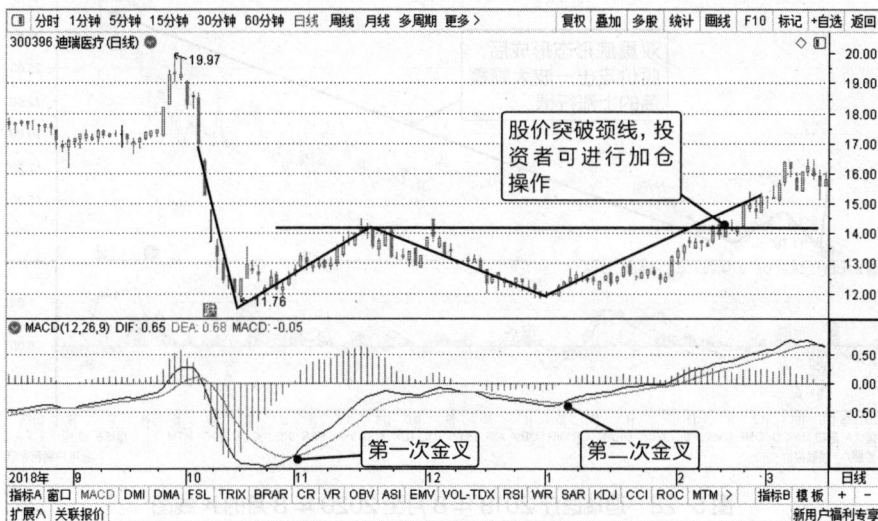

图 5-27　迪瑞医疗 2018 年 8 月至 2019 年 3 月的 K 线图

从图中可以看到，该股大幅下跌后于 2018 年 10 月 19 日创出 11.76 元的新低后止跌出现一轮上涨行情，形成双重底形态的第一重底，同时期的 DIF 线也拐头向上形成一个谷底，并上穿 DEA 线形成金叉。

当第一重底形成后，股价进入反弹阶段，当股价反弹至 14.00 元的价位线时滞涨，股价再次下跌形成双重底形态中的颈部。1 月初，股价再次上行，由此形成双重底形态中的第二重底。

同时期的 DIF 线也随之向下运行在 0 轴下方，不久又拐头上行，形成第二个底部，且此时的底部明显高于前期的底部，随后 DIF 线上穿 DEA 线形成二次金叉，出现第一个买点。因为此时 DIF 线仍处于 0 轴下方，所以买入风险较大，投资者应看清这一点。

股价在双重底形成后一路拉升上涨，MACD 指标运行到 0 轴上方，且股价突破前期双重底形态的颈线，形成第二个买点，此时买入风险较小，投资者可以顺势买入。

图 5-28 所示为迪瑞医疗 2018 年 8 月至 2020 年 8 月的 K 线图。

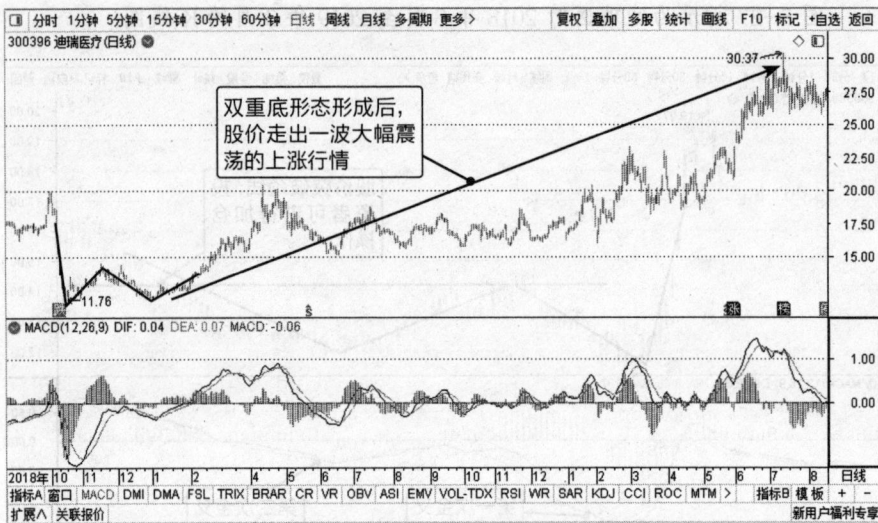

图 5-28　迪瑞医疗 2018 年 8 月至 2020 年 8 月的 K 线图

从图中可以看到，该股在双重底形成后，股价出现了一波大幅震荡的拉升行情，股价从突破颈线的 14.00 元左右的价格，最高上涨到 30.37 元，涨幅也接近 117%。

5.3.4　双重顶形态与 MACD 二次死叉组合

股价在高价位区出现双重顶形态，说明股价已经上涨到顶部位置，下跌行情即将启动。

观察同时期的 MACD 指标发现，MACD 指标在 0 轴上方运行，同时在双顶的两个高点位置，DIF 线也出现两个高点，且第二个高点比第一个高点明显低，说明下跌动能逐渐积聚。

如果双重顶在形成过程中，第一重顶形成后，DIF 线下穿 DEA 线形成高位死叉。随后在双重顶的第二重顶形成后，DIF 线再次下穿 DEA 线形成二次死叉，此时出现第一个卖点。如果 MACD 随后与股价一并向下运行跌破颈线，此时为第二个卖点。

尤其在 DIF 线和 DEA 线跌破 0 轴后，即是该股的清仓线，投资者此时要坚决离场。

下面来看一个具体的实例。

实例分析

飞亚达（000026）双重顶形态与 MACD 高位二次死叉卖出

图 5-29 所示为飞亚达 2020 年 7 月至 11 月的 K 线图。

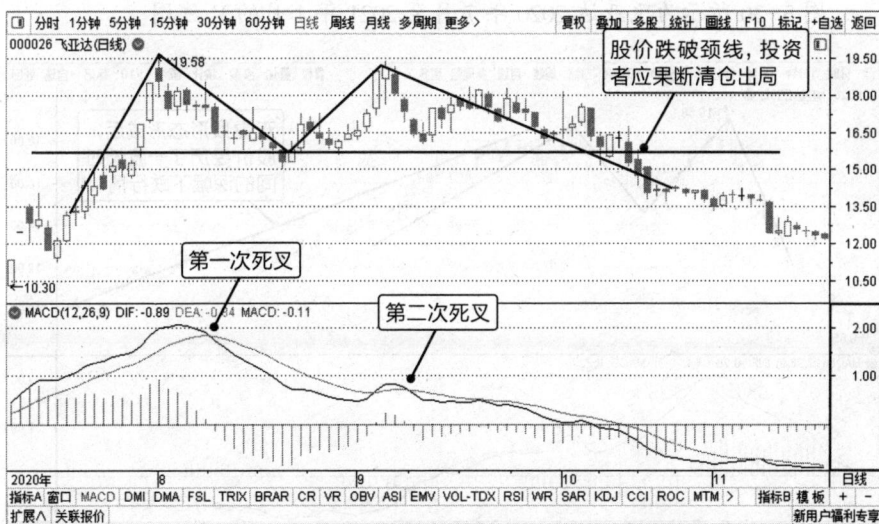

图 5-29　飞亚达 2020 年 7 月至 11 月的 K 线图

从图中可以看到，该股经过前期的上涨，在 2020 年 8 月 3 日以 19.58 元的价格阴线报收见顶，形成双重顶形态的第一重顶。同时期的 DIF 线也形成第一个顶部。

随后股价进入短期下跌行情，DIF 线也随之开始向下运行，并在 8 月上旬下穿向下运行的 DEA 线形成高位死叉。

股价经过下跌后在 15.00 元左右的价格止跌，随后股价开始回升，在未达到前期的高点时便再次见顶，形成双重顶形态的第二重顶。

同时期的 DIF 线重新开始向上运行又拐头向下，形成第二个顶部，这一次的 DIF 线顶部明显低于前一次的 DIF 线顶部，表明市场中的上涨动能逐渐衰弱，后市看跌。

尤其在 DIF 线第二个顶部形成后不久，DIF 线下穿 DEA 线形成二次死叉，此时可视作第一卖点，投资者应及时卖出股票，落袋为安。

在高位二次死叉后，股价便开启了下跌行情，尤其在 10 月中下旬的连续阴线作用下，股价跌破前期双重顶形态的颈线，形成第二卖点，并且 DIF 线与 DEA 线已纷纷运行到 0 轴下方，更加说明了下跌行情已经开启，前期未卖出的投资者此时应抓住最后的机会进行清仓。

图 5-30 所示为飞亚达 2020 年 7 月至 2021 年 1 月的 K 线图。

图 5-30 飞亚达 2020 年 7 月至 2021 年 1 月的 K 线图

从图中可以看到，该股在双重顶形态形成后，股价在 10 月中下旬的 15.00 元价位线跌破颈线并一路下跌，不给投资者任何的后悔机会。

可见 MACD 与双重顶形态是股价在高位较为可靠的卖出信号，不论是第一卖点还是第二卖点，投资者都可以进行清仓，落袋为安才是规避风险的首要策略。

5.4　MACD 指标与持续整理形态组合使用

从前面的内容可知，持续整理形态的类型主要有 4 种，但是每种类型下又包含多种子类型。

这些整理形态与 MACD 指标的组合使用方法相似，这里从上涨趋势和下跌趋势两个角度来讲解持续整理形态与 MACD 指标的组合使用实战。

5.4.1　上涨趋势中持续整理形态与 MACD 组合

在上涨趋势中，当股价走出上升三角形整理、下降楔形整理、上升旗形整理和上升矩形整理形态后，且在形态末期 DIF 线上穿 0 轴后与 DEA 线形成金叉，此时的 MACD 柱状线与股价形成底背离形态，表明上涨动能经过聚集后开始启动，为第一买点。

随着股价的持续上涨，当股价突破持续整理形态的上边线后，形成第二买点。

如果持续整理形态的价格波动范围较小，上述两个买点往往集中在一起，有时候第二买点甚至会先于第一买点出现。

此外，实战中投资者在上涨趋势中结合持续整理形态与 MACD 指标研判买点时，还需要注意以下 3 点。

◆ 第一买点中，有时候 MACD 金叉出现的时间比较晚，对于激进的投资者来说，在 MACD 柱状线出现明显收敛时就可以进行建仓操作了。

◆ 在上涨行情的持续整理形态中，第一买点并不是必然出现的。

◆ 在组合使用持续整理形态和 MACD 指标研判买点时，应以形态理论为主，MACD 指标为辅进行分析。

下面来看一个具体的实例。

实例分析

中视传媒（600088）上升矩形整理与 MACD 指标组合分析

图 5-31 所示为中视传媒 2018 年 7 月至 2019 年 2 月的 K 线图。

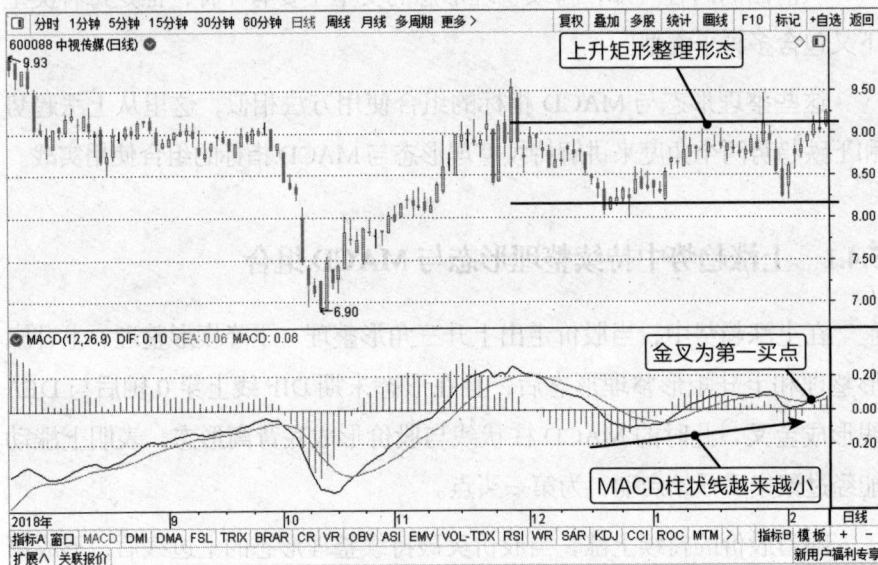

图 5-31　中视传媒 2018 年 7 月至 2019 年 2 月的 K 线图

从图中可以看到，该股前期处于大幅下跌行情，在 2018 年 8 月初下跌到 9.00 元价位线后股价止跌，进入近 2 个月的横盘整理阶段。

之后，该股在 9 月底的连续阴线作用下走出一波急速下跌行情，这是整个下跌行情的最后一跌。

最终，该股在 10 月 16 日创出 6.90 元的低价后股价企稳回升步入上涨，

DIF 线也上穿 DEA 线并持续运行到 0 轴上方。

当股价在 11 月下旬上涨到 9.50 元附近时出现阶段性的顶部后回落调整，在随后的回落调整中，股价始终在 8.00 元至 9.00 元的价位区间波动变化，形成矩形整理形态。

观察同时期的 MACD 指标，发现在股价运行到阶段性顶部回落后，DIF 线也拐头向下下穿 DEA 线向下运行，在整个矩形整理期间，DIF 线与 DEA 线交错在 0 轴附近窄幅波动变化，同时期的 MACD 柱状线在整个持续整理期间逐渐变小，与股价变化形成底背离形态。

当股价在 2019 年 2 月初再次运行到 8.00 元价位线上方时，此时绿色 MACD 柱状线已经非常小。在股价企稳后，MACD 柱状线运行到 0 轴上方变为红色，两三个交易日后，DIF 线也在 0 轴上方上穿 DEA 线形成金叉，出现第一买点。

图 5-32 所示为中视传媒 2018 年 9 月至 2019 年 2 月的 K 线图。

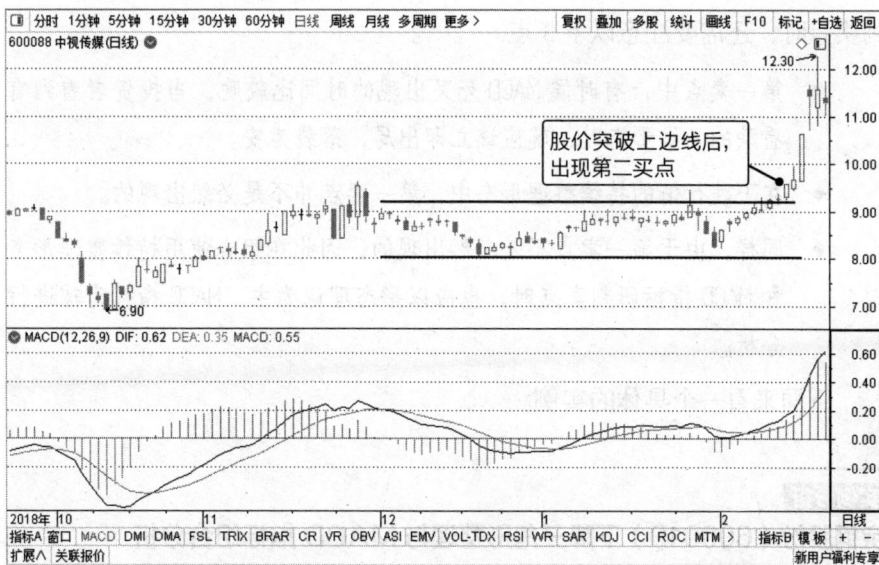

图 5-32　中视传媒 2018 年 9 月至 2019 年 2 月的 K 线图

从图中可以看到，2019 年 2 月初该股 MACD 指标在 0 轴上方出现金叉后，股价连续多日收出阳线步步推动股价一路稳步上涨，并在 2 月 20 日高开高走，以 3.79% 的涨幅收出光头阳线突破矩形整理形态的上边线，后市将延续前期的上涨趋势，此时为第二买点，稳健的投资者可积极逢低吸纳买入该股，积极做多。

5.4.2　下跌趋势中持续整理形态与 MACD 组合

在下跌趋势中，当股价走出下降三角形整理、上升楔形整理、下降旗形整理和下降矩形整理形态后，且在形态末期 DIF 线下穿 0 轴后与 DEA 线形成死叉，此时的 MACD 柱状线与股价形成顶背离形态，表明下跌动能经过聚集后开始启动，为第一卖点。

随着股价的持续下跌，当股价跌破持续整理形态的下边线后，形成第二卖点。

在实战中，投资者在下跌趋势中结合持续整理形态与 MACD 指标研判卖点时，还需要注意以下 3 点。

- 第一卖点中，有时候 MACD 死叉出现的时间比较晚，当投资者看到有看跌的 K 线形态时，就应该立即出局，落袋为安。

- 在下跌行情的持续整理形态中，第一卖点并不是必然出现的。

- 同样，由于第一卖点不是必然出现的，因此在组合使用持续整理形态和 MACD 指标研判卖点时，也应以形态理论为主，MACD 指标为辅进行分析。

下面来看一个具体的实例。

实例分析

宝钢股份（600019）下降三角形整理与 MACD 指标组合分析

图 5-33 所示为宝钢股份 2018 年 1 月至 12 月的 K 线图。

从图中可以看到，该股在 2018 年 2 月见顶后步入长时间的下跌行情，在 2018 年 7 月，股价下跌到 7.00 元价位线时出现了一波较大幅度的反弹行情，股价最终反弹至 9.00 元价位线受阻继续下跌。

随后股价经过两次比较明显的反弹，但是反弹高度一波比一波低，而止跌位却保持在 7.00 元的价位线，形成明显的下跌行情中的下降三角形整理形态。

观察同时期的 MACD 指标，在 7 月的大幅反弹行情结束后，DIF 线在 0 轴上方下穿 DEA 线形成死叉后，二者双双跌破 0 轴，始终在 0 轴下方运行。

在 11 月底，股价连续阴线报收拉低股价跌破下降三角形整理形态的下边线，表明股价将延续前期下跌趋势。

而且此时的 DIF 线也在 0 轴下方下穿 DEA 线形成死叉，加强了股价下跌的可靠性，抢反弹的投资者应在股价跌破三角形下边线时进行清仓，避免在后市遭受重大的损失。

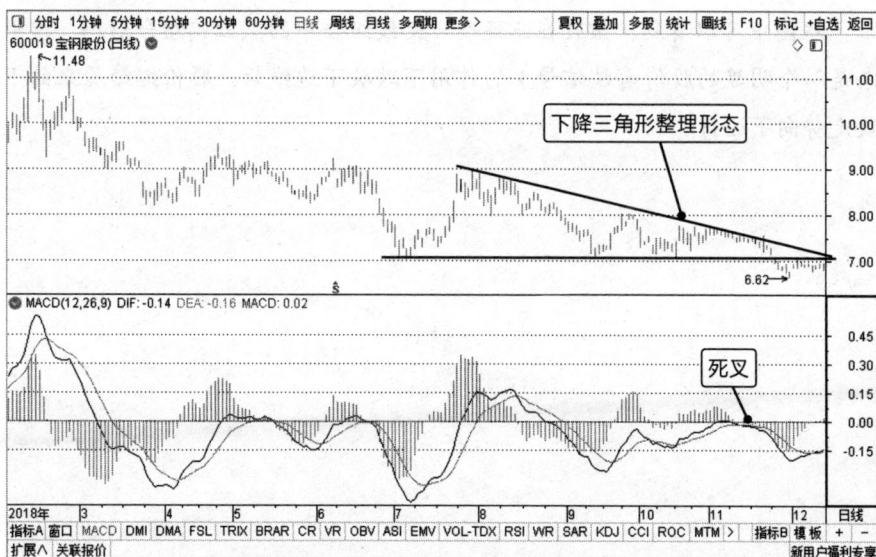

图 5-33　宝钢股份 2018 年 1 月至 12 月的 K 线图

图 5-34 所示为宝钢股份 2018 年 6 月至 2019 年 1 月的 K 线图。

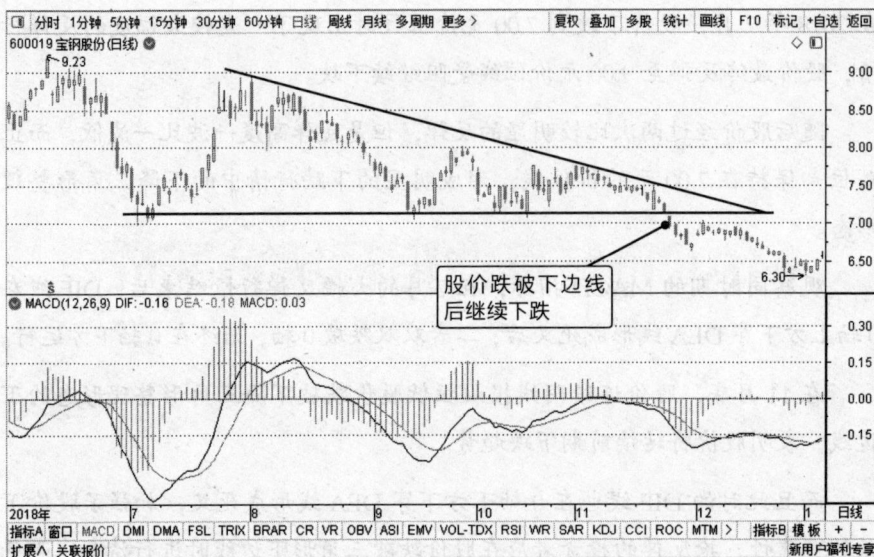

图 5-34　宝钢股份 2018 年 6 月至 2019 年 1 月的 K 线图

从图中可以看到，该股在三连阴（K 线组合中的黑三鸦组合形态，该形态是一个明显的股价看跌信号）的作用下跌破下边线后，股价继续原来的下跌走势向下运行。

第6章

MACD与其他指标结合实战

MACD指标作为技术指标的"指标之王"，可以和炒股技术中的很多技术指标进行配合使用，如成交量指标、移动平均线指标等。在本书的最后一章，将具体介绍MACD指标与其他指标的配合运用，提高投资者的MACD指标综合应用技能。

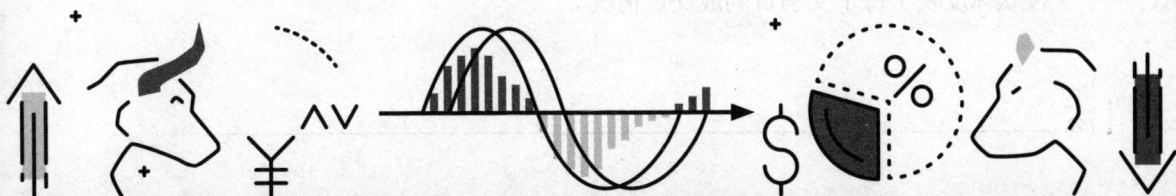

6.1 MACD 与成交量相结合

成交量可以说是股价的动量，是股票交易数量的反映，因此该指标是炒股技术中较为真实可靠的技术指标。将 MACD 指标与成交量结合来对股价未来走势进行研判，也是这两个指标的一种常见用法。

6.1.1 成交量知识快速入门

在股市中，成交量是研判股市行情的重要依据，它可以反映股价走势的强弱及主力操作的痕迹。进行技术分析时加入该指标，在一定程度上可提高判断的准确性。

下面具体来了解一下成交量的相关基础知识，让读者可以快速对成交量有一定的了解。

（1）成交量的相关概念

成交量也有广义和狭义之分，广义的成交量包括成交股数、成交金额、换手率三方面的内容；狭义的成交量仅仅指成交股数。下面针对成交量中的一些重要概念进行介绍。

◆ 什么是成交量

成交量指的是在一个单位时间内成交的数量，包括日成交量、周成交量、月成交量、年成交量，甚至是 5 分钟、30 分钟、60 分钟成交量等。它既可以反映个股的交易数量，也可以反映整个市场总体的交易数量。

无论是分时走势图还是 K 线走势图，都可以看到图中有柱状线，这些柱状线的高低就表示成交量的多少。

图 6-1 所示为华能水电（600025）2022 年 3 月至 6 月的 K 线图。从图中可以看到，在 K 线图下方，每个交易日 K 线都对应一个柱状体，这些柱状体反映了每个交易日的成交量情况。

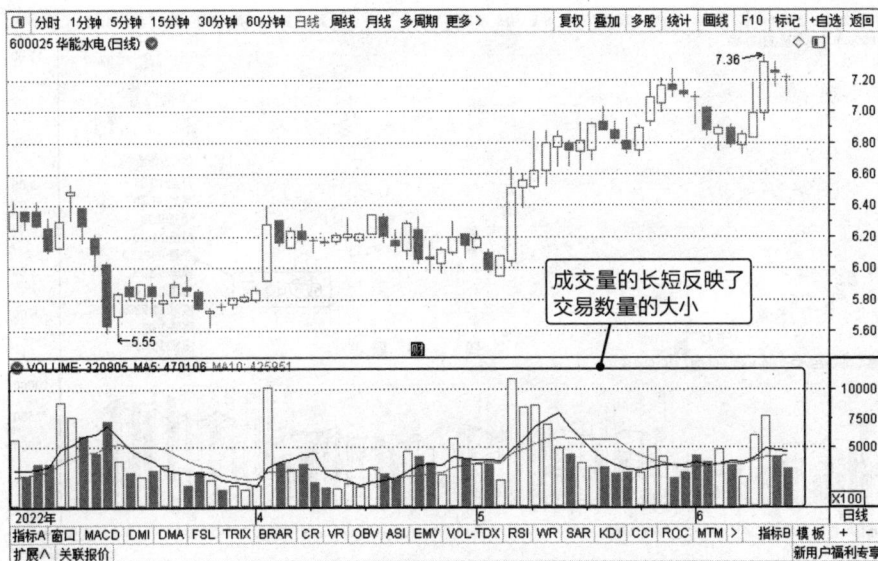

图 6-1　华能水电 2022 年 3 月至 6 月的 K 线图

拓展贴士　*成交量反映市场的供需情况*

　　在股市中，成交量是一种供需表现，当股票供不应求时，此时市场中人气聚集，大家都想要买进，成交量自然放大；反之，当股票供过于求时，此时的市场交投冷清，成交量势必就会萎缩。无论怎样，只要股票上市交易，每日或多或少都会有成交量。

◆ 什么是成交股数

　　成交股数是最常见的指标，它是指在某一特定交易日内，在证券交易所上市交易的某只股票或大盘的成交股数。平常谈论的成交量实际就是指成交股数，它以股为基本单位，在行情分析软件上则是以手为计算单位，二者之间的关系为：100 股 =1 手。

　　图 6-2 所示为中远海能（600026）2022 年 6 月 1 日的交易情况，其中总量显示 898 150，表示成交股数是 898 150 手（即 89 815 000 股）。

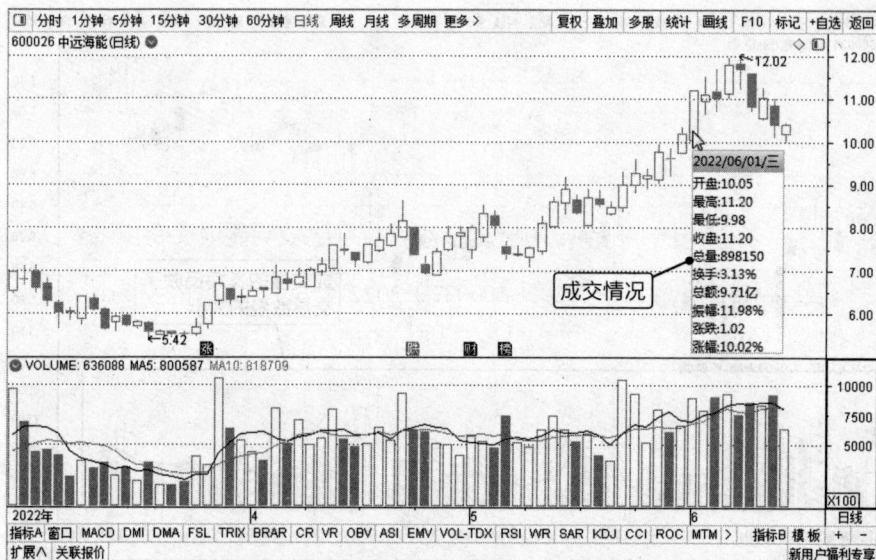

图6-2　中远海能2022年6月1日的成交股数

成交股数非常适用于个股成交量的纵向比较，即观察个股在交易中放量/缩量的相对情况。但是它也存在明显的缺点，即忽略了各股票流通量大小的差别，因此也难以精确表示出个股成交活跃的程度。

比如，某股在某交易日成交1 000万股，对于一个流通盘为1亿股的股票来说，这个10%的换手率显然有点儿高，但是相对于一个流通盘是10亿股的股票，这个成交量相当于1%的换手率，又显得该股当日交投低迷。

因此，通过成交股数不便于对不同股票做横向比较，也不利于分析主力的动态变化。当然，在对个股研判时，目前最常用的还是成交股数。

◆ 什么是成交金额

成交金额（AMOUNT）是指在某一特定交易日内，在证券交易所上市交易的某只股票或大盘的成交金额，它的基本统计单位是元，在行情分析软件上都是以万元为统计单位的。

成交金额显示了证券市场上主力资金的流向及投入市场的资金总量情

况，直接反映即时参与市场交易的资金量多少。成交金额常用于大盘分析，通过成交金额使大盘成交量的研判具有纵向的可比性。

通常所说的两市大盘多少亿的成交量就是指成交金额。在个股实战分析过程中，如果股价变动幅度很大，用个股成交股数或换手率就难以反映出主力资金的进出情况，但用成交金额就可以比较明显地反映出来。

图 6-3 所示为歌华有线（600037）2022 年 5 月 13 日的交易情况，其中总额显示 6.71 亿，即当日成交金额为 6.71 亿元。

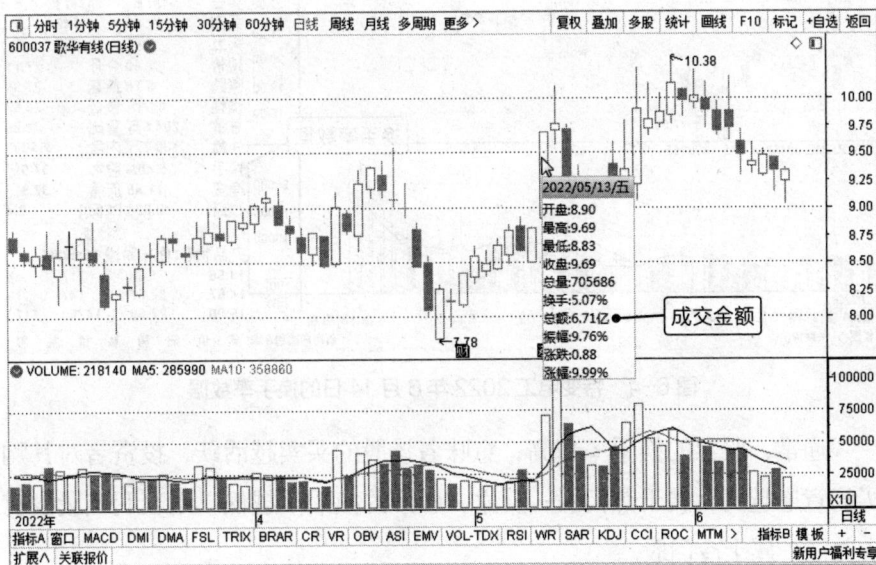

图 6-3　歌华有线 2022 年 5 月 13 日的成交金额

◆ 什么是换手率

我们在介绍成交股数和成交金额时都提到了换手率，那么换手率到底是什么呢？

换手率（TUN）是反映股票流通性强弱的指标之一，在实战操作中可作为看图时长期固定运用的指标。该指标有利于个股之间进行横向比较，可以比较客观地找到放量与缩量的比值，并能准确掌握个股的活跃程度，尤其是可以估计主力进货或拉升阶段的控筹量。

在炒股分析软件中，通过涨幅数据下方的窗口可以直接读取当前的换手率数据，图 6-4 所示为特变电工（600089）2022 年 6 月 14 日的换手率数据。

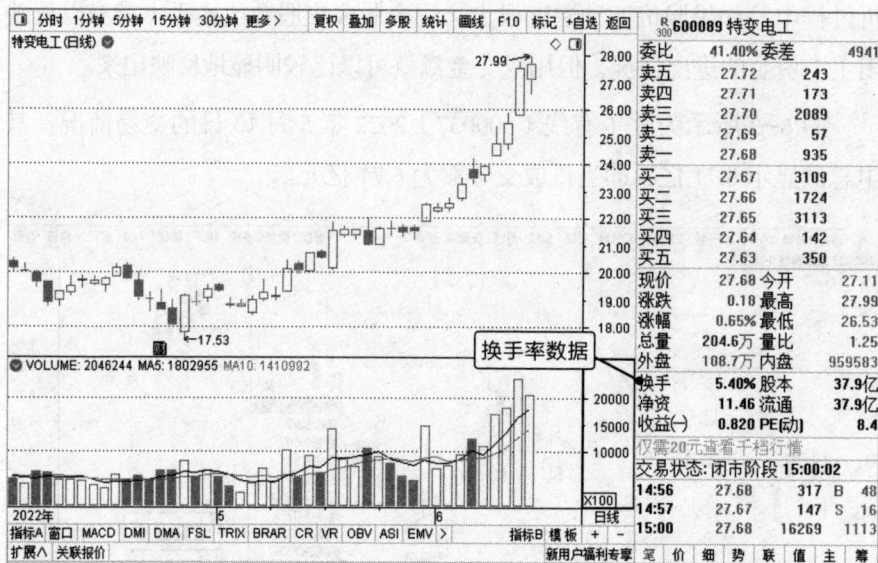

图 6-4　特变电工 2022 年 6 月 14 日的换手率数据

通常，股票的换手率越高，意味着该股的买卖越活跃，投资者对其购买的意愿越高，属于热门股；反之，股票的换手率越低，则表明该股少有人关注，属于冷门股。

一般情况下，大多数股票每日换手率在 1%～25%，根据长期的经验总结，换手率代表的意义可以分为如表 6-1 所示的几个区间。

表 6-1　不同区间的换手率意义

换手率	意　义
3%～7%	该股进入相对活跃状态
7%～10%	标志强势股的出现，股价处于高度活跃当中
10%～15%	实力强大的主力密切关注并操作
>15%	持续多日，该股有可能成为最大黑马

（2）成交量的分类有哪些

成交量是研究和预测行情的重要指标之一，其大小反映了多空双方交战的规模和争夺的激烈程度。它可以从时间和形态上划分不同的类型，下面分别进行介绍。

◆　按时间划分的成交量

按时间划分成交量的基础是 K 线的类型，不同的 K 线类型对应相应的成交量类型，如分时成交量、日成交量、周成交量、月成交量、季成交量和年成交量等，默认情况下是日成交量。通过它们的名称就可以知道当前分析的成交量的时间周期。

图 6-5 所示为国金证券（600109）2016 年 11 月至 2022 年 6 月的月 K 线走势，其下方对应的成交量就是月成交量。

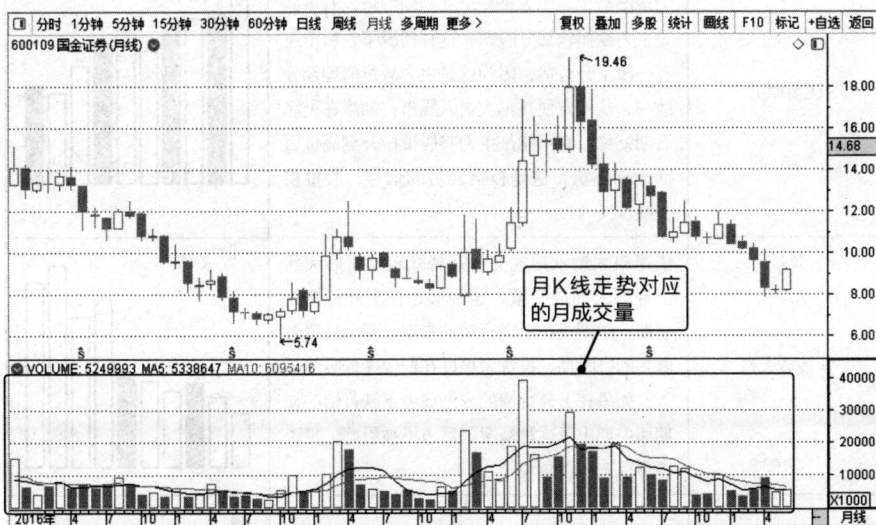

图 6-5　国金证券 2016 年 11 月至 2022 年 6 月的月 K 线走势

对于分时成交量而言，它又可以分为 1 分钟成交量、5 分钟成交量、15 分钟成交量、30 分钟成交量和 60 分钟成交量。

◆ 按形态划分成交量

成交量按形态划分可以分为 5 种，分别是逐渐放量、逐渐缩量、快速放大量、快速出小量和量平。不同的形态，在行情中的意义是不同的，具体介绍如表 6-2 所示。

表6-2　按形态划分成交量

类　型	意　义	形　态
逐渐放量	逐渐放量就是随着时间的推移成交量总体趋势为逐步增大。在上涨初期出现逐渐放量形态，表示后市看好，投资者可以在低位建仓；如果在上涨后期出现逐渐放量形态，行情有可能出现转势，因此投资者需要认真分析，谨慎入市	
逐渐缩量	逐渐缩量就是随着时间的推移成交量总体趋势为逐渐减少。如果是在上涨初期缩量，有可能是主力欲抛售部分股票，这种情况下，后市还有一段上升行情，因为这是主力故意清理部分散户，从而方便其再次进入股市；如果在上涨后期缩量，有可能是主力将股价拉升到高位后欲全部出货，这是行情转势的信号，股价将下跌	
快速放大量	快速放大量就是成交量在持续较小量后突然出现很大的成交量。这种形态在上升行情的初期、中期或在下降行情的末期，都是投资者做多的好时期，投资者可以在低位逢低吸纳买入；如果在上升行情的末期或者下跌行情的初期和中期出现这种情况，后市不被看好，投资者可以选择空仓观望	
快速出小量	快速出小量就是在连续出现很多大的成交量后突然出现较小的成交量。这种形态出现在上升行情或在下降行情的初期和中期都不适宜入市，投资者应选择空仓观望的策略，而在下降行情的末期，由于做空局势已经基本稳定，投资者应转空头为多头，分批建仓	

续表

类　型		意　义	形　态
量平	量大平	上升行情初期，量大平主要是由于多方主力采取稳扎稳打的策略，主力步步为营推高股价，后市看涨，因此投资者可以跟着主力做多；而在上升行情中期，为了防止主力连续用量大平出货，投资者可以退出观望	
	量中平	上升行情中期出现量中平形态，投资者要谨慎做多；而在下降行情中出现量中平，主要是由于下跌趋势已经比较明显，持股者已在陆续出货	
	量小平	上升行情中期出现量小平，说明主力很强，投资者可以持股做多；而在后期出现量小平，投资者可再持股一段时间，因为主力出货不能在瞬间完成。下降行情初期或中期出现量小平都是主力在大量出货，后市将继续下跌，投资者应全线做空；而在后期，由于行情趋于见底，此时投资者可以逢低纳入，分批建仓	

（3）天量与地量

天量与地量是相对于正常情况下的交易量而言，对股价走势有重要的分析意义。

◆ 天量

天量是指在股价运行过程中突然放出一根巨大的量（至少是前一天成交量的两倍以上）。不同行情的天量的操作策略不同，其具体内容如下所示。

① 在股价高价位区出现天量，此时可能是主力在高位放量出货，预示股价见顶，后市可能出现行情逆转。股市中常说的"天量天价"就是指这个阶段的天量。此时投资者应果断出局，逃离风险。

② 在股价低价位区或上涨过程中出现天量，只要在出现天量后几个

交易日中股价不跌破天量当日的低点且股价超过前期高点，投资者即可适量介入。因为此时的天量是主力通过对敲手段制造的，其目的是清理浮筹。

图 6-6 所示为中国东航（600115）2021 年 12 月至 2022 年 6 月的 K 线走势图，从图中可以看到，股价在运行过程中，在 2022 年 3 月 22 日突然放出巨大的成交量出现天量。

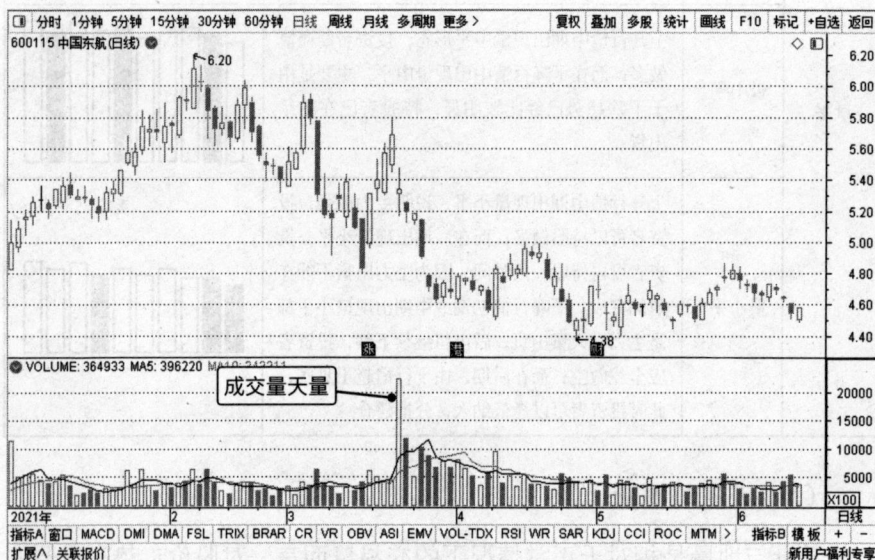

图 6-6　中国东航 2022 年 3 月 22 日出现天量

◆ 地量

地量就是指个股成交量呈现出极度缩小的状态，而且一般还具有一定的持续性，它往往出现在个股下跌行情末期，是市场走势出现反转的一个重要信号。

大唐电信（600198）在股价下跌底部的 2021 年 1 月底成交量极度缩小，出现地量，如图 6-7 所示。

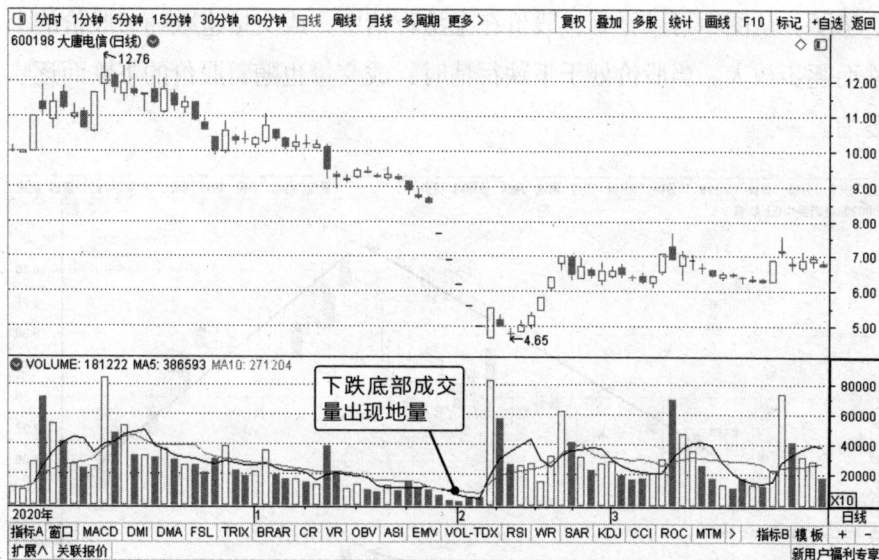

图 6-7　大唐电信 2021 年 1 月底出现地量

地量出现后投资者必须要注意，这一时期往往是中线进场时机，如果再结合其他基本面、技术面的分析，一般来说都会有不错的收益。

由此可见，地量作为成交量指标的一种表现形式，由于其不可能存在欺骗性，对投资者的操作具有相当强的实战指导价值，因而授之以"最有价值的技术指标"的桂冠，其真实性及实用性也是其他技术指标望尘莫及的。

（4）量价配合与量价背离

量价配合与量价背离主要反映成交量与价格的关系，下面具体对其进行介绍。

◆　量价配合

量价配合是指成交量的增减与股价涨跌成正比，股价与成交量运行变化的方向一致。

图 6-8 所示为江苏吴中（600200）2021 年 11 月至 2022 年 1 月的 K 线

走势图。从图中可以看到，股价在上涨行情中，成交量也跟随着股价的上涨而逐步放大。当股价处于下跌行情时，成交量也随着股价的下跌而逐步萎缩。

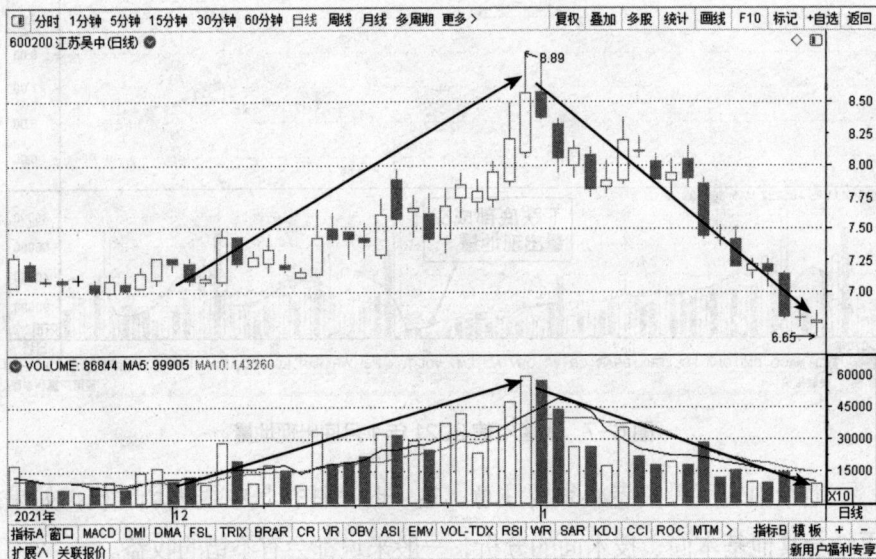

图 6-8　江苏吴中量价配合

◆ 量价背离

量价背离是指成交量的增减与股价涨跌成反比，股价与成交量运行变化的方向不一致。当股价上涨时，成交量萎缩或持平；股价下跌时，成交量呈现放量下跌状态。

量价背离进一步表明个股当前量价关系与之前的量价关系发生了改变。出现量价背离的走势时，股价趋势会出现转变。

图 6-9 所示为中国宝安（000009）2021 年 5 月至 11 月的 K 线走势图。从图中可以看到，股价在上涨行情中，成交量随着股价的不断上涨而不断缩小；在股价见顶回落后，成交量随着股价的快速下跌而出现温和的放大形态。

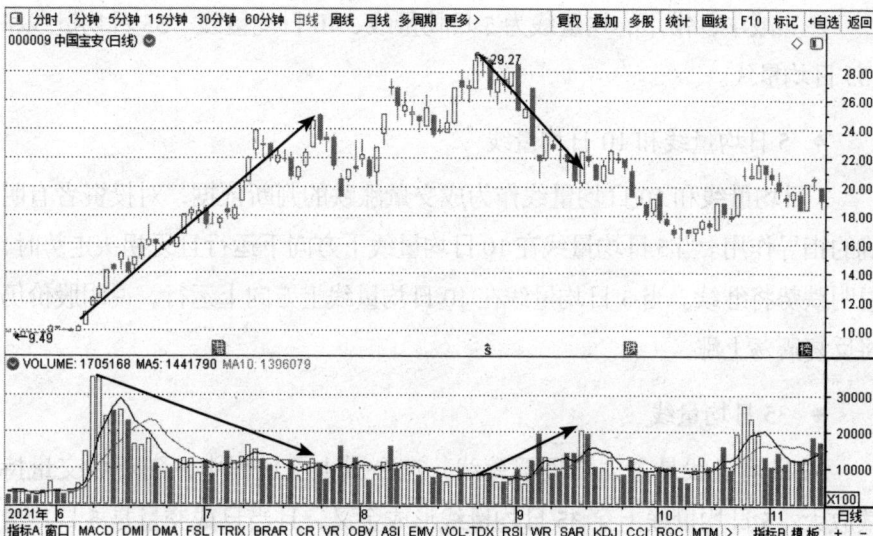

图 6-9　中国宝安量价背离

（5）了解成交量的均量线

成交量平均线即均量线，它是一种反映一定时期内市场成交情况的技术性指标。均量线是将一定时期内的成交量相加后平均，在成交量的柱形图中形成较为平滑的曲线，如图 6-10 所示。

由于均量线反映的是一定时期内市场成交量的主要趋势，与常用的移动平均线的原理相同，因此金叉和死叉等均线理论在均量线中也适用（有关内容将在本章后面详细讲解）。

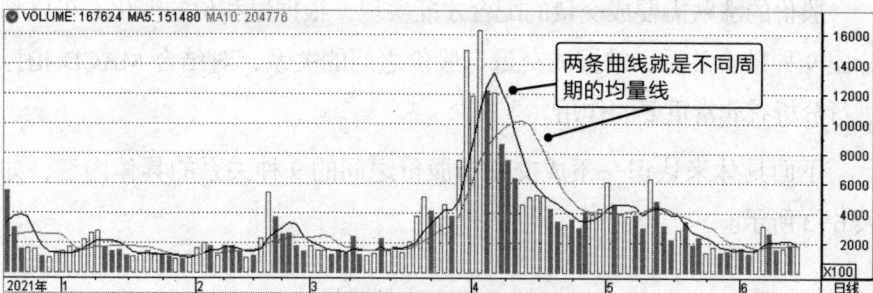

图 6-10　炒股软件中的均量线

在实战中，常用的均量线为 5 日均量线、10 日均量线、35 日均量线和 135 日均量线。

◆ **5 日均量线和 10 日均量线**

5 日均量线和 10 日均量线作为成交量涨跌的判断依据，对投资者有明确的指导作用。当 5 日均量线在 10 日均量线下方向下运行且无拐头走势时，说明跌势将继续。当 5 日均量线在 10 日均量线上方向上运行，说明股价仍将反复震荡上涨。

◆ **35 日均量线**

35 日均量线是主力清理浮筹线，在个股上涨过程中，随着成交量持续放大，5 日均量线上穿 35 日均量线形成金叉，且当日成交量是 5 日均量两倍以上，视为最佳买入点。随着股价再创新高，若 5 日均量线向上疲软且有拐头现象，或下穿 35 日均量线形成死叉，一旦量缩价跌，就是短线卖点。

◆ **135 日均量线**

135 日均量线是资金异动线，成交量在 135 日均量线下方时，投资者应持币观望；当成交量突破 135 日均量线，说明有资金异动，这个时候投资者就应密切关注。

（6）成交量与股价之间的关系

股价的涨跌需要成交量的配合才能实现，根据量和价的变化，可以划分出 9 种量价关系。掌握成交量与股价之间的关系，对结合 MACD 指标进行分析有非常重要的作用。

下面具体来认识一下成交量与股价之间的 9 种关系的具体内容，如表 6-3 所示。

表 6-3　成交量与股价之间的 9 种关系

量价关系	概　念	市场意义
量增价升	是指股价随着成交量的放大而上涨	①在上涨初期或上涨途中出现量增价升，说明场外资金不断注入，后市看涨，此时为明显的买入信号。 ②在上涨末期出现量增价升，是主力高位出货，后市看跌，待主力完全出货后，行情将逆转。 ③在下跌初期或下跌途中出现量增价升往往是股价反弹，当量能不能继续放大时反弹结束，下跌继续。 ④在下跌末期出现量增价升，股价不会立即大幅上涨，可能会经历一个调整回落的阶段
量增价平	是指成交量放大的同时股价在一定价位区间内水平波动，股价趋于水平变化	①在上涨初期或上涨途中出现量增价平，说明场内抛压重，只要股价没有跌破 60 日均线，后市将向上突破盘整，会继续上涨。 ②在上涨末期出现量增价平，是主力在高位借助盘整形态趁机出货，一旦主力出货完毕，行情就会逆转步入下跌行情。 ③在下跌初期或下跌途中出现量增价平，股价跌破形态后，后市会继续下跌，即使向上突破，也会上涨受阻回落。 ④在下跌末期出现量增价平，预示有大量资金介入后市，股价有望见底，行情可能发生逆转，投资者应做好买入准备
量增价跌	是指随着成交量的放大，股价出现不涨反跌的走势	①在上涨初期或上涨途中出现量增价跌，是主力震仓清理浮筹，只要股价在均线位置获得支撑，就会继续上涨。 ②在上涨末期出现量增价跌，说明做多量能衰减，股价上涨乏力，行情即将反转，后市可能出现见顶回落。 ③在下跌初期或下跌途中出现量增价跌，主要是主力派发完成，股价上涨失去主力依托，做空动能强，这是明显的助跌信号，后市看空。 ④在下跌末期出现量增价跌，说明有资金接盘，尤其是出现快速放量下跌形态，往往是主力诱空，后期有望形成底部或产生反弹
量减价跌	是指成交量减少的同时，股价出现下跌的走势	①在上涨初期出现量减价跌，属股价正常回落调整，后市看涨。 ②在上涨途中出现量减价跌为主力震荡清理浮筹，后市看涨，该阶段必须量减，否则股价将持续下跌。 ③在上涨末期出现量减价跌，说明主力开始出货，若随后股价走势疲软，则行情可能发生逆转。 ④下跌初期量减价跌，且在几个交易日内成交量也未见明显增加，后市看跌，投资者应及时离场。 ⑤下跌途中量减价跌，股价将继续下跌，投资者应持币观望。 ⑥在下跌末期出现量减价跌，说明行情运行到底部，此时在短时间内股价可能反弹，之后创新低

量价关系	概　念	市场意义
量减价平	是指成交量减少，股价走势几乎是在一定价位区间内水平波动	①上涨初期出现量减价平，表示市场方向不明确，投资者应观望。 ②在上涨途中出现量减价平是主力横盘清洗浮筹的手段，只要股价不跌破60日均线，后市将继续上涨。 ③在上涨末期出现量减价平，若前期持续大量，此时说明主力出货完毕，后市必然下跌。 ④下跌初期或下跌途中出现量减价平，此时为弱势信号，投资者应谨慎操作。 ⑤在下跌末期出现量减价平，说明行情见底，后市将企稳回升
量减价升	是指股价随着成交量的减少而上涨	①在上涨初期或下跌末期出现量减价升，股价上涨无量配合，说明上涨高度有限，后市可能会出现股价回落下调或者横盘整理。 ②在上涨途中出现量减价升是主力大量吸筹后锁仓拉升股价，后市会继续上涨（若在大盘中，说明大盘走势转弱，投资者应谨慎做多）。 ③在上涨末期出现量减价升，这是明显的量价背离形态，是强烈的行情逆转信号，后市将进入一段下跌行情。 ④在下跌初期或下跌途中出现量减价升，说明价格会反弹，但是如果成交量不能继续放大，股价反弹将结束，后市继续下跌
量平价升	是指成交量几乎是在一定幅度水平波动，同时股价出现上涨的走势	①在上涨初期出现量中平、量大平，后市看涨；出现量小平说明资金介入有限，上涨无法维持，短期内股价会出现回落走势。 ②在上涨途中，量小平说明主力高度控盘，后市继续看涨；量中平说明股价运行方向不明；量大平则看淡后市。 ③在上涨末期，量大平为滞涨信号，后市看弱，由于主力出货不能在瞬间完成，因此出现量小平可以再持股一段时间。 ④在下跌初期或下跌途中出现量平价升，此时价升属于一个技术反弹，只要后期量不增加，后市股价将继续下跌，投资者应止损离场
量平价平	是指成交量几乎是在一定幅度水平波动的同时股价也呈现出横向整理的走势	①在上涨初期出现量平价平，表明多空双方暂时取得平衡，后市方向不明，投资者应以观望为主。 ②在上涨的途中出现量平价平，说明市场观望气氛较重，投资者应谨慎看多，但须谨防股价回调。 ③在上涨末期出现量平价平，表明股价相对滞涨，随时可能反转下跌，投资者宜清仓观望。 ④在下跌途中出现量平价平，此时如果均线仍处于空头排列，表明股价并未止跌，后市仍有下跌空间。 ⑤在下跌末期出现量平价平，此时做空量能得到充分释放，如果此时的量能已经极度萎缩，说明底部不远，可逐步建仓

续表

量价关系	概　念	市场意义
量平价跌	是指成交量几乎是在一定幅度水平波动的同时股价出现下跌的走势	①在上涨初期或上涨途中出现量平价跌，是主力盘整洗筹，只要股价不跌破 60 日均线，后市继续看多。 ②在上涨末期出现量平价跌，说明股价在拉升到预期高度后，主力在开始逐渐出货，后市看跌。 ③在下跌初期或下跌途中出现量平价跌，股价将继续下跌，后市看空。 ④下跌末期出现量平价跌，若成交量为量小平，说明股价运行到低位区，后市将出现见底回升的行情

在对成交量的各种基本概念、形态和与股价的关系有所了解后，下面就来具体看看成交量如何与 MACD 指标综合使用，提高研判股价买卖点的可靠性。

6.1.2　DIF 线与股价底背离时成交量放量买入

在股价大幅下跌的低位，如果 DIF 线与股价发生底背离，此时表明市场中的下跌动能逐渐衰弱，上涨动能逐步增强，由于上涨动能未得到完全释放，所以此时的成交量相对较小。

但是随着底背离的结束，上涨动能得到完全释放时，成交量将明显放大，此时是投资者介入的好时机。

如果在 DIF 线与股价发生底背离后，成交量迟迟不见放大，说明此时市场中的上涨动能不够强劲，空方势力仍占据一定的地位。投资者应警惕股价继续下跌的风险，不可贸然抄底。

下面来看一个具体的实例。

实例分析

中集集团（000039）DIF 线与股价底背离后放量买入分析

图 6-11 所示为中集集团 2019 年 12 月至 2020 年 7 月的 K 线图。

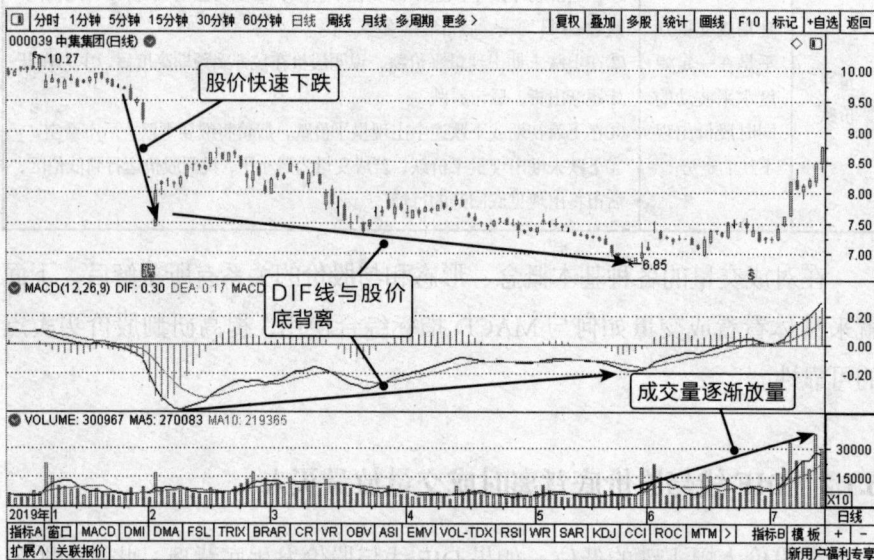

图 6-11　中集集团 2019 年 12 月至 2020 年 7 月的 K 线图

从图中可以看到，该股在下跌到 2020 年 1 月下旬后，股价经历了一波快速下跌行情，在 2 月 4 日企稳后经历了短暂的小幅度反弹后股价继续下跌，于 2020 年 5 月 27 日创出 6.85 元的新低。

观察同时期的 MACD 指标可以发现，在股价快速下跌的过程中，DIF 线与 DEA 线均跌破 0 轴，随后在股价企稳时 DIF 线拐头向上运行，在股价创下新低时，DIF 线并没有继续出现新低，而是出现一个相对高的低点，与股价在底部形成底背离形态，表明市场中的下跌动能逐渐衰弱，表现在 K 线图上为跌幅明显放缓。

　　股价在创出 6.85 元的新低后底背离形态结束，随后股价连续 3 个交易日收出阳线拉升股价脱离下跌行情，之后股价一路震荡上行，而对应的成交量也出现明显的放大形态，表明市场中的上涨动能较为强劲，此时也是投资者买入进场的绝佳时机。

　　图 6-12 所示为中集集团 2020 年 5 月至 2021 年 2 月的 K 线图。

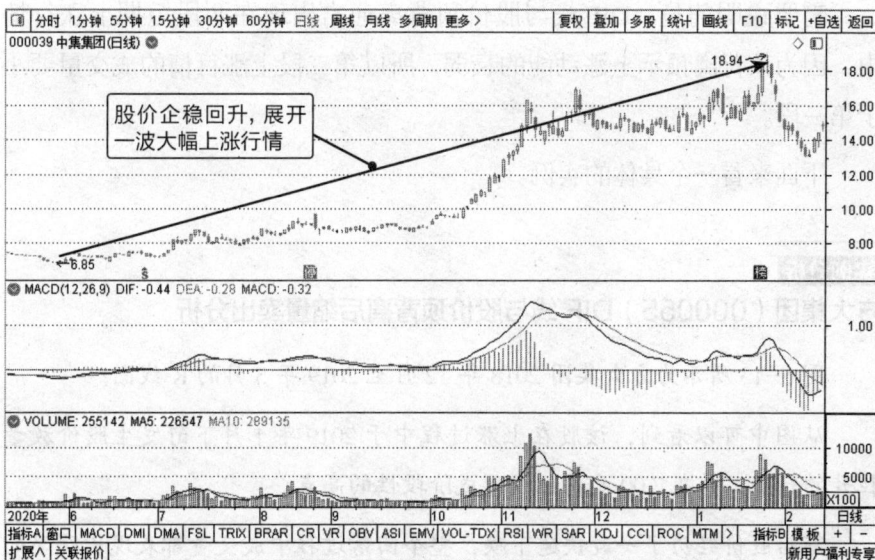

图 6-12　中集集团 2020 年 5 月至 2021 年 2 月的 K 线图

　　从图中可以看到，该股在 2020 年 5 月 27 日创出 6.85 元的低价后，股价企稳回升步入上涨行情，最高上涨到 18.94 元的高价，涨幅超过 176%。

　　如果投资者把握住了最佳介入时机，在后市股价持续回升的过程中将获利颇丰。

6.1.3　DIF 线与股价顶背离时成交量缩量卖出

　　在股价大幅上涨的高位，如果 DIF 线与股价发生顶背离，此时表明市场中的上涨动能逐渐衰弱，下跌动能开始聚集，但由于此时仍处于上涨行情中，因此成交量相对较大。

但是随着顶背离的结束，下跌动能开始释放，成交量也随着股价的下跌出现缩量形态，此时投资者要积极抛售出局，规避股价逆势运行风险。

需要说明的是，DIF 线与股价顶背离通常出现在两段短期上涨行情中，因为顶背离预示上涨动能的衰弱，所以第二段上涨行情的成交量要小于第一段。

下面来看一个具体的实例。

实例分析

方大集团（000055）DIF 线与股价顶背离后缩量卖出分析

图 6-13 所示为方大集团 2018 年 12 月至 2019 年 5 月的 K 线图。

从图中可以看到，该股在上涨过程中于 2019 年 1 月下旬发生股价放量拉升的行情，并在 7.00 元价位线形成阶段性的高点。

随后股价经历了一波快速下跌，整个回落过程中成交量都表现出明显的缩小。DIF 线也在此拐头向下运行，形成一个明显的拐点。

该股最终在 2 月初止跌后继续上涨行情，但是此时的成交量相对于前期的放量上涨行情没有明显的放大，说明此时上涨动能衰弱。

在 3 月下旬，股价上涨到 7.00 元价位线时，出现连续两个交易日成交量明显放量拉升股价突破 7.00 元价位线的走势，这种走势给人以股价将强势拉升的错觉。

但是股价很快上涨到 8.00 元价位线后创出 8.52 元新高就出现滞涨，同时期的 DIF 线也拐头向下形成一个明显的拐点，此时的 DIF 线高点相比前期的 DIF 线高点而言明显较低，股价与 DIF 线在股价高位区域形成顶背离形态。

由此来看，此时的滞涨就是主力的一个技术陷阱，以此迷惑散户在高位追涨，从而达到出货的目的。

在整个滞涨过程中，成交量却出现明显的缩量形态，说明行情已经逆转，此时投资者要及时卖出股票，规避行情大幅下跌的风险。

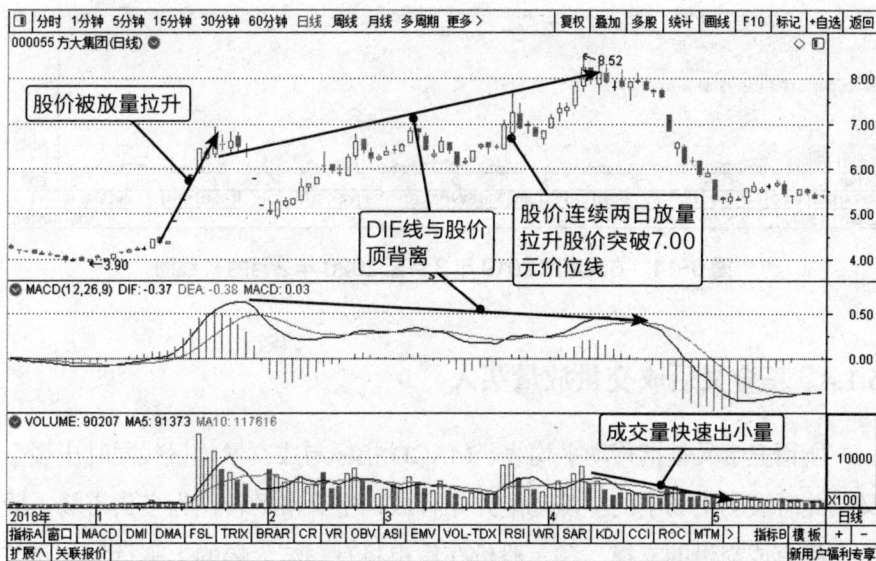

图 6-13　方大集团 2018 年 12 月至 2019 年 5 月的 K 线图

图 6-14 所示为方大集团 2019 年 3 月至 2020 年 2 月的 K 线图。

从图中可以看到，该股在顶背离结束后，下跌动能开始释放，成交量出现急速缩小，股价也迅速回落，且下跌的持续时间也很长。

如果在顶背离结束后发出卖出信号时投资者没有及时抛售出局，在后市的深幅下跌行情中就会面临重大的投资损失。

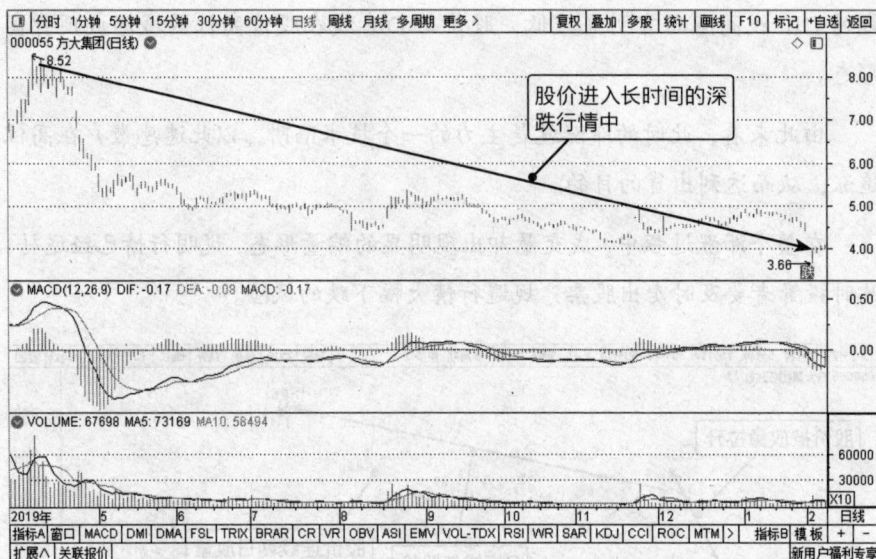

图 6-14　方大集团 2019 年 3 月至 2020 年 2 月的 K 线图

6.1.4　三金叉后成交量放量买入

所谓三金叉是指移动平均线、MACD 指标与成交量均量线同时出现金叉，此时表明市场中的上涨动能开始释放，空头市场转化为多头市场。股价上涨有成交量的支撑，预示股价在后市将有一波大幅的上涨行情，是较为可靠的买入信号，投资者应逢低吸纳买入，积极做多。

需要注意的是，这里的移动平均线和成交量均量线的周期分别是 5 日和 10 日。

下面来看一个具体的实例。

实例分析

红星发展（600367）三金叉后成交量放量买入分析

图 6-15 所示为红星发展 2020 年 12 月至 2021 年 3 月的 K 线图。

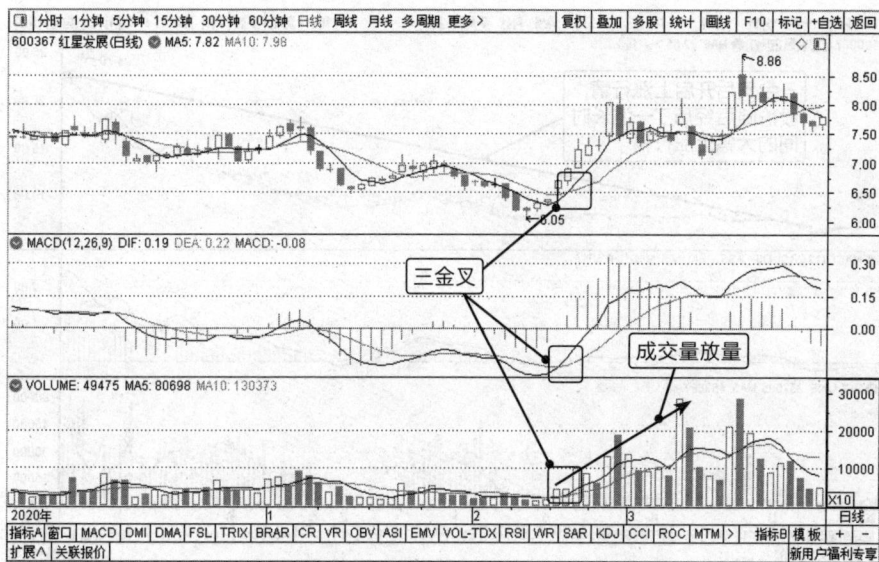

图 6-15　红星发展 2020 年 12 月至 2021 年 3 月的 K 线图

从图中可以看到，该股在大幅下跌后于 2021 年 2 月 8 日创出 6.05 元的最低价，此时成交量已经缩小到地量，说明行情有望止跌。

之后该股连续收出阳线将股价步步推高，行情出现明显的涨势。同时期的 5 日均量线从下上穿 10 日均量线形成金叉，MACD 指标的 DIF 线拐头向上上穿 DEA 线形成金叉，5 日移动平均线也拐头向上运行并上穿 10 日移动平均线形成金叉。

至此出现三金叉，之后股价继续上涨，成交量也配合放大，表明市场中的上涨动能开始释放，投资者应及时买入进场。

图 6-16 所示为红星发展 2021 年 1 月至 9 月的 K 线图。

从图中可以看到，三金叉形成后，股价开始上涨，成交量也配合放大，上涨行情初步形成。

从该股后市的涨势来看，整个上涨过程持续的时间较长，而且涨幅也比较大，如果投资者能够识别出三金叉后成交量放量发出的买入信号，即可以相对最低价买入该股，后市获益将非常可观。

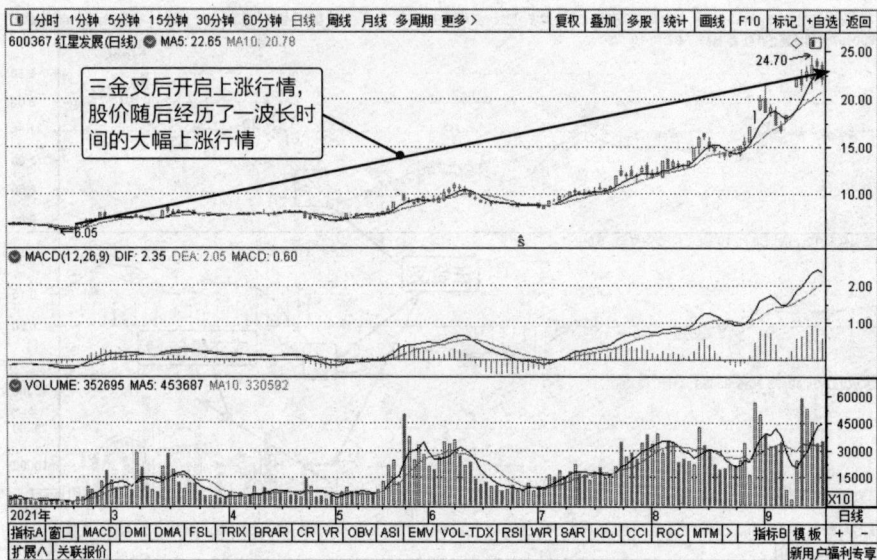

图 6-16　红星发展 2021 年 1 月至 9 月的 K 线图

6.1.5　三死叉与成交量结合使用

所谓三死叉是指移动平均线、MACD 指标与成交量均量线同时出现死叉，此时表明市场中的下跌动能开始释放，多头市场转换为空头市场。股价下跌有成交量缩量的配合，是强烈的后市看跌的信号，投资者应果断抛售出局，规避风险。

同样需要注意的是，这里的移动平均线和成交量均量线的周期分别是 5 日和 10 日。

下面来看一个具体的实例。

实例分析

汉马科技（600375）三死叉后成交量缩量卖出分析

图 6-17 所示为汉马科技 2021 年 5 月至 8 月的 K 线图。

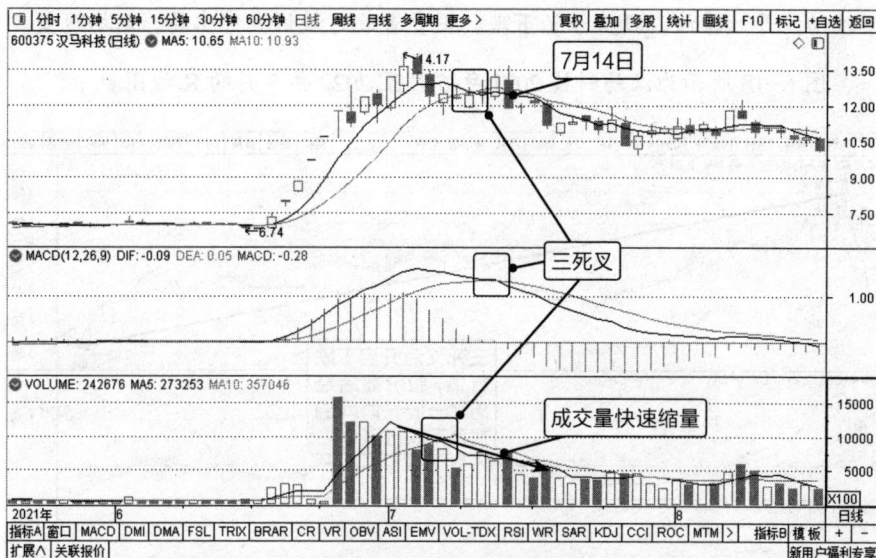

图 6-17 汉马科技 2021 年 5 月至 8 月的 K 线图

从图中可以看到，该股在 2021 年 6 月中下旬出现强势上涨行情，不到 10 个交易日的时间，股价从 6.74 元附近被拉升到 12.00 元的高价位后涨势减缓。随着股价的震荡上涨，该股于 2021 年 7 月 2 日以 3.49% 的涨幅收出阳线并且创出 14.17 元的最高价。

在接下来的两个交易日，该股收出两根下行的阴线，将股价拉低到 12.00 元价位线后止跌，之后该股出现横盘走势，同时期的 5 日均线和成交量的 5 日均量线均出现拐头向下的运行趋势，MACD 指标的 DIF 线也在 0 轴上方拐头向下。

在整理过程中，5 日均量线下穿 10 日均量线形成死叉，5 日移动平均线也下穿 10 日移动平均线形成死叉。

7 月 14 日，该股低开低走，当日收出跌停板的大阴线，与此同时，MACD 指标的 DIF 线也出现下穿 DEA 线形成死叉的形态。至此，行情出现三死叉。

之后股价震荡下跌，同时成交量也出现明显的快速缩量，说明市场中的下跌动能开始释放，股价开始下跌，投资者此时最好抛售出局，离场观望。

图 6-18 所示为汉马科技 2021 年 6 月至 2022 年 5 月的 K 线图。

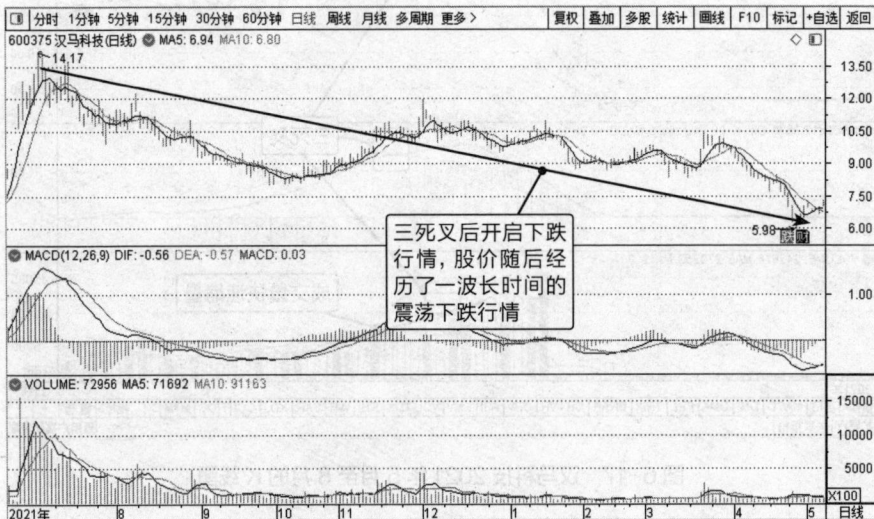

图6-18 汉马科技2021年6月至2022年5月的K线图

从图中可以看到，三死叉形成后，股价开始下跌，成交量也配合快速缩量，下跌行情初步形成，而且后市也将继续下跌。投资者在识别出三死叉后成交量缩量发出的卖出信号后，应积极卖出，落袋为安。

6.2　MACD 与移动平均线相结合

从 MACD 指标的中文名称指数平滑异同移动平均线可知，该指标与移动平均线有着密切的关系。下面将具体介绍 MACD 指标如何与移动平均线结合使用。

6.2.1　移动平均线使用快速入门

在技术分析中，移动平均线（Moving Average，简称 MA）也是一种比较简单易学的指标，在前面介绍 MACD 指标与成交量指标组合分析的过程中也涉及了一些移动平均线的知识，下面将具体介绍使用移动平均线指标进行技术分析时需要掌握的一些基本知识。

（1）移动平均线基础内容概述

　　股价移动平均线是分析价格运行趋势的一种方法，它是连接按固定样本数计算出的股价移动平均值的平滑曲线，其直接加载在主图上，默认情况下显示 5 日、10 日、20 日和 60 日移动平均线，如图 6-19 所示。

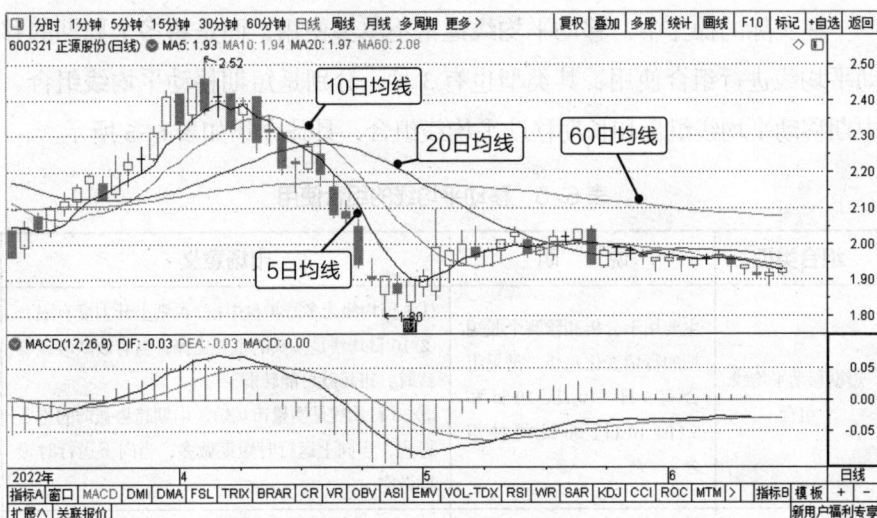

图 6-19　股价移动平均线

　　根据移动平均线周期的不同，可将其分为短期移动平均线、中期移动平均线和长期移动平均线 3 类，具体介绍如表 6-4 所示。

表 6-4　不同周期的移动平均线介绍

周期类型	描　述
短期移动平均线	指一个月以下的移动平均线，其波动较大，过于敏感，适合短期投资者。常用的短期移动平均线包括 5 日均线和 10 日均线，其中，5 日均线代表 1 个星期股价运行方向；10 日均线代表半个月股价运行方向

续表

周期类型	描　　述
中期移动平均线	指一个月以上、半年以下的移动平均线，其走势较沉稳，因此常被使用。常用的中期移动平均线大多以 20 日均线、30 日均线和 60 日均线为准，20 日均线或 30 日均线又叫月移动平均线，代表一个月的平均价或成本；60 日移动平均线俗称季线，另外还有以 55 日、72 日、89 日移动平均线作为中期平均线的
长期移动平均线	是指半年以上的移动平均线，其走势过于稳重不灵活，适合长线投资者。通常以 120 日移动平均线代表半年线，250 日移动平均线代表年线

在实际的操作中，移动平均线通常不单独使用，而是将多个周期的移动平均线进行组合使用，其类型也有 3 种，分别是短期移动平均线组合、中期移动平均线组合和长期移动平均线组合，具体介绍如表 6-5 所示。

表 6-5　移动平均线的组合使用

组合类型	说　　明	市场意义
短期移动平均线组合	主要用于分析和预测个股短期的行情变化趋势，常见组合有 5 日、10 日、20 日和 5 日、10 日、30 日两种组合	① 5 日均线为多方护盘中枢，否则上升力度有限。② 10 日均线是多头的重要支撑，当有效跌破该均线时，市场就可能转弱。③ 30 日均线是衡量市场短、中期趋势强弱的重要标志，当向上运行时短期做多；当向下运行时短期做空
中期移动平均线组合	主要用于分析和预测大盘或个股中期的行情变化趋势，常见组合有 10 日、30 日、60 日和 20 日、40 日、60 日两种组合	①在上涨行情中，中期移动平均线组合均向上运行会加强股价上涨的强度，投资者可逢低吸纳，持股待涨。②在下跌行情中，中期移动平均线组合均向下运行会加强股价下跌的强度，投资者应果断抛售，止损
长期移动平均线组合	主要用于观察大盘或者个股中长期的行情变化趋势，常见组合有 30 日、60 日、120 日和 60 日、120 日、250 日两种组合	①在上涨行情中，长期均线组合形成金叉后向上运行，后市看多，投资者可在金叉位置介入，长期持股。②在下跌行情中，长期均线组合形成死叉后向下运行，后市看空，投资者应在死叉出现后立即出局

拓展贴士　*短期均线有可能具有欺骗性*

　　短期波动很容易被主力刻意画线，因此短期均线最容易被操纵（即被骗线），而中长期趋势则很难故意骗线，假如所有的投资人参考的均线周期都是 250 日均线，即使主力知道这一点，也无法进行骗线。这也是需要同时考虑 3 种趋势进行配置的主要原因之一。

　　从实战意义上来说，用中期移动平均线均线组合分析和研究行情变动趋势比短期移动平均线组合的准确性和可靠性要高。

（2）移动平均线的转点

　　由于股价是以波动形态出现的，因此当移动平均线运行一段时间后，也会出现波峰和波谷，这就是转点。移动平均线的转点非常重要，它通常预示着趋势的转变。转点有波峰转点和波谷转点两种。

◆ 波峰转点

　　当一个移动平均线向上运行后无法再创出新高，并显示出波峰形状（即改变运行方向）后，就是有可能转变趋势的征兆，这种转点通常也是卖点。

◆ 波谷转点

　　在股价下跌过程中，移动平均线向下运行，当移动平均线转平并掉头向上时，就形成了波谷，这种转点通常是人们所说的买点。

　　当股价突然发生逆向运行时，时间周期越长的移动平均线的转点越平滑，时间周期越短的移动平均线转点越尖锐，如图 6-20 所示。

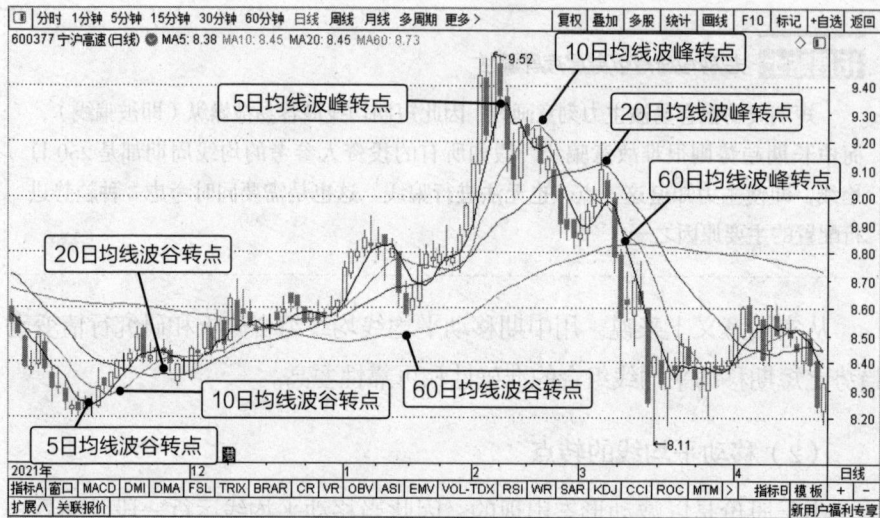

图 6-20　移动平均线的转点

（3）移动平均线的交叉

由于不同周期的移动平均线随股价变化的灵敏度不同，因此当股价持续发生较大波动，或者原有趋势发生转变时，短期移动平均线就会先出现转点，中、长期移动平均线后出现转点，这样就会形成不同周期移动平均线的交叉。

根据形成交叉点方式的不同，可将这些交叉分为黄金交叉和死亡交叉两类，下面分别进行介绍。

◆ 黄金交叉

股价在上涨的过程中，上升的短期移动平均线由下而上穿过上升的中、长期移动平均线形成的交叉就是黄金交叉，简称金叉，如图 6-21 所示。

短期移动平均线上穿作为压力线的中长期移动平均线，表示股价将继续上涨，后市看好。因此，黄金交叉被很多投资者作为买入信号。

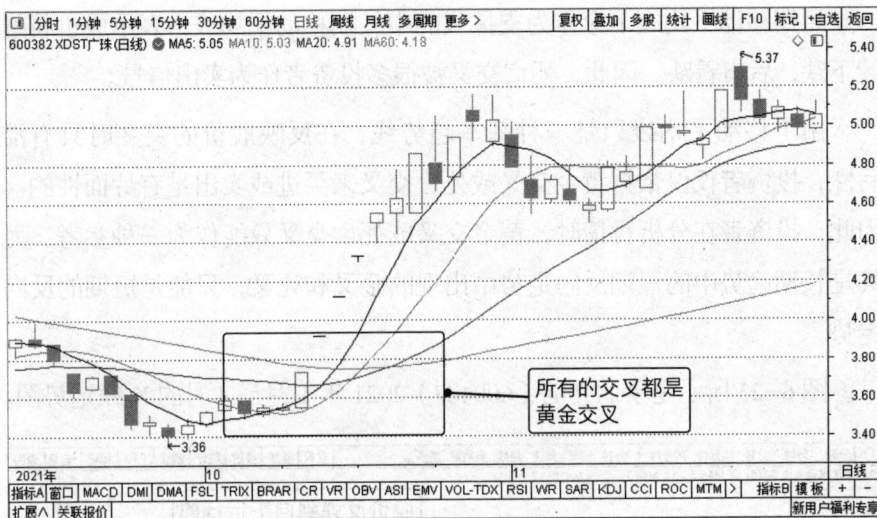

图 6-21　移动平均线黄金交叉

◆　死亡交叉

股价在下降的过程中，下降的短期移动平均线由上而下穿过下降的中、长期移动平均线形成的交叉就是死亡交叉，简称死叉，如图 6-22 所示。

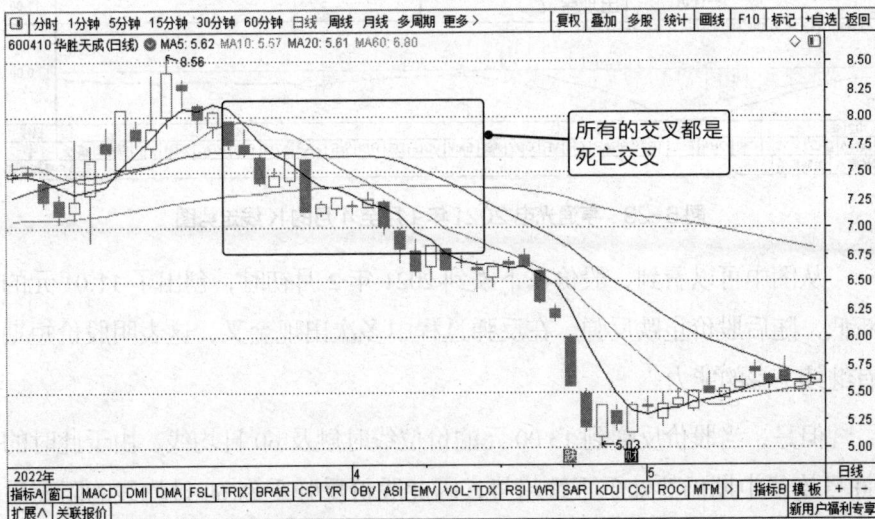

图 6-22　移动平均线死亡交叉

短期移动平均线下穿作为支撑线的中长期移动平均线，表示股价将继续下跌，后市看跌。因此，死亡交叉被很多投资者作为卖出信号。

由于移动平均线只是一种基本趋势线，在反映股价的突变时具有滞后性，投资者仅仅依据黄金交叉或死亡交叉来买进或卖出是有片面性的。因此，投资者在分析行情时，黄金交叉或死亡交叉只能作为一种参考。尤其是长期趋势中的短期反向走势中出现的金叉和死叉，只能是短期的反向走势。

图 6-23 所示是亨通光电（600487）2021 年 1 月至 4 月的 K 线走势图。

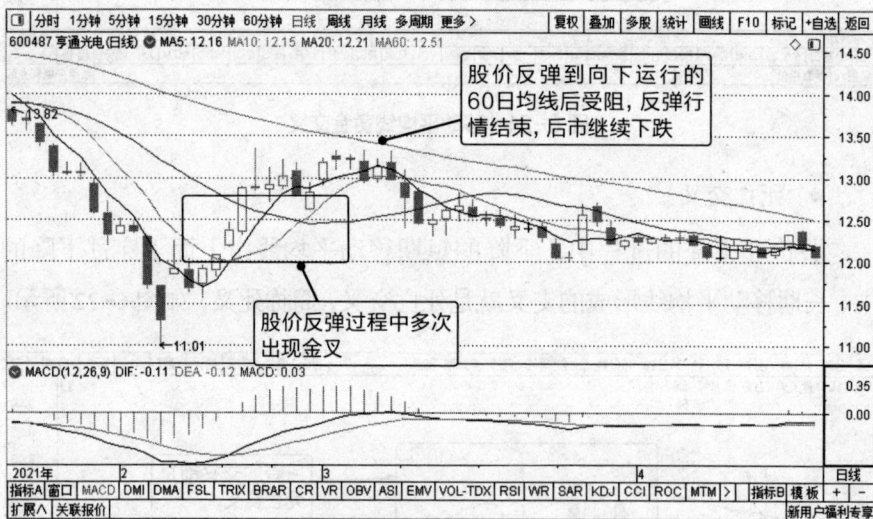

图 6-23　亨通光电 2021 年 1 月至 4 月的 K 线走势图

从图中可以看到，股价在下跌到 2021 年 2 月初时，创出了 11.01 元的新低，随后股价止跌反弹，在反弹过程中多次出现金叉，这表明股价短期有继续上涨的能力。

但是，当股价反弹到 13.00 元的价位线时触及 60 日均线，由于此时的 60 日均线中期仍然处于下跌趋势，因此股价反弹受到 60 日均线的阻碍后结束反弹行情，股价重新步入下跌行情。

但是在实际应用中，形成交叉的几条移动平均线周期间隔越大，形成的黄金交叉或死亡交叉的可信度越高。

（4）移动平均线的组合排列

在实战中，随着股价的移动变化，不同周期的移动平均线之间除了出现交叉以外，当股价长时间持续上涨或下跌且无较大波动时，不同周期的移动平均线还会形成并排上行或下行的形态。

根据移动平均线排列顺序的不同，可以分为多头排列和空头排列两种，下面分别对其进行介绍。

◆ 多头排列

在一轮持续时间较长的上涨行情中，多条不同周期的股价移动平均线保持一定距离一致向右上方运行，股价位于所有移动平均线上方，不同周期的移动平均线从上到下依次按短期移动平均线、中期移动平均线和长期移动平均线的顺序排列，这就是多头排列，如图 6-24 所示。

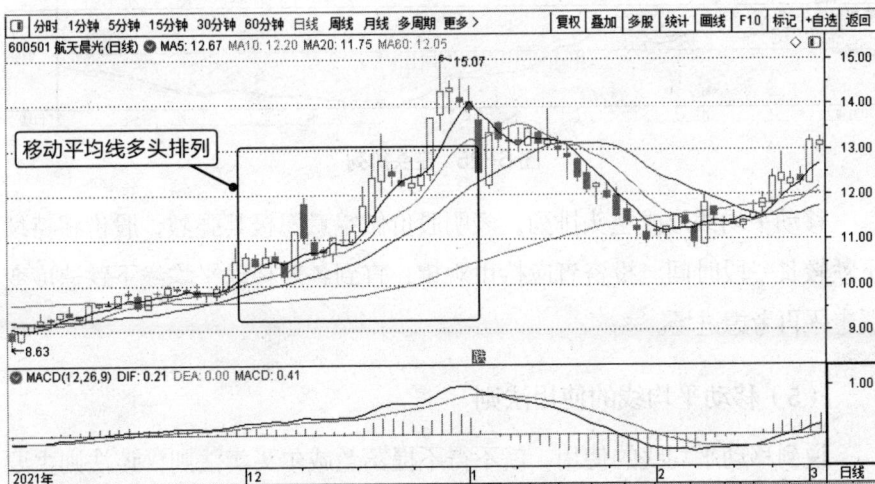

图 6-24　多头排列

移动平均线形成多头排列，说明市场短期介入的投资者的平均成本超过长期持有投资者的平均成本，市场做多氛围浓厚。对于短线、中线还是长线投资者来说，此时都是入场的好时机。

◆ **空头排列**

空头排列与多头排列相反，是指股价位于所有移动平均线下方，不同周期的移动平均线排列顺序从上到下依次为长期移动平均线、中期移动平均线和短期移动平均线，各周期移动平均线保持一定距离向右下方运行。而且要形成空头排列，股价肯定经过了较长时间的持续下跌，如图 6-25 所示。

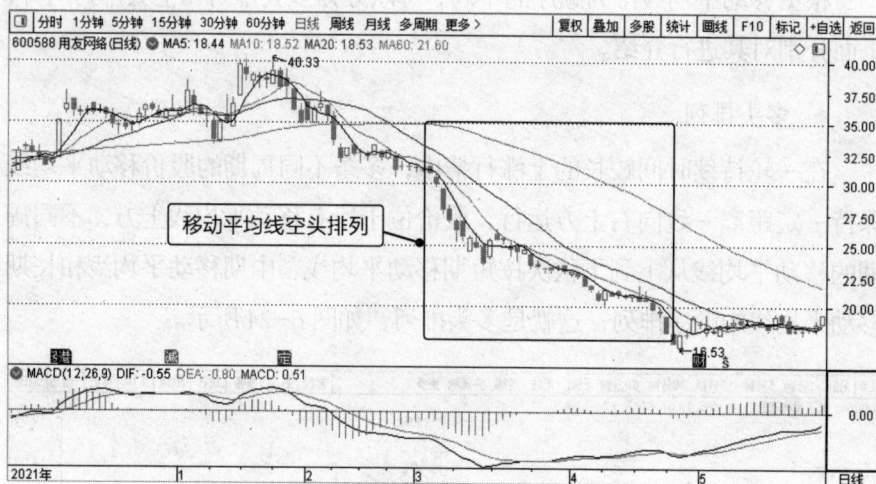

图 6-25　空头排列

移动平均线形成空头排列，表明股价做空意愿极其强烈，股价将持续下跌较长一段时间。投资者应持币观望，直到各期移动平均线下跌速度变缓走平再考虑进场。

（5）移动平均线的使用法则

说到移动平均线的使用，就不得不提葛兰威尔买卖法则，该法则主要是以股价和移动平均线为基础进行研究而总结出的买卖原则，其内容精辟，被广大投资者视为投资法宝。该法则总共有 8 项内容，因此也被称为葛兰威尔八大法则，其买卖点如图 6-26 所示。

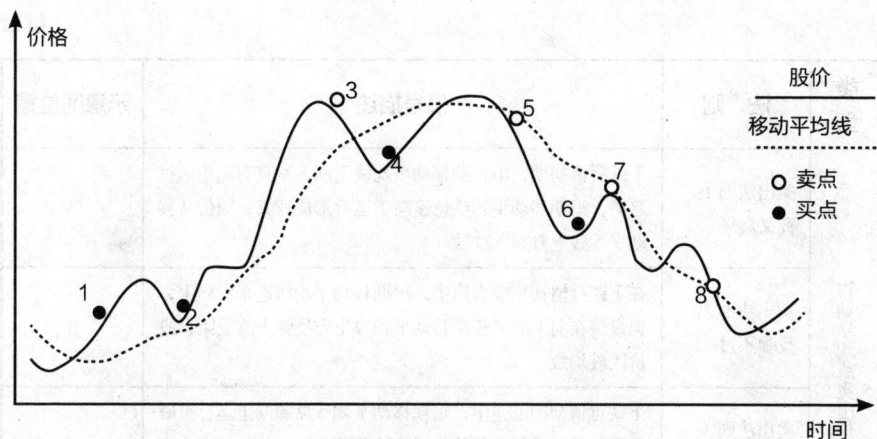

图 6-26　葛兰威尔八大法则买卖点示意图

葛兰威尔八大法则的具体内容如表 6-6 所示。

表 6-6　葛兰威尔八大法则的具体内容

类型	法　则	信号描述	示意图位置
移动平均线买进信号	买入法则1：金叉介入	下跌行情末期，中长期移动平均线下跌走平，短期移动平均线急速向上运行与中长期移动平均线形成金叉，股价从移动平均线下方向上突破	1
	买入法则2：回调不破	上涨行情初期或途中，短期移动平均线向下运行，但在向上运行的中长期移动平均线上方拐头向上，股价从短期移动平均线下方向上突破	2
	买入法则3：破位上拉	上涨行情初期或途中，短期移动平均线向下运行，跌破向上的中长期移动平均线后迅速被拉升，股价从移动平均线下方向上突破中长期移动平均线	4
	买入法则4：偏离反弹	在上涨或下跌行情途中，股价偏离向下的短期均线下跌后突破该均线（需要注意的是，在下跌行情中，投资者依据此条法则买入该股需短线持有，获利即出）	6

续表

类型	法 则	信号描述	示意图位置
移动平均线卖出信号	卖出法则1：死叉离场	下跌行情初期，中长期移动平均线上涨走平且有向下运行趋势，短期移动平均线急速向下运行形成死叉，股价从移动平均线上方向下跌破	3
	卖出法则2：反弹不过	在下跌行情初期或者途中，短期移动平均线走平后向上，但最终在向下的中长期移动平均线下方反弹上涨受阻，股价跌破均线	5
	卖出法则3：突破回落	下跌行情初期或途中，短期移动平均线反弹向上运行突破向下的中长期移动平均线后迅速回落，股价从均线上方向下跌破中长期均线	7
	卖出法则4：偏离回落	在上涨行情末期或下跌行情途中，股价偏离向上的短期移动平均线上涨后回落跌破该移动平均线	8

拓展贴士 **买入法则3和卖出法则3的延伸情况**

①买入法则3的延伸情况

当上涨行情末期，短期均线向下运行跌破向上运行的中长期均线，经过一段整理行情后才被拉升向上突破长期均线时，投资者要谨慎介入，避免高位被套，而持股者也要逢高卖出，落袋为安，最好配合其他技术指标综合分析。

②卖出法则3的延伸情况

当下跌行情末期，短期均线向上运行突破向下的中长期均线，经过一段整理行情后才回落跌破长期均线，后期股价弱势下跌时，投资者要谨慎操作，可配合其他技术指标分析股价是否运行到底部。

在对移动平均线的定义、类型、转点、交叉、排列和使用法则有所了解后，下面来看看移动平均线与 MACD 指标的综合使用。

6.2.2 移动平均线与 MACD 同时金叉应用

在股价大幅下跌的末期，如果短期均线上穿中长期均线形成金叉，且中长期均线已经有走平或者明显向上的走势，说明股价跌速越来越慢，可能止跌企稳。

观察同时期的 MACD 指标，如果 DIF 线此时也同时向上突破 DEA 线形成金叉，说明市场中的多方力量持续增强，且未来上涨速度会越来越快，股价企稳回升步入上涨行情，同时出现的金叉就是一个看涨买入的信号。当两个金叉都完成时，投资者即可逢低吸纳，积极买入做多。

这里的均线金叉和 MACD 指标金叉可能在同一个交易日同时金叉，也可能在短时间内相继金叉，这两种情况都是有效的看涨买入信号，且均线在短期内依次上穿的中长期均线越多，股价见底的可靠性就越强。

如果同期的均量线也完成金叉，这就是前面讲的三金叉形态，是强烈的买入信号，投资者更要积极买入做多。

下面来看一个具体的实例。

实例分析

龙溪股份（600592）均线与 MACD 同时金叉买入分析

图 6-27 所示为龙溪股份 2018 年 7 月至 11 月的 K 线图。

从图中可以看到，该股在大幅下跌后于 2018 年 10 月 8 日以 3.66% 的跌幅收出大阴线跌破前期横盘整理的低位，均线系统形成空头排列，之后该股经历了一波快速的下跌行情，在创出 4.58 元的最低价后股价企稳回升。

随后 5 日均线上穿 10 日均线形成金叉，同时期的 MACD 指标也出现 DIF 线上穿 DEA 线形成金叉。但是观察此时的 20 日均线和 60 日均线，有明显的向下运行趋势，因此，此时的双金叉不是一个买入信号，稳健的投资者可以继续持币观望。

而且从图中的后期走势也可以看到，该股在 11 月中旬运行到 6.00 元价位线后滞涨，受到向下运行的 60 日均线的压制，股价阶段性见顶回落。

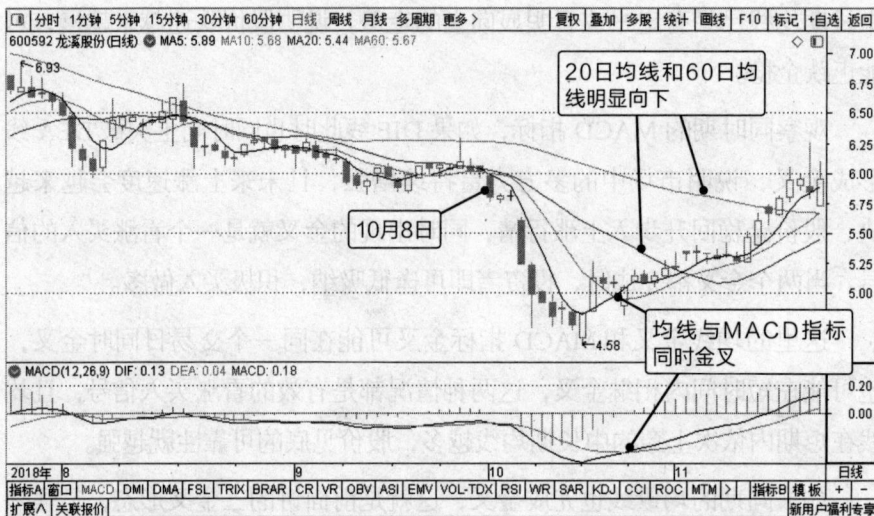

图 6-27　龙溪股份 2018 年 7 月至 11 月的 K 线图

图 6-28 所示为龙溪股份 2018 年 11 月至 2019 年 1 月的 K 线图。

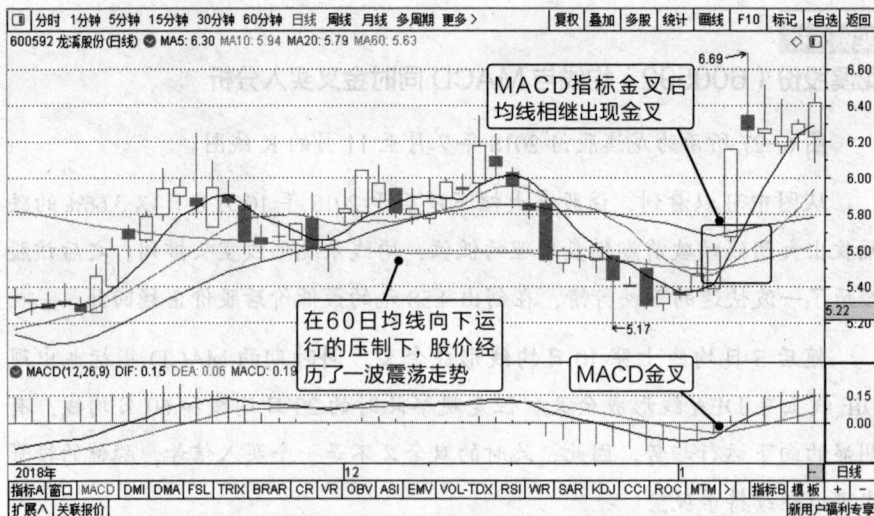

图 6-28　龙溪股份 2018 年 11 月至 2019 年 1 月的 K 线图

从图中可以看到，该股在 6.00 元价位线滞涨后经历了近 2 个月的震荡整理。在 2018 年 12 月底创出 5.17 元的新低后止跌，随后股价在多次阳线拉升的作用下逐步上涨，MACD 指标的 DIF 线率先在 0 轴下方且靠近 0 轴的位置上穿 DEA 线形成金叉。

随后，均线系统中的 5 日均线也依次上穿 10 日、20 日和 60 日均线形成多次金叉，此时的 60 日均线已明显走平，20 日均线已拐头向上运行。说明上涨行情已经开启，投资者可以逢低吸纳，积极买入做多。

图 6-29 所示为龙溪股份 2018 年 11 月至 2019 年 10 月的 K 线图。

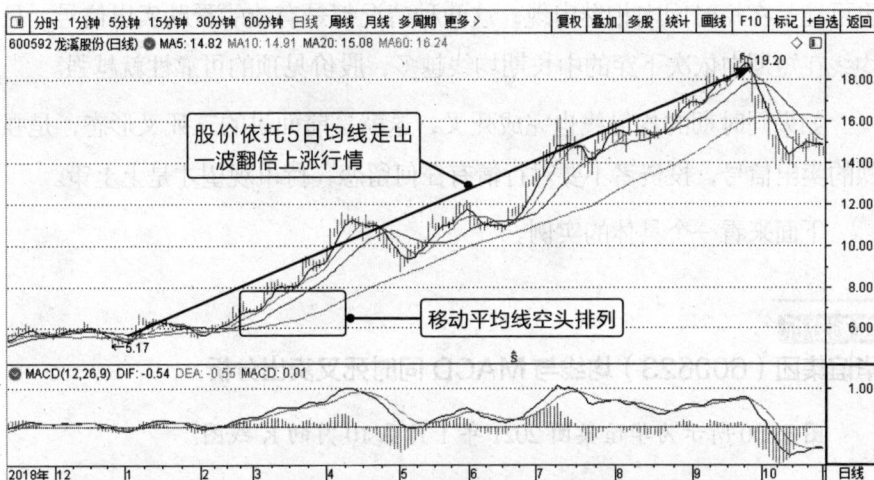

图 6-29 龙溪股份 2018 年 11 月至 2019 年 10 月的 K 线图

从图中可以看到，该股在均线系统和 MACD 指标同时出现金叉后，均线逐步向上运行，并在 2019 年 2 月中旬左右均线系统呈现多头排列，股价依托 5 日均线走出了一波可观的翻倍上涨行情。

可见，在利用移动平均线与 MACD 指标同时金叉来研判买入时机时，中长期移动平均线的走势对行情后市走势的准确研判有着非常重要的作用。

6.2.3 移动平均线与 MACD 同时死叉应用

在股价大幅上涨的末期，如果短期均线下穿中长期均线形成死叉，且中长期均线已经有走平或者明显向下的走势，说明股价涨速越来越慢，股价可能见顶回落。

观察同时期的 MACD 指标，如果 DIF 线此时也同时向下跌破 DEA 线形成死叉，说明市场中的空方力量持续增强，且未来下跌速度会越来越快，股价见顶回落步入下跌行情，同时出现的死叉就是一个看跌卖出的信号。当两个死叉都完成时，投资者应果断抛售出局，落袋为安。

这里的均线死叉和 MACD 指标死叉可能在同一个交易日同时出现，也可能是在短时间内相继出现，这两种情况都是有效的看跌卖出信号，且均线在短期内依次下穿的中长期均线越多，股价见顶的可靠性就越强。

如果同时期的均量线也完成死叉，这就是前面讲的三死叉形态，是强烈的卖出信号，投资者不要对行情有任何留恋，持币观望才是上上策。

下面来看一个具体的实例。

实例分析
华谊集团（600623）均线与 MACD 同时死叉卖出分析

图 6-30 所示为华谊集团 2021 年 1 月至 10 月的 K 线图。

从图中可以看到，该股在 2021 年 1 月中旬左右创出 5.35 元的最低价后企稳回升步入上涨行情，股价始终受到 60 日均线的支撑，在其上方走出一波可观的翻倍行情。

在 2021 年 8 月中旬，股价上涨到 12.00 元价位线后出现滞涨，之后该股进入横盘整理阶段，在 9 月 13 日、14 日和 15 日连续 3 个交易日收出的大阳线的推动下，该股重新步入上涨，但是在 9 月 16 日，该股高开低走以 2.60% 的跌幅收出大阴线，创出 16.15 元的最高价。

之后，股价快速回落，5 日均线明显拐头向下。在多日收阴的情况下，5 日均线连续下穿 10 日均线和 20 日均线形成死叉。

观察同时期的 MACD 指标发现，此时的 DIF 线也拐头向下并下穿 DEA 线形成死叉，说明行情上涨乏力，空方力量逐渐增强。对于谨慎的投资者来说，当遇到此种情况，就应该抛售筹码，持币观望。

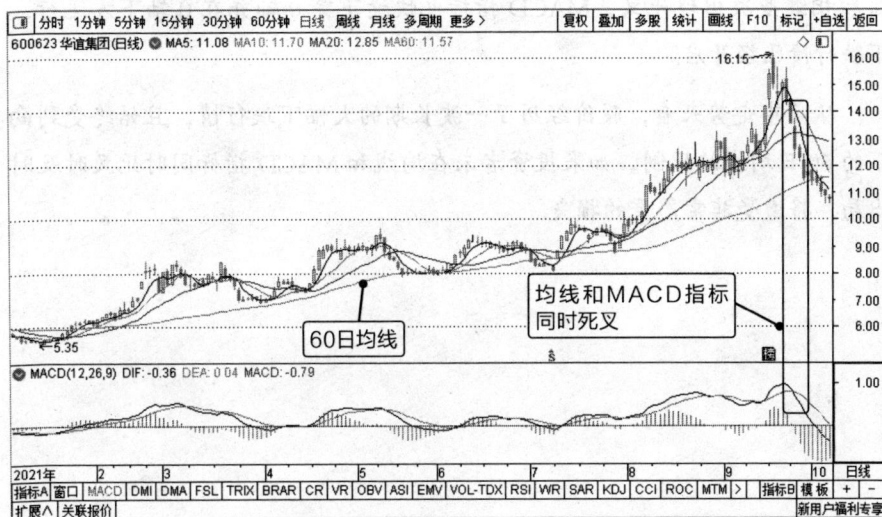

图 6-30 华谊集团 2021 年 1 月至 10 月的 K 线图

图 6-31 所示为华谊集团 2021 年 8 月至 2022 年 5 月的 K 线图。

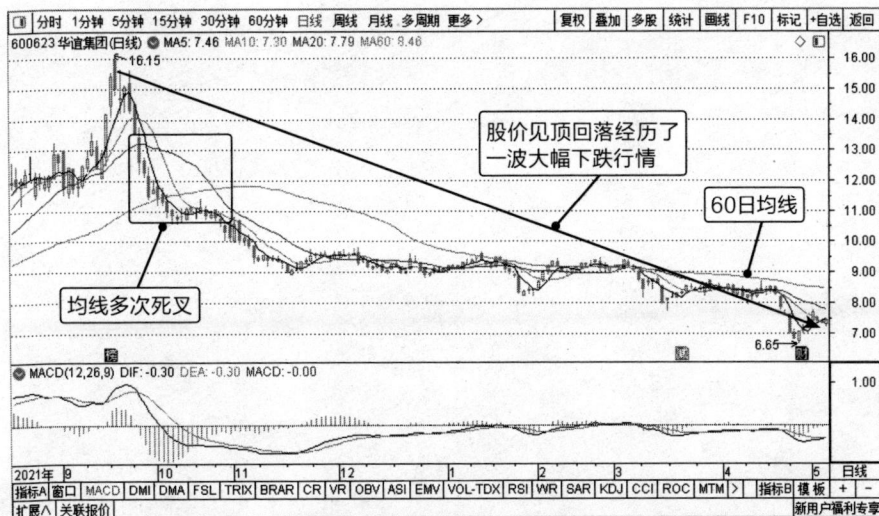

图 6-31 华谊集团 2021 年 8 月至 2022 年 5 月的 K 线图

从图中可以看到，该股在创出 16.15 元的最高价后的快速回落过程中，均线和 MACD 同时死叉，随后股价继续快速下跌，60 日均线也走平，均线随后相继多次出现死叉，MACD 指标也快速下穿 0 轴并在 0 轴下方运行，下跌行情已经开启。

从后市走势来看，股价经历了一波长期的大幅下跌行情，且始终受到向下的 60 日均线的压制。如果投资者未在均线和 MACD 指标同时死叉时及时出局，将遭受非常严重的损失。

图 8-30 金陵饭店 2021 年 4 月至 10 月的日 K 线图

图 8-31 靖远煤电集团 2021 年 5 月至 2022 年 5 月的日 K 线图

图 8-31 金陵饭店 2021 年 8 月至 2022 年 5 月的日 K 线图